롤스의 『정의론』 입문

Rawls's '*A Theory of Justice*'
by
Frank Lovett

롤스의 『정의론』 입문

F. 러벳 지음 | 김요한 옮김

서광사

이 책은 Frank Lovett의 *Rawls's 'A Theory of Justice'* (The Continuum International Publishing Group, 2011)를 완역한 것이다.

롤스의 『정의론』 입문

F. 러벳 지음
김요한 옮김

펴낸이 | 김신혁, 이숙
펴낸곳 | 도서출판 서광사
출판등록일 | 1977. 6. 30.
출판등록번호 | 제406-2006-000010호

(10881) 경기도 파주시 회동길 77-12 (문발동)
Tel: (031) 955-4331 | Fax: (031) 955-4336
E-mail: phil6161@chol.com
http://www.seokwangsa.co.kr | http://www.seokwangsa.kr

제1판 제1쇄 펴낸날 · 2013년 4월 20일
제1판 제3쇄 펴낸날 · 2018년 3월 10일

ISBN 978-89-306-2555-5 93190

최영찬 교수님의 정년을 기념하며
이 번역본을 드립니다.

옮긴이의 말

et revelabitur quasi aqua iudicium
et iustitia quasi torrens fortis
(아모스 5장 24절)

이 책은 롤스의 『정의론』에 대한 해설서인 Frank Lovett의 *Rawls's A Theory of Justice: A Reader's Guide* (Continuum, 2011)의 우리말 번역본이다. 두터운 분량 때문에 한 번도 읽어볼 엄두가 나지 않았던 독자들에게 이 해설서는 『정의론』에 어떤 철학적 논의들이 담겨 있는지를 논증별로 아주 단순하고 깔끔하고 정리해 주고 있다.

롤스는 1958년 "공정으로서의 정의"라는 논문을 발표하고 나서 사회 정의와 관련된 "분배적 정의", "시민 불복종", "정의감" 등 여러 논문들을 발표했다. 그리고 그런 생각들을 정리해서 쓴 책이 바로 『정의론』이다. "공정으로서의 정의"를 발표했던 1950년대는 규범 윤리학이 고사 상태에 있었다. 도덕은 단순한 감정 표현이나 주관적 소견에 불과하다는 정의주의라는 논리실증주의와 복지의 극대화 원리를 내세우는 공리주의가 대표적인 윤리 이론이었다. 이런 시기에 롤스의 『정의론』 출간은 규범 윤리학의 재등장을 촉발했다.

롤스의 『정의론』은 철학적으로 중요한 몇 가지 의미를 지닌다. 첫 번째로 그것은 윤리학을 언어 분석적인 도덕 · 정치 철학이 아니라 실질적인 도덕 · 정치 철학이라는 전통으로 되돌려 놓았다. 두 번째로 그것은 사회 과학적인 다양한 자료에 입각하여 논의함으로써 현실적인 사회정의론의 기초를 제시해 주고 있다.

롤스는 『정의론』에서 다음과 같은 세 가지의 야심찬 계획을 실현하고 있다. 첫 번째는 서구 자본주의 시대를 지배하는 도덕적, 정치적 입장의 근저에 깔린 정의의 제1원칙이 무엇인지를 조명하는 것이다. 두 번째는 이들 원칙들이 공정하게 선택될 수 있다는 것을 증명하는 것이며, 세 번째는 그가 평등주의적 자유주의라고 부르는 것을 정당화하는 것이다. 이 해설서에서 F. 러벳은 이런 구체적인 논의들을 치밀하게 분석하고 해설함으로써 롤스의 정의 개념을 우리들에게 이해하기 쉽게 설명해 주고 있다.

이 책은 역자가 2012년 1학기에 사회철학을 강의하면서 번역되기 시작했다. 먼저 그 당시 수업에 참여하면서 이 책을 기초로 한 롤스의 여러 가지 논증들을 음미하고 비판해 준 동학들에게 감사드린다. 또한 번역을 주선해 주시고 용기를 주신 전북대 철학과 학과장 박준호 교수님 이하 모든 선배 교수님들께 감사드린다. 초벌번역을 읽고 열심히 교정을 도와 준 동학 유지웅, 김잠선, 박종옥, 임철욱, 홍미애에게 감사드린다. 항상 간절한 기도로 지원해 주시는 부모님께 감사드리며 멀리 벨기에에서 힘을 북돋아 주는 아내와 아들 한성에게 사랑과 감사를 전한다. 마지막으로 이 책의 번역출판을 흔쾌히 허락해 주신 서광사 김신혁 사장님과 이숙 부사장님께 감사드리며, 아울러 편집과 교정을 맡아 준 서광사 편집부 최민희 씨와 여러분들의 노고에 감사드린다.

건지산 자락에서
2013년 2월
김요한

리즈(Liz)를 위해서

차례

감사의 글

필자가 처음에 캠벨(S. Campbell)을 통해서 이 안내서의 저술 요청을 받았을 때, 그것은 롤스의 『정의론』에 관한 낡은 강의 메모들을 산문으로 옮기는 간단한 일이라고 순진하게 생각했다. 결과적으로 이 저술은 필자가 예상했던 것보다 훨씬 더 도전적인 일이었을 뿐만 아니라 훨씬 더 보람 있는 일로 판명되었다. 필자는 초고들을 주의 깊게 읽어 주고 논평해 준 맥뮬런(Ian MacMullen), 왓슨(Ron Watson)과 나의 아내 리즈 비커만(Liz Vickerman)에게 감사의 뜻을 전하고 싶다. 또한 필요한 본문의 사용 허가를 확보하는 데 도움을 준 사벨(Amanda Sabele)에게도 감사드린다. 아울러 이 책을 발행하는 데 도움을 준 컨티뉴엄 출판사(Continuum Books)의 캠벨(S. Campbell), 크릭(T. Crick), 뮤랄리드하란(P. Muralidharan)에게 감사드린다. 끝으로 세인트루이스 소재 워싱턴 대학에 재학 중인 필자의 학생들에게 감사드린다. 그들은 필자가 혼자서 이해하는 것보다 훨씬 더 풍성하게 롤스를 이해할 수 있도록 끊임없는 자극을 주었다.

1장
1 소개와 전후맥락

1.1 생애와 역사적 배경

존 롤스(John Rawls, 1921-2002)는 미국의 정치 철학자였다. 그의 아버지 윌리엄 리 롤스(William Lee Rawls)는 존경받는 성공한 변호사로서 그의 가족은 롤스가 어렸을 때 남부에서 볼티모어(Baltimore)로 이사했다. 그의 어머니, 안나 아벨 롤스(Anna Abell Rawls)는 이전에 유복했던 스텀프(Stump) 가문 출신이었다. 그의 부모들은 모두 정치에 강한 관심을 가지고 있었고 특별히 그의 어머니는 여성 유권자 연맹(the League of Women Voters)과 함께 여성의 권익향상을 위한 캠페인에 참여했다. 롤스에게는 네 명의 형제들, 즉 형 한 명과 동생 세 명이 있었다. 이 중에 두 명은 그가 아직 어렸을 때 병으로 사망했다. 그는 학부학생으로서 프린스턴 대학에 다녔고 1943년 가을에 철학과(문학사)를 졸업했다. 비록 그는 대학 졸업 후에 종교학을 공부하기 위해서 신학대학에 가려고 잠시 생각했지만 그 당시 자신의 대부분의 동창생들과 마찬가지로 우선 군입대를 선택했다. 그는 태평양 전쟁 지역의 첩보 정찰부대에서 2년 동안 복무하면서 동성 훈장(Bronze Star)을 받았다. 그러나 그곳에서의 경험은 그의 종교적 신념들을 약화시키는 결과를 초래했다. 전쟁이 끝나고 그가 (다시 프린스턴에서) 대학원 과정을 시작했을 때, 그의 전공은 종교학이 아니라 철학이었다. 롤스는 도덕 철학에 대한 박사논문을 작성하고 1950년에 철학박사과정을 졸업했다. 이 기간 동안 그는 또한 마거릿(Margaret Warfield Fox)과 결혼했으며 그녀와의 사이에 4명의 자녀들(두 명의 딸들과 두 명의 아들들)을 두었다.

롤스는 프린스턴 대학에서 2년 동안 강의와 심화 연구를 마친 후 풀브라이트(Fulbright) 장학금을 받고 1952-1953년에 옥스퍼드 대학에서 연구를 수행했다. 거기서 그는 하트(H.L.A. Hart), 벌린(Isaiah Berlin), 햄프셔(Stuart Hampshire), 헤어(R.M. Hare) 등 당대의 다른 거물급 철학자들과 교유했다. 이들은 롤스의 견해들이 발전하는 일에 엄청난 영향을 가져다주었다. 그는 미국에 귀국해 코넬(Cornell) 대학에서 첫 번째 교수직에 임명되었고 그곳에서 1953년부터 1959년까지 강의했다. 그 후로 그는 하버드 대학 방문교수(1959-1960), MIT 정교수(1960-1962)를 거쳐 1962년부터 1991년 은퇴할 때까지 하버드 대학 철학과의 종신교수가 되었다. 롤스는 2002년 자택에서 숨을 거뒀다.[1]

롤스의 생애는 정치 철학과 도덕 철학의 지성사와 미국의 정치·사회사 모두에서 특별히 중대한 시대에 걸쳐 있다. 롤스의 작업의 철학적 배경은 다음 절에서 좀 더 상세하게 논의될 것이다. 그러나 그의 관심 분야(정치 철학과 도덕 철학)는 일정 기간 동안 다른 좀 더 생산적인 철학적 탐구분야들에 의해서 쇠퇴하는, 빛을 잃은 분야로 간주되었다(또 그렇게 믿었다)는 사실을 여기서 잠시 주목하는 일은 중요하다. 1950년대가 되어서야 이런 경향이 바뀌었고 소급해 올라가면 롤스 자신이 특별히 괄목할 만하고 생산적인 연구 분야로서 정치 철학이란 주제를 단독으로 부활시킨 공로자로 간주된다. 비록 이 주장은 매우 단순화된 내

---

1 롤스의 전기에 관련된 자세한 사항은 Pogge(2007)와 Freeman(2007)에서 찾아볼 수 있다.

용일지라도 후속 세대의 정치 철학자들과 정치 이론가들에게 그가 지대한 영향을 미쳤다고 강조하는 것은 과장이 아니다. 심지어 그의 견해들이 보편적인 동의를 얻지 못할 때조차도(종종 그러했다), 논쟁에 사용된 용어들과 언어는 궁극적으로 롤스의 견해들에 기초하고 있는 것들이라는 점이 일상적인 사실이었다. 따라서 현대의 정치 철학이라는 학문이 그것의 현재 형식과 특성과 관련해서 존 롤스에게 수많은 빚을 지고 있다는 점을 주장하는 것은 당연하다.

롤스가 저술한 작품의 철학적 배경을 자세하게 논의하기에 앞서 그것의 사회적 배경과 정치적 배경을 살펴보는 것도 역시 가치 있는 일이될 것이다. 뒷날『정의론』의 기초가 된 핵심적인 생각들은 1950년대 그가 코넬 대학에서 활동한 기간 동안 발전되었다. 이 기간은 수많은 사람들이, 특별히 50년대 초반 매카시즘(McCarthyism)이라는 부정적 경험 이후에, 새로워진 개인 권리들의 중요성을 강조하던 시기였다. 그리고 몇몇 사람들에게 이런 강조는 미국 남부에서 일어난 점증하는 시민권 운동에 대한 동감을 통해서 한층 더 강화되었다. 동시에 이 기간은 뉴딜(New Deal) 정책 수행 기간 동안 처음으로 도입된 수많은 복지국가 제도들이 강화되고 미국 사회의 영구적인 특성으로 전폭적으로 수용되던 시대였다. 한 가지 흥미로운 것은 그 누구도 실제적으로 어떻게 이 두 가지 강조점들(개인 권리와 복지국가)이 단일한 정합적인 정치 이론으로부터 도출된 것으로서 이해될 수 있는지에 대한 심각한 철학적 설명을 전개하지 않았다는 점이다. 정반대로 그것들은 어떤 면에서 개인 권리를 지지하는 전통적인 자유주의와 복지국가를 지지하는 좀 더 좌익 성향의 이론들(사회 민주주의, 사회주의 등등)과 관련해서 긴장관계에 놓여 있는 것으로 종종 간주되었다.

이런 배경하에서 롤스의 위대한 작품은 그러한 설명을 제공하는 것처럼 보인다는 사실이 매우 인상적이다. 다시 말하면 그는 단일한 정합적인 철학이론으로부터 개인 권리들에 대한 강한 헌신과 사회 경제적 정의에 대한 강력한 논증을 도출하고 있다. 롤스의 기여가 종종 이런 방식으로 기술되어 왔다는 점은 놀랄 만한 일이 아니다. 그것은 개인 권리들과 복지국가에 대한 현대 자유주의자의 지지를 위한 철학적인 이론 근거를 제공하고 있다. 그러나 롤스에 대한 설명을 이런 단순한 이야기로 환원하는 것은 잘못 이해될 소지가 있다. 그 한가지 이유는 그는 미국 사람들이 생각하는 특수한 형태의 복지국가 제도들을 실제로 지지하지 않았다는 점이다. 또 다른 이유는 그의 동기들이 실제로는 훨씬 복잡하며 미국 민주당의 정강 정책에 대한 지적 옹호를 단순하게 제공하는 것보다 더 영속적인 중요성을 갖는 더 깊은 철학적 물음들과 관련되어 있다. 정교한 철학적 작품을 그것이 작성된 역사적 조건들로 단순하게 환원하는 것은 더 많은 통찰을 제공하기보다는 상실하게 만들 가능성을 유발한다.

『정의론』의 바탕에 깔려 있는 핵심적인 사상들은 필자가 주장한 것처럼 1950년대에 대부분 형성되었다. 그렇지만 롤스는 실제로 자신의 작품을 1960년대에 저술했고 그것은 최종적으로 1971년에 가서야 인쇄된 형태로서 등장했다. 물론 이 시대는 미국 역사에서 특별히 혼란스러운 기간이었다. 인종차별대우 철폐 운동, 베트남 전쟁, 학생운동 등등이 롤스의 사유에 그 자체의 족적을 명백하게 남겨 놓았다. 비록 이런 사건들 또는 어떤 다른 동시대적인 정치적 사건이나 사회적 사건이 명백하게 『정의론』(이 책은 줄곧 오직 초연한 철학적 관점만을 주장하고 있다)에서 논의되고 있지 않았을지라도, 그러나 그 자취들은 우리가 곧 살펴보게 되겠지만 이 작품의 최종적인 형식에서 명백하게 드러나고 있다. 그러나 이 입문서의 남은 부분에서 우리는 사회적인 배경보다는 지적인 배경에 집중하게 될 것이다.

1.2 철학적 배경

1.2.1 공리주의와 직관주의

잘 알다시피 롤스는 『정의론』을 1950년대 말 무렵에 저술하기 시작해
서 1960년대 내내 자신의 작품을 계속해서 발전시켜 나갔다. 이 기간에
도덕 철학과 정치 철학의 지배적인 전통은 공리주의였고 그것은 거의
100년 동안 그 지배적인 위치를 점유하고 있었다. 당연히 롤스는 자신
의 작품에서 공리주의를 광범위하게 논의하고 있고 따라서 우리도 공
리주의를 살펴볼 것이다. 여기서는 매우 단순하고 적어도 초기에는 현
저하게 그럴듯한 이 이론의 핵심 사상을 진술하는 것만으로도 충분할
것이다. 기본적으로 공리주의는 행위들, 법률들, 제도들 등이 각 사람의
행복을 동등한 것으로 평가할 때 개별적인 사람들의 행복의 총합을 극
대화하는 경향에 따라서 좀 더 좋은 것 또는 좀 더 나쁜 것으로 평가될
수 있다고 생각한다.

　18세기 영국의 철학자 벤담(Jeremy Bentham, 1748-1832)이 처음 공
리주의를 도입했을 때, 그 이론은 매우 인상적인(심지어는 급진적인)
철학적 신조였다. 한편으로 그것은 신의 뜻, 사회적 이익들, 관습들과
전통들, 자연법 등에 대한 모든 관련성들을 일거에 날려 버렸다. 이것들
의 자리에 공리주의는 각 개인의 행복을 단순하게 측정할 수 있고 이 행
복을 전체 구성원의 측면에 합산할 수 있는 단도직입적으로 이성적이
고 과학적 절차라고 간주되는 것을 제시했다. 이런 관점에서 공리주의
는 명백하게 계몽주의 시대의 산물이었다. 그것은 한편으로 이성과 과

학적 방법의 약속에 대한 커다란 신뢰를 갖게 하면서 다른 한편으로는 종교, 미신, 전통에 대한 불신을 보여 주었던 시대이다. 공리주의의 또 다른 현격한 그리고 참으로 잠재적인 혁명적 특징은 모든 사람들의 행복을 정확하게 동일한 것으로 간주하며 그 점을 고집한다는 것이다. 왕들이나 귀족들의 행복은 상인들이나 농부들의 행복과 다르지 않으며 영국인의 행복은 프랑스인의 행복과 다르지 않다. 이런 노선에서 뒷날 벤담의 가장 중요하고 영향력 있는 제자인 밀(John Stuart Mill, 1806-1873)은 남자들의 행복은 여자들의 행복과 다르지 않아야만 하고 남녀 사이의 수많은 현존하는 사회적 불평등과 법적 불평등은 반드시 제거되어야만 한다고 주장하는 데까지 나아가게 된다. 18세기와 19세기를 살던 수많은 사람들에게 이 구호들은 소화하기 어려운 주장들이었다.

물론 머지않아 사람들이 모든 인간의 동등한 도덕적 가치라는 생각에 익숙해지면서 공리주의는 더 이상 급진적인 사상처럼 보이지 않게 되었다. 따라서 지금까지 우리가 언급했던 공리주의의 특성들은 왜 20세기에도 여전히 공리주의가 지배적인 위치를 독점하는지를 완벽하게 설명할 수 없다. 이 지속성은 그것의 다른 다소 좀 더 미묘하고 개념적인 몇몇 장점들에 의해서 더 훌륭하게 설명될 수 있다. 이 장점들 중에 가장 중요한 것은 공리주의의 완벽함과 과단성이다. 공리주의가, 적어도 원리상으로, 명확하고 일관된 답변을 제시할 수 없는 어떤 실현가능한 도덕적, 정치적 또는 사회적 물음이란 없다. 이 점은 공리주의를 매우 강력한 이론으로 만들어 준다. 그것은 또한 잠재적인 경쟁자들에 대한 매우 높은 진입장벽을 쌓게 된다. 그것은 직관주의(intuitionism)라고 불리는 20세기 초반에 유행한 몇몇 철학 운동들 중에 매우 대중적이었던 이론의 실패에 의해서 예시될 수 있다.

직관주의에 숨겨진 동기들을 평가하기 위해서 우리는 먼저 공리주가 단연 지배적인 이론이 되었지만 모두가 결코 완벽하게 그 이론에 만족하지 못했다는 점을 이해해야만 한다. 다음과 같이 설명해 보자. 영희가 철수에게 만 원을 주기로 약속한다고 가정해 보자. 아마도 그가 그녀에게 보여 준 호의에 보답하기 위해서 그녀가 그렇게 하기로 결정했을 것이다. 그러나 나중에 영희는 철수에게 돈을 주는 일이 그녀에게 무척 불편한 일이 될 거라는 점을 깨닫게 된다. 그러나 우리의 상식적인 도덕적 직관은 영희가 불편할지라도 그녀가 약속한 것을 행할 일종의 어떤 의무를 갖는다는 점을 강력하게 제안하고 있다. 난제는 우리의 직관들이 여기서 잘못될 수 있다고 공리주의가 우리에게 명백하게 말하고 있다는 점이다. 예를 들어, 만일 영희가 약속을 지키는 것 때문에 경험할 불행이 만일 그녀가 약속을 파기함으로써 철수가 경험하게 될 불행보다 현저하게 더 큰 것이라면, 공리주의는 약속을 파기하는 행동을 추천하고 있는 것처럼 보인다. 많은 사람들은 이 결론에 만족하지 않는다. 다른 예를 제시해 보자. 영희가 폭력적인 범죄를 저지르고 있다고 가정해 보자. 또 한 번 우리의 상식적인 도덕적 직관은 그녀가(또한 그녀 홀로) 처벌을 받아야만 한다고 제안한다. 그러나 공리주의는 이런 직관을 필연적으로 지지하지 않는다. 어떤 처벌이 아마도 영희의 행복을 감소시킬 것이기 때문에, 우리는 그 처벌이 이 손실을 상쇄할 수 있는 어떤 유용한 목적에 이바지한다는 점을 증명해야만 한다. 이 궁극적인 목적은 예를 들어 범죄 억지력이 될 수 있다. 만일 영희가 처벌을 받는다면, 미래에는 좀 더 적은 사람들이 폭력적인 범죄를 범하게 될 것이다. 따라서 행복의 총량은 증가하게 될 것이다. 그러나 공리주의의 견해에 따르면 영희가 특별히 처벌을 받아야 한다는 주장은 의미가 없다는 점을 주목해 보자. 만일 우리가 영희를 체포하는 데 문제가 있다면, 우리는 죄 없는 철수를 잡아다가 대신 그를 처벌함으로써 동등한 억지력을 성취할 수 있다. 실천적인 난제들을 제쳐 두고서라도 공리주의는 그러한 방책들을 처음부터 도덕적으로 용인될 수 없는 것으로 간주할 수 있는 이유를 우리에게 제시해 주지 않는다.

그러므로 우리는 공리주의의 최초 타당성을 인정할지라도 주의 깊게 살펴보면 그것이 상식적인 도덕과 매우 다를 수밖에 없다는 점을 알 수 있다. 이 사실은 모든 측면들에서 인식되었다. 이 차이를 해결하기 위해서 무엇을 해야 하는지에 관한 논쟁이 일어났다. 어떤 학자들은 대안 이론을 제시했다. 그들은 우리의 상식적인 도덕이 아마도 대략적으로 옳은 것일 수 있다고 주장했다. 그런 사례들에서 우리의 좀 더 강한 직관들은 아마도 우리에게 도덕의 기본 구조를 드러내고 있는 것일지도 모른다. 그 도덕의 기본 구조는 성실, 공적, 자선 등과 같은 일련의 원초적인 도덕 원리들로 구성되어 있다. 우리의 논의에 별로 중요하지 않은 복잡한 세부적 설명들을 생략하면 이것이 대략적으로 ‘직관주의’라고 불리는 견해이다. 직관주의는 공리주의에 철저하게 만족하지 않은 사람들에게 하나의 대안을 제공해 주었다. 그리고 이것은 왜 20세기 초에 몇몇 학자들이 그것에 매력을 느끼게 되었는지를 설명해 주고 있다.

그러나 왜 직관주의가 결코 지배 이론으로서 공리주의를 대체할 수 없었는지를 이해하는 일은 어렵지 않다. 직관주의는 단지 직관적 통찰들이라고 부를 수 있는 것에 대해서 그것들이 직관적이라는 명칭을 우리에게 제시하는 것 이외에는 달리 할 수 있는 것이 아무것도 없다. 예를 들어 약속을 지키는 의무가 타인에게 해를 끼치지 말아야 할 의무와 갈등을 빚을 때, 우리는 무엇을 해야 하는가? 단순한 직관적 통찰들은 우리에게 어떤 명백한 지침을 제시하지 못한다. 다시 말하면 그 이론은 비참할 정도로 불완전한 것이다. 여기서 어떤 가능한 문제들에 답변을 제시할 수 있는 공리주의의 강력한 힘은 분명하게 드러난다. 이 힘을 인정하게 되면 우리는 직관적 통찰들이 공리주의와 다를 때마다 공리주의를 의심하기보다는 직관적 통찰들을 의심해 보아야만 한다는 결론을 그럴듯하게 도출할 수 있을 것이다. 결국 우리의 직관적 통찰들은 단순히 선입견에 기초한 양육 또는 부적절한 교육의 결과물에 불과할 수 있다. 그렇다면 왜 우리는 그것들의 정확성에 대한 믿음을 가져야만 할까? 공리주의는 오직 필적할 만한 개념적 능력을 가진 경쟁하는 이론에 의해서만 대체될 수 있을 것이다. 따라서 몇몇 도덕 철학자들과 정치 철학자들 사이의 망설이는 거북함 속에서도 그것은 오랫동안 지배적인 위치를 차지해 왔다.

　그가 『정의론』의 서문에서 명확하게 지적하고 있듯이 이것이 롤스가 자신의 작품을 시작할 때의 대략적인 상황이었다. 그는 "수많은 현대 도덕 철학 중에서 지배적인 체계 이론이 공리주의라는 어떤 형식을 유지하고 있는 기간에" 저술하게 된다. 공리주의를 비판했던 사람들은 "그것의 수많은 함의들과 우리의 도덕 감정들 사이의 명백한 부조화들을 지적했다. 그러나 그들은 그것에 반대되는 실행가능하고 체계적인 도덕 개념을 구성하는 데 실패했다." 롤스는 이 상황을 수정하는 것을 목표로 삼았다. 다시 말하면 그는 "정의에 관한 지배적인 공리주의 전통보다 우월한 대안적이며 체계적인 설명을 제공하는 것을 목표로 삼고 있다."[2] 그가 제공하고 있는 대안은 '공정으로서의 정의'라고 불린다. 그리고 그의 책의 기본적인 논점은 특별히 공리주의를 반박함으로써 단순하게 이 대안을 설명하고 옹호하는 것이다.

2　J. 롤스, 『정의론』, p.vii–viii; 개정판 p.xvii–xviii. 『정의론』에 대한 모든 원전 언급은 초판(1971)의 쪽수가 먼저 나오고 그다음에 개정판(1999a)의 쪽수가 나오는 형식으로 기술될 것이다.

1.2.2 사회계약론 전통

롤스는 결코 공정으로서의 정의 이론을 완벽한 형태로 만들지 않았다. 이 주장은 그의 업적을 상당하게 과소평가하는 것일지라도, 그는 자신의 이론이 특별히 독창적인 것이라는 점을 부정했다. 또 다시 서론을 인용하면 그는 단지 "로크, 루소, 칸트에 의해서 제시된 전통적인 사회계약론을 일반화하고 고도로 추상화하려고 노력했다"[3]고 주장한다. 롤스자신이 이 철학자들에게 우리의 관심을 환기시키고 있기 때문에 아마도 우리는 독해를 위한 심화 배경으로서 그들의 사상을 간단하게 검토하는 것이 좋을 것이다. 흥미롭게도 이 각각의 철학자들은 공리주의의 도래를 예상하고 있다. 이 점은 첫 번째로 왜 그들의 견해가 19세기에 공리주의에 의해서 대체되었는지 그 이유에 대해서 궁금증을 자아낸다. 두 번째로 그것은 롤스가 그들의 작품들에서 다른 사람들이 놓치고 있는 어떤 점을 보고 있는지를 생각하게 만든다.

롤스가 언급하고 있는 전통적인 사회계약론은 17세기와 18세기에 널리 유행했고 미국 혁명과 프랑스 혁명(적어도 초기에)의 시기에 그것의 역사적인 영향력이 정점에 도달했다. 그것은 그 자체로 두 개의 오래된 관념들의 결합이자 재가공이었다. 이 두 가지 관념들은 좀 더 올라간다면 중세시대까지 거슬러 올라갈 수 있을 것이다. 첫 번째는 '자연 상태'라고 불리는 것에 관한 관념이다. 이것은 정치 권력과 사회 제도들이 도입되기 이전에 인류의 역사에 등장했다고 간주되는 상상적인 시대이다. 자연 상태라는 관념은 인간의 삶에서 무엇이 자연적인 것이고 무엇이 인위적인 것인지를 구별하는 데 도움을 주는 생각이다. 예를 들어, 우리는 자연 상태에서 사유재산과 같은 것이 존재했는지 의문을 가질

---

3   J. 롤스, 『정의론』, p.viii; 개정판 p.xviii.

수 있다. 그런 경우 우리는 사유재산을 '자연적인' (단순하게 정치적으로 또는 사회적으로 구성된 것이 아닌) 현상으로 간주해야만 한다. 두 번째는 통치가 어떤 의미에서 지배자들과 피지배자들 사이의 일종의 원초적인 조약 또는 계약에 근거한다는 관념이다. 이 원초적 계약은 예를 들어서 대관식 선서의 형태로 표현될 수 있다. 그것에 따르면 왕은 정의롭게 그리고 호의적으로 통치할 것에 동의하는 반면, 백성은 이에 상응해서 그의 명령에 복종할 것을 약속한다.

두 가지 관념들은 17세기에 몇몇 작가들이 그것들을 하나의 이론으로 결합시킬 수 있다는 생각을 갖게 되면서 오랫동안 존속되었다. 간략하게 말하면, 우리는 사람들이 자연 상태에서, 즉 정부(government)의 존재 없이 살았다고 상상함으로써 논의를 시작한다. 그런 후 우리는 이 상태의 다양한 불이익들에 대해 반성하게 된다. 사람들의 생명들과 재산들은 그런 상태에서는 안전할 수가 없다는 사실을 예로 들 수 있다. 그런 사람들은 곧 자연 상태를 종식시키려는 의도를 가지고 함께 회합을 갖게 될 것이고 또한 어떤 종류의 정부를 구성하게 될 것이라는 점을 우리는 추론해 볼 수 있다. 이 과정의 결과가 사회계약이 될 것이다. 그것은 정부를 형성하게 하는 조건들과 그것이 계속해서 작용할 수 있도록 만들어 주는 규정들을 설정하는 조약이다. 자연 상태의 사람들은 오직 어떤 특수한 문제들을 극복하는 것을 목표로 삼기 때문에, 그들이 동의하는 정부의 권한은 어떤 특수한 분야들의 능력으로 제한될 것이다. 왜냐하면 분별 있는 사람은 절대로 필요 이상으로 자신의 자연적 자유를 자발적으로 포기하지 않을 것이라는 점이 분명하기 때문이다. 이 신조의 표준적인 진술은 로크(John Locke, 1632-1704)의 작품들 속에 제시되어 있다. 그것은 제퍼슨(Thomas Jefferson)과 같은 사람들에게 커다란 영향을 행사했다. 제퍼슨은 독립선언서에서 정부는 양도할 수 없

는 권리들을 확보하기 위해서 설립되며 또한 정부는 피지배자의 동의
로부터 자신의 권력을 획득한다고 기술하고 있다. 따라서 동시대 사람
들에게 그는 사회계약이라는 친숙한 신조를 상술하고 있다는 점이 명
백한 사실이었다.

큰 영향력이 있었지만 한 세대 또는 두 세대 못 가서 사회계약론은
철저하게 배격되었다. 왜 그랬을까? 한 가지 이유는 발달된 사료 편집
학과 더불어 자연 상태라는 관념이 허구였다는 점이 점차 명백하게 밝
혀졌기 때문이다. 어떻게 우리가 지금 여기서 사회들을 구성해야만 하
는지에 대해서 명백하게 잘못된 설명이 우리에게 무엇을 말해 줄 수 있
겠는가? 또 다른 이유는 그 어느 누구도 실제로 자신의 특정한 정부에
거의 동의하지 않았다는 점을 아주 쉽게 보여 줄 수 있다는 점이다. 대
부분의 경우에 우리는 선호와 무관하게 지금 이곳에 태어났고 그리고
정도 차이는 있지만 우리는 단순히 우리가 속해 있는 정부를 감내하고
있을 뿐이다. 여기서 논의되어야 할 것들이 수만 가지 존재하지만 전통
적인 사회계약론은 사실상 이 반대주장들에 대해서 일관된 답변들을
가지고 있다. 그러나 롤스의 이론을 이해하기 위해서 우리는 그 주장들
을 살펴볼 필요는 없을 것이다. 관련된 논점은 단순히 이 반대주장들이
일반적으로 결정적인 것으로 간주되었기 때문에 사회계약론은 공리주
의가 성공하자마자 낙오되었다는 점이다.

1.2.3 칸트의 도덕 철학

롤스가 명백하게 언급하고 있는 다른 두 인물들인 루소(Jean-Jacques
Rousseau, 1712-1778)와 칸트(Immanuel Kant, 1724-1804) 중에 칸트
는 우리의 특별한 논의에 좀 더 중요한 사람이다. 비록 그 자체로 확실
히 흥미롭고 중요하지만 우리는 여기서 단순하게 루소는 로크에서 칸

트로 넘어가는 일종의 징검다리 인물의 역할을 수행했다는 점만을 지적할 수 있다. 어떤 다른 철학자보다도 바로 칸트가 롤스 자신의 작품에 영감을 제공한 철학자라는 사실은 거의 틀림없다. 불행하게도 광범위한 철학적 주제들을 포괄하고 있는 칸트의 엄청나게 영향력 있는 작품들은 읽고 이해하기에 매우 까다롭다. 여기서 우리는 오직 롤스의 견해들을 음미하는 데 특별하게 중요한 도덕 철학에 관한 칸트의 작품들의 한 측면만을 논의하게 될 것이다.

1785년 칸트는 인상적인 제목의 짧지만 치밀한 논의를 담고 있는 『도덕 형이상학의 기본원리』를 출판했다. 다소 단순화하면 이 책은 매우 추상적이고 일반적인 철학적 물음을 제기하고 그것을 해결하기 위해서 노력하고 있다. 단순한 반사적 반응들 또는 생각을 거치지 않는 습관들을 제외하고 대부분의 다양한 행동들에서 우리는 자신에게 좋은 것으로 보이는 이유들에 근거해서 행동하려는 경향이 있다. 예를 들어, 우리는 영희가 늦잠 자고 싶어 하는 욕구가 있지만 의무적으로 매일 아침마다 재빨리 일어난다고 가정할 수 있다. 왜냐하면 그녀는 경영대학원의 수업에 정시에 도착해야만 하는 좋은 이유를 가지고 있다고 믿고 있기 때문이다. 이제 우리들 대부분은 대부분의 시간에 우리가 가진 이유들이 좋은 것으로 **보일**(seem) 뿐만 아니라 실제로 좋은 것이 **되기**(be)를 원한다. 다시 말하면 우리는 **타당한** 이유들이라고 불릴 수 있는 것에 기초해서 행동하기를 원한다(만일 영희가 실제로 수업시간 정각에 출석할 필요가 없다면 당연히 불쾌감을 느끼게 될 것이고 아마도 이에 상응해서 자신의 행동을 바꾸게 될 것이다). 따라서 오히려 무엇이 실제로 우리가 가진 이유들을 타당한 것 또는 부당한 것으로 만들 수 있는가라는 물음은 흥미로운 철학적 물음이다.

이 물음에 답하기 위해서 칸트는 우리가 두 집단으로 나눌 수 있는 다른 종류의 이유들을 구분하고 있다. 첫 번째 집단은 우리가 도구적인 이유들(instrumental reasons)이라고 표현할 수 있는 것들이다. 영희는 부자가 되고 싶다고 가정해 보자. 그리고 경영대학원 수업에 출석하는 것은 그녀가 실제로 부자가 될 수 있는 개연성을 증가시켜 줄 것이라고 가정해 보자. 그렇다면 그녀는 참으로 경영대학원 수업에 참석해야 하는 이유(타당한 이유)를 가지고 있다는 결론이 도출되는 것처럼 보인다. 도구적 이유들의 타당성은 세계에 대한 어떤 사실들과 더불어 우리가 가진 목적들 또는 목표들에 의해서 채워진다. 다소 혼란스럽게도 칸트는 이와 같은 타당한 도구적 이유들로부터 생겨나는 명령들을 '가언명령'(hypothetical imperatives)이라고 부르고 있다(그 이유들의 타당성이 일정한 사례 또는 일정한 사람에게 나타날 수도 있고 나타나지 않을 수도 있는 관련된 목표 또는 목적의 존재에 의존하고 있다는 의미에서 가언적이다). 이 명령들은 도구적인 것들이 아닌 다른 집단의 이유들과 대조를 이룬다. 주변에 도울 수 있는 사람이 아무도 없을 때 근처 물웅덩이에 빠진 아이를 우리가 구출해야만 하는 좋은 이유가 있는지를 고려해 보자. 만일 우리가 그런 이유를 가지고 있다면, 그 이유는 우리의 특수한 목적들 또는 목표들에 우연적인 것처럼 보이지 않을 것이다. 예를 들어, 어떤 사람들은 도덕적으로 유덕한 사람이라고 칭찬을 받고 싶어 하는 반면에 다른 사람들은 그런 칭찬에 무관심할 수 있다. 그러나 두 사람들 모두 그 아이를 구출**해야만**(ought) 한다(비록 명백하게 두 번째 사람은 거의 그렇게 **할 것 같지**(likely) 않을지라도 말이다). 칸트는 이와 같은 타당한 비도구적 이유들(valid non-instrumental reasons)로부터 생겨나는 명령들을 '정언명령'(categorical imperatives)이라고 부른다.

앞에서 살펴본 것처럼 왜 가언명령이 타당한 것인지를 설명하는 것은 상대적으로 쉬운 일이다. 실제적인 어려움(그리고 칸트의 특별한 공헌)은 왜 정언명령들이 타당한가를 설명하는 데에 있다. 칸트는 어떤 것이 정언명령인지 아닌지를 결정할 수 있는 독보적인 결정 규칙이 있다고 주장하고 있다. 그러나 그는 또한 이 독보적인 결정 규칙의 서로 동등하다고 가정되는 몇 가지 정식들(총합해서 5가지)을 제시하고 있으며 그것은 사태를 더욱 혼란스럽게 만들고 있다. 오직 두 가지 정식들만 여기서 논의될 것이다. 첫 번째는 인격주의(humanity) 정식이라 불린다. 그것은 "당신이 아는 사람이든 모르는 사람이든 인간을 항상 동시에 목적으로 대우하고 결코 수단으로 다뤄서는 안 된다"는 방식으로 당신이 행동할 것을 지시하고 있다.[4] 다시 말하면 우리는 사람들을 마치 그들이 우리 자신의 특수한 목적들을 위한 도구인 것처럼 대우해서는 안 된다. 두 번째, 더 유명한 정식은 보편법칙(universal law)의 정식이라 불린다. 그것은 "당신이 동시에 보편적인 법칙이 되기를 원하는 준칙에 따라서만 행동"할 것을 당신에게 명령한다.[5] 이 제안이 갖는 흥미로운 점은, 비록 그것이 처음에는 널리 알려져 있지 않았을지라도 공리주의를 괴롭혔던 몇 가지 문제들에 역점을 두어 다룰 수 있다는 점이다. 철수에게 만 원을 주겠다는 약속을 지켜야 하는지에 관한 영희의 결정을 생각해 보자. 이 결정은 두 가지 경쟁하는 준칙들 사이의 선택이라고 기술될 수 있다. 첫 번째 준칙에 따르면 사람들은 약속을 지킬 수 있다면 그 약속을 지켜야 한다. 두 번째 준칙에 따르면 사람들은 오직 약속을 지키는 일이 자신들에게 유용할 경우에만 약속들을 지켜야 한다. 영희는 어떤 준칙이 따라야 할 보편적인 법칙(즉 자신을 포함해서 모든

---

4 I. Kant, 1785, p.38.

5 I. Kant, 1785, p.31.

사람들에게 적용되는 규칙)이 되기를 원할까? 만일 그가 분별 있는 사람이라면 명백하게 두 번째가 아니라 첫 번째 준칙을 원할 것이다. 칸트에 따르면 이것은 첫 번째가 타당한 정언명령이라는 점을 우리에게 말해 준다.

이런 추론 과정이 희망적일지라도 칸트 도덕 철학은 한동안 공리주의와 경쟁할 만한 이론으로 발전하지 못했다. 부분적으로 그것은 그의 작품이 갖는 불투명성이 그의 생각들을 사람들이 명확하게 이해하게 하는 데 걸림돌이 되었다는 사실에서 기인하고 있다. 참으로 한동안 칸트의 도덕 철학은, 만일 제대로 이해만 된다면, 사실상 공리주의와 동등한 것이라고 생각되었다. 그러나 이것만이 유일한 문제가 아니었다. 또 다른 문제는 보편법칙의 정식이, 적어도 칸트의 작품에서 제시된 상태로는, 몇 가지 심각한 허점들을 가지고 있다는 것이었다. 이 점을 이해하기 위해서 우리는 다음과 같은 사실을 인지해야만 한다. 즉 비록 우리의 행동의 준칙이 모든 사람들이 그 동일한 준칙을 따라야만 한다는 의미에서 보편적인 것이 되어야 하지만, 그 이론에는 그 준칙이 모든 사람들을 동일한 주체로 다뤄야만 한다는 점을 요구하는 그 어떤 요소도 포함되어 있지 않다. 또한 그것을 포함해야만 하는 것도 아니다. 예를 들어 "장애인들에게(다른 사람들에게가 아니라) 바퀴 달린 의자를 가져다주어야 한다"는 준칙은 완벽하게 합리적인 준칙으로 우리는 모든 사람들이 그것을 따르기를 원할 수 있다. 그러나 만일 이 준칙이 허용될 수 있는 것이라면, "소수자들을(다른 사람들이 아니라) 항상 냉대하라"는 준칙은 왜 잘못인가? 만일 영희가 소수자가 아니라면, 그녀는 자신을 포함해서 모든 사람이 이 준칙을 따라 주기를 원하는 것은 전혀 모순적인 것이 아니다. 그리고 보편법칙의 정식에 따르면 그녀의 차별적인 행동이 타당한 이유들에 의해서 뒷받침되고 있음을 충분히 증명할 수 있는 것처럼 보인다. 그러나 이것은 옳은 행동처럼 보이지 않는다.

물론 오늘날에는 우리가 이와 같은 난제들을 극복하는 데 도움이 되는 칸트 도덕 철학에 관한 수많은 정교한 연구들이 있다. 그러나 이 모든 것들은 나중에 이루어졌다. 롤스가 1950년대에 자신의 작품을 저술하기 시작했을 때 칸트는 여전히 철학사에서 상대적으로 애매한 철학자였고 사회계약 전통은 사실상 사망선고를 받은 것으로 간주되었으며 공리주의만이 중심부에서 이뤄지는 유일한 실제적인 전투였다. 롤스의 천재성은 아무도 지금까지 명백하게 깨닫지 못했던 점을 파악했다는 것이다. 즉 로크나 칸트와 같은 과거 철학자들의 작품들에서 발견된 관념들이 오류들이 있었지만 좀 더 정교한 작업을 통해 강력한 이론으로 재가공될 수 있었고 공리주의에 대한 실제적인 도전으로 제시되었다는 점이다. 다음 장부터 우리는 롤스가 어떻게 이 일을 시도하고 있는지를 살펴볼 것이다.

1.3 롤스의 작품들에 대한 개관

이 안내서의 초점은 롤스의 가장 중요한 작품인 『정의론』이 될 것이다. 이 책은 우리가 살펴본 것처럼 1960년대에 대부분 저술되었고 인쇄물로 1971년에 최종적으로 출간되었다. 몇 년 후에 독일어 번역이 의뢰되었고 이 번역을 위한 사본의 제공 과정 중에 롤스는 수많은 본문 수정들을 첨가했다. 비록 이 변화들은 1975년경에 이루어졌지만 본문 개정판은 1999년에서야 영어로 출판되었다. 이 변화들 대부분은 미미한 것들이기 때문에 두 가지 판본들은 일반적으로 서로 다른 쪽매김과는 별도로 서로 공유할 수 있는 것으로 간주될 것이다. 몇 가지 실질적인 차이들은 그것들이 발생할 때마다 언급될 것이다.

그러나 롤스는 『정의론』 외에도 다른 많은 작품들을 저술했다. 따라서 『정의론』을 몇몇 그의 다른 작품들과 관련된 문맥 속에서 파악하는 것은 유익한 일이 될 것이다. 『정의론』이 출간되기 몇 년 전부터 롤스는 먼저 수많은 중요한 논증들을 전문 철학 잡지들에 게재된 일련의 논문들 속에 제안했다. 이 논문들 중에 특별히 세 편이 언급될 가치가 있다. 첫 번째 "윤리학을 위한 의사 결정의 개요"(Outline of a Decision Procedure for Ethics, 1951)에서 그는 도덕 철학과 정치 철학에서 정당화의 토대에 대한 설명을 전개하고 있다. 기초적인 관념은 (그가 '반성적 평형' 으로서 언급하는 것) 도덕 철학과 정치 철학에 관련된 그의 모든 작품들의 토대가 되고 있다. 그리고 그것은 『정의론』에서 유래하는 일련의 논증들과는 무관하게 수많은 철학자들에게 영향을 미쳤다. 두 번째 "규칙들의 2가지 개념들"(Two Concepts of Rules, 1955)에서 롤스는 강력한 방식으로, 즉 그가 가장 관심을 가지고 있는 정치 철학에서 특수한 종류의 물음들에 대해서 이야기하고 있는 이론으로서, 공리주의(그가 궁극적으로 반박하기 위해서 진술하고 있는 이론)의 틀을 구성하고 있다. (대략적으로 말하면, 우리가 다음 장에서 살펴보게 되겠지만, 그는 공리주의를 사회정의에 관한 매력적인 이론으로 제시하고 있다.) 이렇게 하고 있는 한 가지 이유는 아마도 공리주의에 대한 자신의 제시가 좀 더 공감을 얻으면 얻을수록, 그것에 대한 자신의 답변이 궁극적으로 좀 더 설득력을 얻게 될 것이라는 점이다. 마지막으로 "공정으로서의 정의"(Justice as Fairness, 1958)에서 그는 공리주의에 대한 대안을 위한 자신의 논증의 핵심을 제시하고 있다. 이 논문은 책 출간을 위한 일종의 시도였다.

1971년 『정의론』 출간 얼마 후에 롤스는 자신의 이론의 몇 가지 중요한 측면들을 근본적으로 재검토하기 시작했다. 비록 이런 변화가 발생했다는 사실을 아는 것이 매우 중요한 일이라 하더라도, 그 변화의 구체적인 사항들은 매우 복잡하고 이 안내서의 범위를 훨씬 넘어서는 것이다. 롤스의 재검토는 우선 일련의 논문들 속에서 또 다시 등장했다. 그것들 중에 가장 중요한 세 가지 논문들은 "도덕 이론에서 칸트의 구성주의"(Kantian Constructivism in Moral Theory, 1980)와 "사회적 통일과 기본적 가치"(Social Unity and Primary Goods, 1982) 그리고 "공정으로서의 정의: 형이상학적 정의가 아니라 정치적 정의"(Justice as Fairness: Political Not Metaphysical, 1985)이다. 결국 롤스는 최종적으로 그의 새로운 견해들과 서로 관계된 모든 차원의 논의들을 형성하면서 두 번째 중요한 책인 『정치적 자유주의』를 1993년에 출판했다. 이 책은 매우 복잡해서 『정의론』에 나타난 관념들에 어느 정도 이미 익숙해 있지 않은 독자에게는 여러 가지로 난해한 책이다. 이 두 작품들은 합하면 거의 1000쪽에 이르게 되는데 대부분의 논쟁점들에 대한 그의 표준적인 견해로서 간주된다.

이 책은 오직 『정의론』에 관한 안내서이다. 참고문헌들은 일반적으로 롤스의 견해들이 거친 후기 변화들을 설명하기 위해 제시될 것이며 오직 그것들이 본문에 대한 우리의 최상의 이해에 도움이 되는 한에서만 사용될 것이다. 롤스의 최종적인 견해들에 관심을 가지고 있지만 그의 두꺼운 논문들을 모두 읽어야 한다는 염려에 압도당하는 독자들을 위해서 『공정으로서의 정의: 수정』(Justice as Fairness: A Restatement, 2001)이라는 제목의 매우 짧은 입문서도 역시 있다. 이 책은 정확하게 롤스가 저술한 것이 아니라 오히려 그가 하버드 대학에서 행한 일련의 강의들로 구성되어 있다. 이 책은 그의 두 가지 주요 저술들에서 제기된 논쟁들을 유용하게 요약하고 대조해 주고 있다. 비록 이 강의들은 『정

의론』과 『정치적 자유주의』의 대체물이 되지 못할지라도 그의 견해들
에 대한 매우 가치 있는 전반적인 소개를 제공해 주고 있으며 또한 어떻
게 모든 것이 서로 관련이 되는지에 대한 임시변통의 간편한 안내서로
서 사용될 수 있다.

2장
주제들의 개관

2.1 『정의론』의 중요 관념

『정의론』은 거의 600쪽에 이르는 장문의 치밀한 작품이기 때문에 세부 사항들을 들여다보다가 길을 잃기 쉽다. 따라서 롤스가 주장하려고 한 주제의 전체적인 의미 속에서 본문에 접근하는 것이 유용하다. 이번 장은 장문의 본문을 항해하는 데 필요한 대략적인 안내와 더불어 이런 전체적인 맥락을 제공하는 것을 목표로 하고 있다. 다행히도 롤스의 논증의 주요 관념은 상대적으로 이해하기 쉽다.

롤스가 처음에 자신의 견해들을 전개할 때, 도덕 철학과 정치 철학의 두 가지 이론들이 전투 중이었다는 제1장의 내용을 회상해 보자. 물론 첫 번째이자 지배적인 이론은 공리주의였다. 대부분의 사람들에게 다른 어떤 것도 어느 정도 강력하거나 정교한 이론으로 보이지 않았다. 그러나 동시에 많은 사람들은 공리주의가 수많은 문제를 불러일으키는 특성들을 가지고 있다는 점을 받아들였다. 그것들 중에 몇 가지를 우리는 앞에서 논의했다. 여기서 우리는 다른 문제들을 고찰해 볼 수 있을 것이다. 전체 인구의 아주 극소수가 비참한 노예생활을 하고 있는 한 사회를 상상해 보자. 이 노예들은 물론 불행하지만 다른 모든 사람들은 노예가 없는 세계에 사는 것보다 좀 더 행복하다고 느낄 것이다. 왜냐하면 노예들은 그 사회에서 수많은 좀 더 힘든 일들을 하도록 강요되기 때문이다. 이제 우리가 다수의 행복을 증진시킨다면 비록 각 개별적인 노예는 참으로 매우 불행할지라도, 노예들에게 가해진 불행의 총량보다 더 큰 행복의 양을 얻게 된다는 사실이 판명될 수 있을 것이다. 이 사회에서 공리주의는 노예제도를 찬성하는 것처럼 보일 것이다. 물론 이제 우리는 숫자들 때문에 이런 사유 방식이 생겨나지 않을 것이라고 소망할 것이며 또한 숫자들 때문에 아마도 정말로 그런 일이 발생하지 않을 것이다. 그렇지만 이것이 왜 중요한 문제가 되어야만 하는 것일까? 다른 방식으로 생각해 보자. 노예제도의 정의로움 또는 부정의가 우연하게 나타난 숫자에 의존해야만 하는가? 많은 사람들은 그 대답은 '아니요'라는 강한 도덕적 직관을 가지고 있다. 다수의 행복이 노예들의 불행보다 더 중요한가라는 물음은 중요하지 않다. 왜냐하면 인간을 노예로 만드는 것은 단순하게 그 자체로 나쁜 것이기 때문이다.

물론 이것이 단순한 직관이라는 점이 문제를 어렵게 만들고 있다. 직관은 도덕 철학과 정치 철학의 또 다른 이론으로 우리를 안내해 준다. 그것은 직관주의(intuitionism)이다. 그러나 앞 장에서 논의한 것처럼 직관주의는 실제로 어떤 이론이라고 보기 곤란하다. 그것은 우리가 우연히 갖게 되는 체계화되지 않아 뒤범벅된 도덕적인 직관들에 붙여진 이름이다. 직관주의는 공리주의를 반박할 수 있는 희망을 줄 수 없었다. 왜냐하면 우리의 직관들은 불완전하고, 모호하고 (가장 나쁜 경우에는) 서로 갈등을 빚는 수많은 사례들에서 우리가 무엇을 해야 하는지 답변을 제시하지 못했기 때문이다. 롤스는 우리가 더 훌륭한 이론(즉 공리주의와 같이 강력하고 체계적인 이론)을 필요로 한다고 생각했다. 그리고 그것은 우리의 도덕적 직관들을 더 잘 설명할 수 있어야 한다. 예를 들어 그것은 노예제도가 본질적으로 잘못된 것임을 설명할 수 있어야 한다. 그런 이론은 과연 어떤 것이 될 수 있을까?

롤스가 어떻게 이 도전을 받아들여 착수하고 있는지에 대한 전반적인 이해를 돕기 위해서 우선 몇 가지 기초적인 관념들을 소개하는 일이 필요하다. 우리가 본문에서 이와 관련된 구절들을 논의할 때 더 자세하게 이 관념들을 살펴보게 될 것이다. 당장은 그것들의 중요성에 관한 일반적 이해를 제시하는 것으로 충분할 것이다. 이 관념들 중의 첫 번째는 '협동 체계'(a system of cooperation)라고 불리는 것으로서의 사회라는 관념이다. 이것은 사회가 무엇인가 또는 어쨌든 사회의 가장 중요한 특성들과 독특한 특성들이 무엇인가에 관한 사유방식이다. 그것은 다음과 같이 단순하게 설명될 수 있다. 새로운 회사를 함께 설립하기를 원하는 세 명의 친구들이 있다고 상상해 보자. 한 사람은 훌륭한 제품 설계사이고 두 번째 사람은 영업 전문가이며 세 번째 사람은 경험 많은 회계사이다. 그들이 함께 일하면 그들의 동업은 성공하게 될 것이고 많은 수입을 얻게 될 것이다. 그러나 그들이 독립적으로 일한다면 성공하지 못할 것이며 서로 경쟁관계에 놓이게 될 것이다. 그들이 함께 일하기로 동의한다고 가정해 보자. 어느 일정 시점에 그들은 자신들의 새로운 회사의 이익들을 어떻게 분배할지를 결정해야만 할 것이다. 이익을 분배하는 데 어떤 것이 좋은 규칙이 될까? 제품 설계사는 제품 없이는 판매 상품이 존재하지 않을 것이라고 주장할 수 있다. 그래서 그의 공헌이 가장 근본적인 것이기 때문에 그는 이익 중에 제일 많은 몫을 받아야만 한다. 영업 전문가는 자신의 노력 없이는 회사는 소비자들을 갖지 못할 것이기 때문에 아무런 이익도 남기지 못할 것이라고 주장할 수 있다. 이익 중에 자신의 몫이 가장 큰 것이 되어야만 한다. 기타 등등. 여기서 주목해야 될 가장 중요한 것은 그들이 **어떤**(some) 규칙에 동의하는 일이 모두에게 좋다는 점이다. 왜냐하면 그렇게 하지 않으면 동업을 할 수 없기 때문이다. 따라서 분배해야 할 이익도 없어지게 될 것이다. 그러나 동시에 그들은 **어떤(which)** 규칙에 동의해야 할지에 대해서 갈등하는 관념들을 각자가 갖게 될 것이다. 왜냐하면 다양한 당사자들이 다양한 규칙들을 선호할 것이기 때문이다. 따라서 그들의 동업은 서로 유익한 것인 반면 동시에 잠재적인 불화의 원인이 된다.

　롤스는 우리가 이와 동일한 방식으로 사회에 대해서 생각해 볼 수 있다고 생각한다. 그것은 다소 크고 복잡한 규모가 될 것이다. 그는 다음과 같이 주장한다.

> … 사회란 그 성원 상호 간에 구속력을 갖는 어떤 행동 규칙들을 인식하고 대부분 그것들에 따라서 행동하는 사람들로 이루어진, 어느 정도 자족적인 조직체이다. 게다가 이 규칙들은 참여하는 사람들의 선을 증진하기 위해 마련된 협동 체계를 구체적으로 명시하고 있다고 가정해 보자. 그렇다면 비록 사회가 상호 이익을 위한 협동적인 모험일지라도, 그것은 전형적으로 이익의 일치뿐만 아니라 이익의 상충이라는 특성도 갖는다.[1]

예를 들어, 어떻게 직업들이 다양한 사회들에서 채워지는지 생각해 보자. 봉건사회들에서 직업들은 종종 출생에 의해서 결정된다. 따라서 만일 당신의 아버지가 은세공사라면 당신도 역시 은세공사가 된다. 만일 당신의 아버지가 소작 농부라면 당신도 역시 소작 농부가 될 것이다. 기타 등등. 계획경제 사회에서는 반대로 직업들은 정부의 계획경제 감독자들에 의해서 할당된다. 그들은 당신의 능력들에 대한 몇 가지 측정 결과들과 공동체의 필요들에 따라서 직업들을 할당한다고 간주된다. 자본주의 사회들에서 직업들은 노동 시장이라는 장치에 의해서 할당된

1 　J. 롤스, 『정의론』, p.4; 개정판 p.4.

다. 그것은 수요와 공급의 법칙뿐만 아니라 노동 규칙들, 자격 허가 요
구사항들 등등에 의해서 지배를 받는다. 이것들은 롤스가 생각하고 있
는 '협동 체계'를 구체적으로 밝혀 주는 일종의 '행동 규칙들'의 사례
들이다. 이 규칙들은 참여하는 사람들의 선을 증진해 주기 때문에(예를
들어, 우리 모두는 노동의 분화로부터 이익을 얻는다) 우리는 사회를
'상호 이익을 위한 협동적인 모험'(a cooperative venture for mutual
advantage)이라고 간주할 수 있다. 그러나 동시에 규칙들의 한 구성이
어떤 사람들에게 유익을 주고 다른 구성은 다른 사람들에게 유익을 주
기 때문에 사회는 '전형적으로 이익의 일치뿐만 아니라 이익의 상충이
라는 특징을 갖는다.' 난제는 어떤 협동 체계가 모두를 위해서 최상의
것이 될 것인가를 결정하는 데서 발원한다.

　이 점은 롤스의 사유에서 두 번째 중요한 기초적인 관념으로 우리를
안내해 준다. 그것은 그가 '사회의 기본적인 구조'라고 부르는 것에 대
한 관념이다. 그는 그것을 "중요한 사회적 기관들이 근본적인 권리들과
의무들을 배분하고 사회적 협동으로부터 발생한 이익들의 분배를 결정
하는 방식"으로 정의하고 있다.[2] 우리는 여기서 또 다른 단순한 예시의
도움으로 그가 무엇을 의미하고 있는지 그 의미를 잘 파악할 수 있다.
어떤 사회의 두 구성원인 영희와 철수를 생각해 보자. 그들은 거의 똑같
이 영리하고 똑같이 유능한 개인이지만 영희는 근면한 반면에 철수는
게으른 사람이라고 가정해 보자. 만일 우리가 누구의 삶이 일반적으로
더 좋은 삶이 될 것이라고 기대하는지 물어본다면(관습적인 의미에서),
다른 조건들이 모두 똑같다면, 우리는 아마도 영희가 더 좋은 삶을 살
것이라고 생각하게 될 것이다. 그러나 이 생각은 항상 올바른 것이 될

2　J. 롤스, 『정의론』, p.7; 개정판 p.6.

수 없다. 오히려 그 대답은 그들이 우연히 살고 있는 사회의 성질에 크게 의존하고 있다. 예를 들어, 그들이 봉건사회에 살았으며, 영희는 소작농으로 태어났고 철수는 귀족으로 태어났다고 가정해 보자. 비록 영희는 철수보다 상당히 더 많이 노력할지라도, 그녀의 삶은 철수의 삶에 비해 대략 합리적으로 판단해 보면 아마도 훨씬 더 못한 것이 될 것이다. 또는 영희가 19세기 초의 미국 남부에서 노예로 태어났지만 철수는 대농장 소유주의 아들로 태어났다고 상상해 보자. 또 한 번 아마도 그녀가 최선의 노력을 기울여도 영희는 별로 좋은 삶을 영위하지 못할 것이다. 이 예들이 제시하는 것은 우리들의 삶이 어떻게 유복해지느냐라는 문제는 오직 부분적으로만 우리들의 개인적인 노력들에 달려 있다는 점이다. 물론 이것은 개인적인 노력이 아무것도 아니라는 점을 주장하는 것은 아니다. 영희는 다른 것을 하기보다 열심히 노력함으로써 자신에게 더 좋은 일들을 하게 될 것이다. 논점은 오직 사회의 특수한 조직화가 종종 어떤 중요한 역할을 하게 될 것이라는 점이다.

이것이 대략적으로 롤스가 사회의 '기본적인 구조'(basic structure)라고 부르는 것의 의미이다. 기본적인 구조는 개인적인 노력을 제외하고 우리의 삶들이 얼마만큼 성공을 얻을 수 있는지에 체계적으로 영향을 미치는 일련의 사회적 제도들과 관행들이다. 이 제도들과 관행들은 명백히 통치 체계와 법률 체계와 같은 것들을 포함하고 있다. 그러나 그것들은 또한 경제 제도와 어떤 경우에는 문화적 조건들과 같은 다소 불분명한 요소들을 포함하고 있다. 첫 번째 경우의 실례로서 철수가 우연히 홈런을 날릴 수 있는 천부적 능력을 가지고 있다고 가정해 보자. 얼마만큼 그가 성공적인 삶을 영위할 수 있을지는 부분적으로 그가 이 재능을 계발하는 데 들인 노력에 의존하게 될 것이다. 그러나 그것은 또한 부분적으로 경제 구조에 의존하게 될 것이다. 만일 야구에 필요한 재능을 위한 자유 시장이 존재한다면, 그의 삶은 그런 시장이 존재하지 않는 경우보다 훨씬 더 성공적인 것이 될 수 있다. 두 번째 경우의 실례로서 영희가 철저하게 성차별적인 사회에 태어났다고 가정해 보자. 비록 이런 일반적인 성차별주의(sexism)는 공식적인 법률들이나 정책들에 반영되어 있지 않을지라도, 그녀는 아마도 만일 성차별주의가 덜한 사회에서 살게 되었을 삶보다 더 못한 삶을 살게 될 것이라는 점이 사실이다. 따라서 우리는 사회의 기본적인 구조라는 관념이 매우 광범위하고 추상적인 것이라는 점을 알 수 있다. 그것은 전후 사정 조건들 또는 사회적 환경들을 함께 구성하고 있는 모든 (법률적, 경제적 그리고 문화적) 제도들과 관행들을 포함하고 있다. 그 조건들과 환경들 속에서 사회의 개인 구성원들은 그들 자신의 계획들에 따라서 가능한 가장 성공적으로 자신들의 삶들을 영위하게 된다.

　비록 사회의 기본적인 구조라는 관념은 매우 광범위하고 추상적인 것일지라도 그것은 실제로 롤스에게 공리주의와의 논쟁의 범위를 축소시켜 줄 수 있는 기초를 제공하고 있다. 왜냐하면 공리주의는 종종 단지 어떻게 사회들이 조직화되어야만 하는가에 대한 이론일 뿐만 아니라 또한 완벽한 도덕 철학으로서 해석되어 왔기 때문이다. 다시 말하면 우리는 공리주의를 노예제도가 용인될 수 있는 것인가 아닌가에 대한 물음에 답변을 제공하는 것으로뿐만 아니라, 내가 친구의 감정을 상하지 않게 하기 위해서 그에게 거짓말을 해야 하는지 하지 말아야 하는지, 또는 내가 임금인상분을 새 차를 구입하는 데 써야 하는지 아니면 자선 단체에 기부해야 하는지 등등에 대한 물음에 답변을 제공하는 것으로서도 간주해야 한다는 것이다. 공리주의의 광의적인 해석이 좋은 것인지 아니면 협의적인 해석이 좋은 것인지에 관한 논쟁이 존재하며 또한 이것은 공리주의의 창시자들(벤담, 밀 그리고 다른 학자들)이 실제로 고려했던 문제들이다. 그러나 우리는 롤스에 대한 논의와 관련해서 이런 논쟁거리들을 다루지 않을 것이다. 여기서 중요한 것은 『정의론』이 공리주의를 협의적인 의미, 즉 사회정의라고 불릴 수 있는 것에 관한 이론으로서 다루고 있다는 점이다.[3]

다시 말해서 만일 우리가 사회를 상호 유익을 줄 수 있는 협동 체계로서 생각한다면(앞에서 논의한 것처럼), 또한 만일 우리가 사회의 기본적인 구조를 협동의 중요한 조건들을 설정하는 것으로서 생각한다면, 우리는 사회정의론을 어떠한 실행 가능한 기본적인 구조가 정의라는 덕을 가장 잘 구현하게 될 것인가에 대한 설명으로서 간주할 수 있다. 롤스의 표현에 따르면, 기본적인 구조는 '정의의 주제'(the subject of justice)이다.[4] 이 관점에 따르면 공리주의는 가장 공정한 기본적인 구조가 각 구성원의 행복을 동등하게 간주하면서 모든 사회 구성원들의 행복의 총량을 극대화하는 경향을 갖는다는 이론이 될 것이다. 우리는 공리주의가 도덕성 일반에 대한 타당한 설명을 해 줄 수 있을지 염려할 필요 없이 좀 더 협의적으로 그것이 사회정의에 대한 최상의 설명이 될 수 있는지 없는지 물어볼 수 있다. 롤스의 견해에 따르면 공리주의는 사회정의에 대한 좋은 설명이 될 수 없다. 그렇다면 그가 생각할 때 어떤 설명이 더 좋은 설명이 될 수 있을까?

롤스의 대안적인 제안을 음미하기 위해서 우리는 다시 한 번 단순한 예시를 사용해 볼 수 있다. 숨을 거두면서 자신의 두 아들들에게 가축 떼들을 유산으로 물려준 한 부유한 목장 주인을 상상해 보자. 그러나 그는 어떤 아들이 개별적으로 어떤 소들을 취해야 할지 세세하게 지목하

---

3   롤스(1955)에게 이 기술은 공리주의에 대한 가장 개연적인 해석으로 제시되고 있다.
4   J. 롤스, 『정의론』, p.7; 개정판 p.6.

지 않았다. 이제 모든 소들은 그것들 자체의 독특한 특성들을 가지고 있
다. 따라서 가축 떼들을 나누는 것은 번호를 붙여 수적으로 동일한 2개
의 무리들로 나누는 것처럼 또는 모든 갈색 소들은 큰아들에게 주고 모
든 검은색 소들은 작은 아들에게 주는 것처럼 단순하지 않다. 형제들은
재산 분할에 대해서 다소 논쟁을 벌이고 있기 때문에 현명한 재판관에
게 자문을 구해 보자는 결정을 내렸다. 그 재판관은 어떻게 판결을 내리
게 될까? 그 대답은 간단한다. 그 재판관은 형에게 다음과 같이 말한다.
"당신이 원하는 방식대로 소 떼들을 두 무리로 나누시오." 그러고 나서
그는 동생에게 다음과 같이 덧붙인다. "당신의 형이 소 떼들을 둘로 나
누면 당신은 둘 중의 어떤 것이 당신의 몫이 되고 어떤 것이 형의 몫이
될 것인지를 결정하시오." 이 결정은 많은 사람들에게 가장 공평한 절
차로서 감동을 주게 될 것이다. 형은 동생이 더 좋은 몫을 차지할 것이
라고 가정할 수 있기 때문에, 그는 가능한 한 가장 공평하게 소 떼를 분
할하려고 노력할 것이다. 따라서 그는 자신이 어떤 몫을 취하든 만족하
게 될 것이다. 이제 롤스의 사회정의론(그가 '공정으로서의 정의'라고
부르는 것)은 본질적으로 이것과 동일한 관념에 기초하고 있다.[5]

그의 견해에 따르면 사회의 가장 정의로운 기본적인 구조는 사회의
협동 체계에서 당신의 개별적인 역할이 무엇이 될지를 전혀 모르고서
당신이 선택하게 될 기본적인 구조이다. 다시 말하면 당신은 큰 공장의
부유한 공장장이 될 수도 있고 또는 일용직 거리 청소부가 될 수도 있
다. 여기서 물음은 만일 당신의 개별적인 역할이 무엇이 될지 알 수 없
다면 당신은 어떤 종류의 사회에서 살기를 원하는가이다. 이 물음에 대

---

5   그러나 그것이 완벽하게 동등한 것이 아니라는 점은 나중에 살펴보게 될 것이다.
3.8절을 보라.

한 우리의 답변은 정의로운 사회에 대한 설명을 우리에게 제시해 준다. 그것은 매우 강력한 관념이며 또한 『정의론』의 전체적인 논점은 단순하게 이 단일한 기본적인 생각을 정교하고 상세하게 풀어쓰는 것이다.

그러나 이 세부사항들을 살펴보기 전에, 어떻게 롤스가 앞 장에서 논의된 다양한 관념들을 함께 결합시키고 있는지에 주목하는 것은 가치 있는 일이다. 그는 맨 먼저 로크로부터 사회계약이라는 개념을 도출한다. 그러나 그는 그 이론과 연관된 역사적인 함의를 제거하는 데 성공한다. 우리는 사람들이 언젠가 자연 상태에서 살았다고 상상할 필요도 없고 또한 사람들이 실제로 어떤 특정한 정부에 자신들의 권리 양도에 대한 동의를 제공했다고 상상할 필요도 없다. 롤스에게 있어서 위에 제기된 물음은 단순하게 가설적인-사유 실험에 불과하다. 또한 사회계약의 내용이 어떤 중요한 방식으로 변경되었다는 점을 주목하자. 롤스가 생각한 사회계약은 정부의 형태에 관한 동의라기보다는 사회의 기본적인 구조에 관한 동의이다. 롤스는 자연 상태라는 상황에서 사람들은 그가 '원초적 상황'(original position)이라고 부르는 기본적인 구조를 선택하도록 요구받는다고 생각했다. 당신은 사회에서 당신의 개별적인 역할이 무엇이 될지 알 수 없다고 가정되기 때문에, 그는 당신이 원초적 상황에서 '무지의 베일'(a veil of ignorance) 뒤에서 기본적인 구조를 선택해야만 할 것이라고 주장한다. 무지의 베일이라는 관념은 칸트의 도덕 철학을 포함하고 있다. 그것은 엄격하게 공평한 기준들을 사용해서 기본적인 구조를 선택하라고 당신을 압박하고 있다. 그것은 대략적으로 보편적 입법의 원칙이 수행한다고 가정되는 일이지만 무지의 베일이 훨씬 더 그 일을 잘 수행하고 있다. 당신은 성차별적인 사회에서 사는 것을 선택할 것인가? 물론 아닐 것이다. 왜냐하면 당신은 남자가 될지 여자가 될지 확신할 수 없기 때문이다. 당신은 노예제도가 남아 있는 사회에서 살기를 선택할 것인가? 물론 아닐 것이다. 왜냐하면 당신은 노예들 중의 하나가 될 수도 있을 것이기 때문이다. 이것이 기본적인 추론 과정이다. 물론 롤스는 실제로 상당히 좀 더 추상적인 방식으로 그 추론 과정을 실행하고 있다. 당신은 특수한 제도들을 선택하기보다 특수한 제도들의 설계를 이끌어 주게 될 일반적인 원리들을 선택할 것이라고 그는 생각한다. 그의 논증은 당신은 원초적 상황에서 무지의 베일 뒤에서 공리주의적인 일반원리를 선택하지 않을 것이며 그 대신 공정으로서의 정의의 원리를 선택할 것이라는 점을 주장하고 있다.

2.2 본문: 간략한 길잡이

이런 개략적인 설명을 염두에 두고서 『정의론』의 내용들의 목록을 개관해 보자. 본문은 명백하게 3부로 나눠지고 각 부는 3장으로 구성되어 있다. 그러나 이 장들은 대단히 길어서 50쪽 정도 또는 그 이상이 된다. 만일 누군가 본문을 통독하려고 시도한다면, 그 장들은 어떤 명백한 방식으로 단일한 일관된 주제에 의해서 항상 연결되어 있지 않은 다양한 주제들을 포괄하고 있다는 점이 곧 분명하게 드러날 것이다. 그것은 의심할 여지없이 이 책이 저술된 방식에 부분적으로 기인하고 있다. 1960년대 중반의 어느 시점에 롤스는 『정의론』의 초고를 완성했다. 그러나 그것은 최종적인 판본보다 훨씬 더 간략한 것이었다. 몇 년 동안 이 원고는 학생들과 동료들 사이에서 윤독되었고 그들은 롤스에게 다방면의 비판적인 의견들을 제공해 주었다. 이 시기는 또한 미국에서 그리고 다른 나라들에서 엄청난 사회적, 정치적 격변이 발생했던 때이다(앞 장에서 지적된 것처럼). 이 사건들에 대한 반성들은 독자들에 의해 제공된 비판적인 의견들과 더불어 자연스럽게 롤스로 하여금 자신의 관념들을 더 발전시킬 수 있도록 유도했다. 그러나 그는 컴퓨터가 주는 유익함을 맛보지 못하고 저술했기 때문에 그 변화들을 본문으로 옮기는 작업은 그렇게 쉬운 일이 아니었다. 따라서 그의 수정사항들은 대부분 독립적으로 저술된 새로운 자료라는 형식을 취하고 있다. 이 부가적인 자료들은 그 후에 그것들이 원문에서 어디에 삽입되어야만 하는지를 나타내는 문자 부호(A, B, C 등등)로 지정되었다. 명백하게 이 절차는 간결한 최종 원고의 제작에 도움이 되지는 못했다. 그 결과 제멋대로 뻗어 나간 장들을 가진 매우 두꺼운 책이 생겨났다.

우리에게는 다행스럽게도 롤스는 각 장들을 절(sections)들로 구분해 놓고 있다. 이 87개의 연속적으로 일련번호를 갖는 절들은 대부분의 사람들에게 이 책의 주된 독서 구성단위이다. 각 절들은 좀 더 읽기 편하도록 5쪽 또는 10쪽 내외로 구성되어 있다. 그리고 각 절은 통상 단일한 다소 일관된 주제를 논의하고 있다. 우리가 그리고 많은 사람들이 이 일련번호를 갖는 절들을 엄격하게 연속적인 순서대로 읽을 필요는 없다. 예를 들어서 완벽에 가까운 훌륭한 독서 계획은 전체 본문을 50쪽 또는 그에 상응하는 쪽들로 구성된 5개의 블록으로 나눠 보는 것이다. 각 블록은 다음과 같은 주제들로 구성되어 있다.

- §§ 1-9: 이 절들은 『정의론』의 중요 논증을 소개하고 그리고 공정으로서의 정의와 공리주의를 대조하고 있다.
- §§ 11-17, 68: 이 절들은 공정으로서의 정의 이론을 구성하고 있는 정의의 2가지 원칙들을 자세하게 기술하고 있다.
- §§ 20-26, 33, 29, 40: 이 절들은 공리주의와는 반대되는 공정으로서의 정의에 관한 원초적 상황을 제시하고 있다.

- §§ 31, 34-37, 43, 47-48 : 이 절들은 어떻게 공정으로서의 정의가 주요한
  사회적 제도와 정치적 제도의 설계에서 이행될 수 있는지 논의하고 있다.
- §§ 44, 46, 18-19, 55-59, 87 : 마지막으로 이 절들은 롤스의 결론과 함께 세
  대 사이의 정의와 시민 불복종이라는 어려운 문제들을 논의하고 있다.

이 독서 계획은 단지 전체 본문의 약 절반 분량에만 적용될 뿐이다. 또
한 명백하게 이 독서 계획은 이 책의 첫 2/3에 중점을 두고 있다. 우연
이란 존재하지 않는다. 폭넓게 말하면『정의론』의 나머지 1/3은 롤스가
'안정성의 문제' (the problem of stability)라고 부르는 것에 할애되고
있다. 즉 그것은 대략적으로 공정으로서의 정의의 원리에 의해서 지배
되는 사회에서 살아가는 사람들이 그 원리들을 거부하고 저항하기보다
는 어떻게 포용하고 지지하게 되는가를 보여 주는 문제이다. 그러나 앞
장에서 우리는 롤스가 1971년에 이 책을 출간한 이후에 자신의 많은 견
해들을 재검토하기 시작했으며 특별히 그 견해들은 이 문제와 정확하
게 관련되어 있다는 점을 지적했다. 롤스는 그 자신이 나중에『정치적
자유주의』(Political Liberalism, 1993)에서 제시한 견해들이『정의론』의
제3부에서 제시된 논증을 대체하는 것으로 간주하고 있기 때문에, 통상
적으로 우리는『정의론』의 제3부보다는 그가 심혈을 기울이고 있는 제
1-2부에 더 많은 관심을 갖고 있다.

　그러나 이 안내서는 포괄적인 것이 되도록 기획되었다. 따라서 우리
는 본문을 대략적으로 순차적인 순서에 따라 읽어 나가면서 비록 항상
똑같은 관심의 대상이 아닐지라도 본문의 전체 부분들에 대한 안내를
최소나마 제공할 것이다. 이런 방식으로 독자들은 본문을 통해서 자신
들의 개별적인 관심들 또는 독서 계획과 무관하게 자신의 독서 방식을
쉽게 찾게 될 것이다.

3장
본문 읽기

3.1 공정으로서의 정의에 관한 개관 (§§ 1-3)

『정의론』의 첫 세 절들에서 롤스는 편리하게 사회정의에 대한 자신의 이론을 대략적으로 개관해 주고 있다. 그는 이 개관 과정 속에서 그런 물음들에 대한 자신의 사유방식의 기초가 되는 몇 가지 근본적인 관념들을 소개하고 있다. 따라서 우리는 이 첫 절들을 주의 깊게 살펴봄으로써 본문 전체를 좀 더 잘 이해할 수 있을 것이다.

롤스는 §1에서 두 가지 강한 주장들을 제시하고 있다. 우리의 생각에 사회 제도들은 여러 이유로 더 좋은 것 또는 더 나쁜 것으로 간주될 수 있다. 예를 들어, 사회 제도들은 경제적으로 더 효율적인 것 또는 덜 효율적인 것일 수 있으며 또한 그것들은 공동체의 전통적인 가치를 더 반영하거나 덜 반영할 수도 있다. 그러나 롤스는 다음과 같이 주장한다.

사유 체계의 제1덕목이 진리인 것처럼 정의는 사회 제도의 제1덕목이다. 그러나 이론이 아무리 우아하고 간단하다 할지라도 진리가 아니면 배척되거나 수정되어야 한다. 이와 마찬가지로 법이나 제도가 아무리 효율적이고 정연하다 할지라도 정의롭지 못하면 개선되거나 폐기되어야만 한다.[1]

---

1 J. 롤스, 『정의론』, p.3; 개정판 p.3.

제2장에서 우리는 노예제도에 대해서 논의했다. 노예제도가 어떤 사회
에서는 일정한 노동 형식들을 할당하는 데 경제적으로 매우 효율적인
방식으로 드러났다고 가정해 보자. 롤스는 여기서 그것이 주제가 되어
서는 안 된다고 주장하고 있다. 정의는 경제적인 효율성보다 더 중요한
것이다. 이것이 그의 첫 번째 주장이다. 그의 두 번째 주장은 "모든 사
람은 심지어 사회 전체의 복지라도 유린할 수 없는 정의에 토대를 둔 불
가침성(inviolability)을 갖는다. 그러므로 정의는 타인들이 갖게 될 좀
더 큰 선을 위하여 소수의 자유를 뺏는 것이 옳다는 점을 부정한다"[2]는
것이다. 노예제도는 다시 여기서 하나의 유용한 예시를 제공해 준다. 비
록 사회 전체의 행복이 소수를 노예로 만드는 일에 의해서 증가될 수 있
다고 할지라도 우리가 그렇게 하는 것은 정의롭지 못한 일이 될 것이다.
또 사회 전체가 재판 없이 모든 잠재적인 테러범들을 단순하게 구금함
으로써 테러로부터 안전을 확보할 수 있다고 가정해 보자. 이것 역시 정
의로운 일이 되지 못할 것이다. 우리는 종종 사람들이 반드시 최소한 어
떤 근본적인 또는 양도할 수 없는 권리들을 가져야만 한다고 주장하면
서 정의에 관한 생각을 표현하게 된다.

　롤스가 이 두 개의 서론적인 주장들이 논증들을 구성할 수 있다고 생
각하지 않는다는 점을 깨닫는 것이 중요하다. 비록 이 주장들은 수많은
사람들이 실제로 믿고 있는 것을 표현하고 있을지라도, 그것들은 아직
단순한 직관에 불과하다. 비록 그것들이 어느 정도까지는 참이지만 그
것들은 아마도 그가 표현하고 있는 것처럼 '너무 지나치게 강한 표현들
이다.'[3] 그러나 우리는 공리주의(롤스가 저술하고 있는 시기에 가장 강

2　J. 롤스, 『정의론』, p.3-4; 개정판 p.3.
3　J. 롤스, 『정의론』, p.4; 개정판 p.4.

력한 사회정의론)가 이 직관들을 설명하는 데 힘들어할 것이라는 점을 주장해야만 한다. 롤스는 우리가 어떤 다른 이론이 강력하면서 체계적인 방식으로 두 직관들을 모두 더 훌륭하게 설명할 수 있는지 없는지를 탐구해야 한다고 제안하고 있다. 만일 그 일에 성공한다면, 우리는 공리주의가 제안하는 것과는 반대로 이 직관들이 대체적으로 건전한 것이라는 점을 발견할 수 있다.

이 장 말미에 롤스는 경쟁이론에 대한 어떤 개념적 구조물을 세우고 있다. 그는 우리가 제2장 초반부에서 논의했던 협동 체계로서의 사회라는 관념으로부터 시작하고 있다. 이것은 **우리가** 상호 이익을 위해서 수많은 다양한 사람들의 활동들을 조정하는 복잡한 체계로서의 사회라는 개념을 상상해 볼 수 있다는 생각이다. 이제 어떤 사회에서나 이 조정이 실제적으로 조직화될 수 있는 수많은 방식들이 존재한다. 협동의 다양한 체계들은 사회의 다양한 구성원들에게 많은 또는 적은 이익을 가져다줄 것이기 때문에, 어떤 종류의 원리 또는 원리들의 집합이 우리가 대안들 중에 어떤 것을 선택하는 일에 도움이 되도록 요구된다. 롤스의 주장에 따르면 이 원리들 중에 "사회정의의 원리들이 속한다. 그것은 기본적인 사회 제도 내에서 권리와 의무를 할당하는 방식을 제시해 주며 사회적 협동의 이득과 부담의 적절한 분배를 결정해 준다."[4] 예를 들어, 우리는 미국이 가진 제도들의 현 구성(configuration)과 일종의 국민건강보험 체계를 포함하고 있다는 점만 다르고 대부분에서는 동일한 다른 가능한 대안을 비교해 볼 수 있다. 이 각각의 구성들은 다소 다르게 책임들을 할당하며 이익들과 부담들을 분배한다. 그렇다면 어떤 구성이 선호의 대상이 될까? 사회정의의 원리들은 이 물음에 한 가지 답변

---

4   J. 롤스, 『정의론』, p.4; 개정판 p.4.

을 제공해 준다.

이것은 우리가 역시 제2장에서 논의했던 롤스의 두 번째 개념적 구조물로 우리를 안내해 준다. 그것은 사회의 기본 구조라는 관념이다. 이 기본 구조는 (법적, 경제적 그리고 문화적) 제도들과 관행들의 구성이다. 이것들은 사회의 개인 구성원들이 자신들의 설계에 따라 삶을 영위하는 토대인 배경 조건들을 함께 형성해 준다. 기본적인 구조가 어떤 사람의 삶이 얼마나 성공적인 것이 될 수 있는지를 완벽하게 결정하지 못한다고 하더라도(왜냐하면 개인적인 노력, 행운 그리고 다른 요소들이 의심할 여지없이 어떤 역할을 수행하게 될 것이기 때문이다), 기본 구조가 어떤 영향들을 갖든 간에 그것들은 개인이 실제로 책임을 져야 한다고 간주될 수 없는 영향들이 될 것이라는 점이 특별히 중요하다. 이런 의미에서 롤스는 다음과 같이 주장한다.

··· 사회 제도들은 어떤 출발점을 다른 출발점보다 유리하게 만들어 준다. 이러한 것들은 특히 뿌리 깊은 불평등이라 할 수 있다. 그러한 것들은 지배적인 것일 뿐만 아니라 인생의 최초의 기회에 영향을 미친다. 그러나 그것들은 실력이나 공적이라는 개념에 호소함으로써 정당화될 수 없는 것이다.[5]

만일 철수가 영희보다 더 열심히 일한다면 그리고 다른 조건들이 동일하다면, 그는 자신의 노력에 대한 더 큰 보상을 받을 만한 공적이 있거나 가치가 있다고 생각하는 것이 완벽하게 자연스러운 일이다. 이는 우리가 사람들은 자신들이 결정하는 선택들에 책임을 갖는다는 점을 믿고 싶어 하기 때문이다. 만일 영희가 열심히 일하지 않는 쪽을 선택한다

---

5   J. 롤스, 『정의론』, p.7; 개정판 p.7.

제3장 본문 읽기　53

면, 그녀에 대한 보상들은 그 선택을 반영하고 있어야만 한다. 그러나 실력(merit)이나 공적(desert)은 단순하게 철수는 귀족으로 태어났고 영희는 소작농 계급으로 태어났기 때문에 철수가 더 큰 보상을 받는 경우에는 해당되지 않는다. 이런 종류의 보상들은 철수가 가진 어떤 실력 또는 공적에 기인하고 있지 않다. 그것들은 단순하게 그가 속한 사회가 우연하게 어떤 특수한 종류의 기본 구조를 가지고 있다는 사실과 그가 우연하게 그 기본 구조 안에서 유리한 지위를 가지고 태어났다는 사실의 귀결이다.

우리는 여기서 어떤 명백한 논점을 장황하게 검토하고 있는 것처럼 보일 수 있다. 그러나 몇몇 독자들은 롤스가 실제로 자신이 의도한 것보다 훨씬 더 강한 주장을 하고 있다고 생각하고 있다. 특별히 어떤 사람들은 롤스가 우리의 삶들이 성공적으로 영위되는 것은 **전적으로** 사회의 기본 구조에 의해서 결정되며 따라서 개인적인 실력 또는 공적에 대해서 말하는 것은 무의미한 일이라고 주장하고 있다고 생각한다. 우리가 앞으로 살펴보겠지만 그것은 전혀 사실이 아니다. 그의 논점은 오직 기본 구조가 명백하게 **몇 가지** 영향을 행사한다는 점과 또한 그 영향이 무엇이 되든 간에 그것은 개인의 실력 또는 공적의 범위를 넘어서고 있다는 점이다. 사회의 기본 구조는 우리가 실제로 책임을 질 수 있다고 간주할 수 없는 방식으로 우리의 삶의 전망들에 영향을 미치고 있기 때문에, 우리가 기본 구조를 올바른 것으로 만드는 일이 특별히 중요하다. 노예제도나 성적 불평등과 같은 부정의한 제도들은 수백만의 사람들을 그들이 다른 방식으로 당연히 누려야 할 것들보다 훨씬 더 불행한 삶을 살도록 운명 짓게 한다. 그렇다면 어떤 기본 구조가 올바른 구조일까? 롤스에 따르면 그것이 사회정의의 주제가 된다.

기본 구조에 대한 롤스의 초점은 몇 가지 측면에서 자신의 논의의 범위를 제한하는 효과를 나타내고 있다. 제2장에서 우리가 지적한 이 제한의 한 측면은 일반적으로 본문 속에서 표현되어 있기보다는 암암리에 암시되어 있다. 공리주의는 때때로 포괄적인 도덕 철학으로 해석된다. 그것은 어떤 기본 구조들이 다른 구조들보다 더 훌륭한가를 나타낼 뿐만 아니라 어떤 노선의 개인적인 행동들이 다른 행동들보다 더 훌륭한 것인가를 지시하고 있다. 기본 구조에 대한 롤스의 초점은 오직 사회 정의라는 물음에 우리의 논의를 제한하고 있다.

그러나 이 점에 덧붙여서 롤스는 명백하게 §2의 논의에서 2가지 또 다른 제한사항들을 제시하고 있다. 첫 번째, 그는 사회의 기본 구조를 구성하는 제도들과 관행들보다 더 큰 규모 또는 더 작은 규모의 수많은 제도들과 관행들이 있다는 점을 주장하고 있다. 예를 들어, 클럽들이나 다른 개인적인 단체들의 관행들은 소규모로 이뤄지고 있으며 국제적인 관계들의 관행들은 대규모로 이뤄지고 있다. 비록 롤스는 이런 몇몇 논쟁점들을 간략하게 『정의론』에서(또한 다른 후기 저작들에서 매우 상세하게) 고찰하고 있지만, 논증의 중요한 노선은 '다른 사회와 분리되어 폐쇄 체제로 간주되는' 단일 사회의 주요한 제도들과 관습들에 초점을 맞추기 위해서 그 논쟁점들을 다루고 있지 않다.[6] 게다가 그는 사회들과 관련된 정의에 관한 가장 최상의 이론이 무엇이 되든지 간에, 그것은 이런 좀 더 큰 규모의 환경이나 더 작은 규모의 환경에 적용될 때 최상의 이론이 될 수 없다는 점을 경고하고 있다.

두 번째 제한사항은 그가 '엄격한 준수 이론'(strict compliance theory)과 '부분적 준수 이론'(partial compliance theory)이라고 부르는 것들 사이의 차이에 관련되어 있다.[7] 엄격한 준수 이론들은 모든 사람들

---

6 J. 롤스, 『정의론』, p.8; 개정판 p.7.

은 자신들이 해야 한다고 가정되는 것(예를 들어, 어느 누구도 절도나 뇌물 수수 등등을 하지 않는다)을 대략적으로 수행하고 있다는 가정하에서 어떻게 사회의 기본 구조가 협동의 이익들과 부담들을 할당해야만 하는지를 설명하고 있다. 명백하게 실제 사회에서는 이런 일들이 여럿 발생할 것이고 또한 우리는 이익들과 부담들의 분배가 그 일들에 상응해서 조정되기를 원하게 될 것이다. 따라서 가해자는 처벌되어야만 하고 피해자들은 보상을 받아야만 한다. 부분적 준수 이론들은 이런 종류의 사후 조정들을 설명하고 있다. 그러나 롤스는 엄격한 준수 이론들에 더 많은 초점을 부여하고 있다. 그러나 이 접근은 그의 이론이 비현실적인 것이라는 많은 사람들의 불평을 자아내게 만들었다. 어떤 관점에서 보면 그 불평은 확실하게 참이지만, 그럼에도 어떤 의미에서 보면 엄격한 준수 이론들은 부분적 준수 이론들보다 논리적 우선성을 가져야만 한다. 예를 들어, 어떤 특수한 소유물이 절취되었는지 아닌지를 결정하기 위해서 우리는 맨 먼저 누가 그것의 합법적인 소유자인지를 결정해야만 한다. 즉 어느 누구도 일차적으로 규칙들을 위반하지 않았다고 가정할 경우 누가 그것을 소유하고 있는지가 결정되어야만 한다. 이것이 정확하게 엄격한 준수 이론의 임무이다. 따라서 롤스가 그러하듯이 엄격한 준수를 먼저 다루고 부분적 준수의 문제를 그다음에 다루는 것이 아주 의미 있는 일이다.

롤스는 이런 기본적인 정의들과 제한사항들을 설정한 후에 §3에서 자신이 '공정으로서의 정의'(justice as fairness)라고 부르는 특정한 사회정의론의 '중요한 관념'을 제시한다. 공정으로서의 정의는

---

7   J. 롤스, 『정의론』, p.8-9; 개정판 p.7-8.

··· 로크, 루소 그리고 칸트에게서 발견되는 친숙한 사회계약론을 고도로 추상화하고 일반화한다. 그러기 위해서 우리는 원초적 계약을 어떤 사람이 특정 사회를 택하거나 특정 형태의 정부를 세우는 것으로 생각해서는 안 된다. 오히려 핵심적인 관념은 사회의 기본 구조에 대한 정의의 원칙들이 원초적 합의의 대상이라는 점이다. 그것들은 자신의 이익을 늘리는 데 관심을 가진 자유롭고 합리적인 사람들이 평등한 최초의 상황에서 자신들의 조직의 기본 조건들을 규정하는 것으로 채택하게 될 원칙들이다.[8]

제2장에서 우리는 어떻게 공정으로서의 정의가 전통적인 사회계약론의 난점들을 회피하면서도 그 정신을 포착하고 있는지 논의했다. 대략적으로 말하면, 우리는 '무지의 베일'에 가려진 '원초적 상황'에 놓여 있는 합리적인 사람들의 집단을 상상해 봐야만 한다. 무지의 베일은 개인들을 서로가 동일한 입장 위에 서 있도록 해 주며 또한 그들 각자가 적절하게 공정한 관점으로부터 자신들의 판단에 도달할 것이라는 점을 보장해 준다. 그다음 우리는 그런 사람들이 동의하게 될 '기본 구조를 위한 정의의 원리들이' 무엇인지를 도출하려고 노력하게 된다. 이것들은 사회적 제도들과 관행들의 다양한 설정들이 어느 정도 정의로운 것 또는 부정의한 것으로 간주될 수 있는가를 평가할 수 있는 일반적인 원리들이다. 다시 말하면, 만일 우리가 노예제도가 정의로운 것인지 또는 부정의한 것인지 알고 싶어 한다면, 우리는 그것이 무지의 베일에 가려진 원초적 상황에 놓여 있는 합리적인 사람들이 자신들의 삶을 영위하려고 하는 사회를 위해서 선택하게 될 사회정의의 일반 원리들에 일치하고 있는지 아닌지 물어보아야만 한다.

---

8   J. 롤스, 『정의론』, p.11 ; 개정판 p.10.

롤스는 그 물음이 가상적인 것임을 아주 조심스럽게 주장하고 있다. 즉 원초적 상황은 엄격하게 사고 실험이다. 그는 "어떤 사회도 사람들이 문자 그대로 자발적으로 가담하는 협동 체계가 될 수 없다. 즉 각자는 이미 어떤 특정 사회에서 특정 지위를 갖고 태어나게 된다"는 점을 승인하고 있다. 이것은 전통적인 사회계약론에 대한 논박들 중의 하나였다. 롤스 자신의 설명에 의거하자면 완벽하게 정의로운 사회조차도 문자적으로 대부분의 사람들에게 자발적인 것이 되지 못할 것이다. (우리는 '닫힌' 그리고 '고립된' 사회 체계에 관한 그의 초기 가정이 이 논점을 강조하기 위해서 수립되었다고 해석할 수 있다. 왜냐하면 닫힌 그리고 고립된 사회의 구성원들은 정의상 자신들의 구성원 자격을 자발적으로 철회할 수 없기 때문이다.) 그러나 그 사회는 다른 사회들이 갖지 못하는 한 가지 매우 중요하고 가치 있는 특성을 갖게 될 것이다. 즉 롤스가 의미하는 정의로운 사회 안에 있는 시민들은 만일 그들이 자유롭고 평등한 사람들이고 그들의 상호 관계가 서로 공정하다면 그들이 동의하게 될 조건들에 따라서 그들이 협동하고 있다고 서로에게 말할 수 있다. 따라서 "공정으로서의 정의의 원칙들을 만족시키는 사회는 가장 자발적인 체제에 가까이 접근하는 사회이다."[9] 이 구절은 명백하게 자발적인 사회에서는 비록 법률들과 제도들의 공유된 체계에서 '모두 같이 결합되어' 있을지라도 어떤 의미에서 각 사람은 '오직 자신에게만 복종하고 전과 마찬가지로 완전히 자유롭다'는 루소의 『사회계약론』의 유명한 명제를 환기하고 있다.[10] 그것은 매우 강력하고 설득력 있는 관념이다. 동시에 우리는 여기에 롤스가 결코 자세하게 설명하지 않은 어

---

9   J. 롤스, 『정의론』, p.13 ; 개정판 p.12.

10 J.-J. 루소, 『사회계약론』, 1762, p.148.

떤 모호한 주장이 존재한다는 점을 인정해야만 한다. 만일 사회계약이 단순하게 롤스가 나중에 제시하듯이[11] 우리가 결코 문자적으로 수용하거나 거부할 수 있는 기회를 가질 수 없는 '**어떤 설명 장치**'(an expository device)라면, 어떻게 그것은 우리를 진정으로 자유롭고 평등한 시민들로 변화시킬 수 있을까? 이것은 심오하고 어려운 문제이기 때문에 또 다른 기회를 위해서 잠시 제쳐 두는 것이 현명할 것이다.

우리는 무지의 베일로 가려진 원초적 상황에 놓여 있는 합리적인 사람들이 무엇에 동의할 것이라고 기대할 수 있을까? 『정의론』의 본론은 이 복잡한 물음에 매우 자세하게 답변하려는 시도이다. 그러나 롤스는 §3에서 자신의 답변의 핵심을 요약하고 있다. 대략적으로 말하자면, 그는 합리적인 사람들이 무지의 베일로 가려진 원초적 상황에서는 공리주의를 거부할 것이라고 주장한다. 그는 "자신들을 평등한 존재로 생각하는 사람들은(무지의 베일이 그렇게 하도록 그들을 강요하기 때문에) 단지 다른 사람들이 이익의 좀 더 큰 총량을 누릴 수 있도록 하기 위해 어떤 사람들에게 좀 더 작은 인생 전망을 요구하는 원칙에 동의할 것으로 생각되지 않는다"고 주장한다. 그 이유는 "합리적인 인간이란 자기 자신의 기본 권리들과 이익들에 미칠 영속적인 결과를 고려하지 않고, 전체 이득의 산술적인 총량을 극대화한다는 이유만으로 어떤 기본 구조를 받아들이지는 않을 것"이기 때문이다.[12] 어쨌든, 이것이 롤스가 증명하려고 시도하려는 것이다. 만일 사람들이 원초적 상황에서 공리주의를 거부한다면, 그들은 그 대신 무엇을 받아들이게 될까? 롤스는 그들이 다음과 같은 정의의 두 가지 원칙들에 동의할 것이라고 생각한다.

---

11 J. 롤스, 『정의론』, p.21; 개정판 p.19.
12 J. 롤스, 『정의론』, p.14; 개정판 p.13.

··· 제1원칙은 기본적인 권리와 의무의 할당에 있어 평등을 요구한다. 반면 제2원칙은 사회적·경제적 불평등들이 ··· 모든 사람, 그중에서도 특히 사회의 최소 수혜자에게 이익을 보상해 주는 경우에만 정당한 것임을 주장한다.[13]

이것들이 유명한 정의의 '두 가지 원칙들'이다. 우리는 앞으로 계속해서 이것들에 대해서 자주 듣게 될 것이다. 왜 이 두 가지 원칙들이 공리주의보다 선호될까? 롤스는 다시 한 번 제3장에서 제시될 더 자세한 논증을 복선으로 보여 주면서 두 가지 원칙들은 다음과 같은 우리의 직감을 포착하고 있음을 제시하고 있다.

··· 모든 사람의 복지가 그들의 만족스런 삶에 필수적인 사회 협동 체계에 의존하기 때문에 이득의 분배는 가장 곤란한 처지에 있는 사람을 포함해서 그 사회에 참여하는 모든 사람의 자발적인 협동을 이끌어 내도록 이루어져야 한다.[14]

우리는 여기서 우리의 첫 생각, 즉 상호 이익을 위한 방대하며 복잡한 협동 체계로서의 사회라는 관념으로 깔끔하게 되돌아오게 된다. 모든 사람이 자발적으로 협동하기 위해서는 협동의 조건들이 모든 측면에서 공정한 것으로 간주되어야만 하며 또한 롤스에 따르면 공정으로서의 정의의 두 가지 원칙들은 우리에게 어떻게 그것들이 공정한 상태가 되는지를 기술해 준다.

---

13 J. 롤스, 『정의론』, p.14-15; 개정판 p.13.
14 J. 롤스, 『정의론』, p.15; 개정판 p.13.

연구를 위한 물음들

1. 우리는 자신의 삶을 얼마나 훌륭하게 영위할 수 있는지 어느 범위까지 책임을 질 수 있으며 또한 우리의 삶의 전망들은 어느 범위까지 우리의 개인적인 통제를 넘어선 사회적 요소와 정치적 요소에 의해서 영향을 받게 되는가?

2. 완벽하게 자발적인 사회(즉, 우리가 스스로 자신들의 상호 협동의 조건들을 선택한 사회)에 대한 상상은 매력적인 이상인가? 그것의 한계들은 무엇일까?

3.2 공리주의와 직관주의 (§§ 5-8)

롤스는 공정으로서의 정의에 대한 자신의 핵심적인 논증을 간략하게 개관하고 나서 계속해서 제1장의 후반부에서 자신의 이론의 중요한 경쟁 상대를 다소 면밀하게 검토하고 있다. 그는 §§ 5-6에서 공리주의를 설명하고 있으며 §§ 7-8에서 직관주의를 설명하고 있다. (우리는 다음 절들과 더불어 몇 가지 방법론적인 물음들에 관련되어 있는 § 4와 § 9에 대해서도 논의할 것이다.) 우리가 제1장에서 논의한 것처럼 그가 저술하고 있던 시대의 역사적 맥락이 주어진다면, 그가 특별한 관심을 쏟고 있는 이 두 가지 경쟁 상대들을 선택해야만 했다는 사실은 충분히 이해될 수 있는 것이다.

롤스는 공리주의를 다음과 같은 견해로 정의하고 있다. 그 주요 사상은 "한 사회의 주요한 제도들이 그에 속하는 모든 개인을 포괄하는 만족의 최대 순수 잔여량(the greatest net balance of satisfaction)을 달성하도록 편성될 경우 그 사회는 올바른 질서를 갖춘 것이며 따라서 정의롭다는 것이다."[15] 이 정의는 사회의 주요한 제도들, 즉 사회의 기본 구조를 평가하는 데 있어 공리주의의 범위를 제한하고 있다는 점에 주목하자. 다시 말하면, 그는 일반적으로 '공리주의'라는 용어를 특별하게 사회정의에 대한 공리주의 이론과 연관시키는 것이지 포괄적인 도덕철학으로서의 공리주의와 관련짓고 있지 않다. 그 후 그는 공리주의에 대한 수많은 논평들을 제공하고 있다. 이 논평들은 아직 반박근거들로 제시되지 않았다(또는 어쨌든 최소한 우리가 다룰 수 있는 어떤 실제적인 대안을 갖기 전까지 그렇게 사용되지 않을 것이다). 그것들의 주된 논점은 오히려 공정으로서의 정의와 대조를 이루고 있는 어떤 논점들을 강조하기 위한 것이다. 그것들은 나중에 주요 논증이 좀 더 진행되면서 중요한 것으로 부각될 것이다.

롤스의 첫 번째 논평은 공리주의의 내적 구조와 관련되어 있다. 그가 제시하듯이 그것은 '목적론적' 이론이다. 목적론적 이론은 "좋음이 옳음과 무관하게 규정되고 그리고 옳음은 그 좋음을 극대화하는 것으로 규정되는 이론이다."[16] 공리주의에서 적절한 좋음은 행복이다. 이 견해에 따르면 우리는 한 인간이 대략적으로 행복한 삶을 영위한다는 것이 무엇인지에 대한 독립적인 개념을 가지고 있다고 가정된다(이를 좀 더 간략하게 표현하자면 그렇다). 따라서 우리는 어떤 것을 그것이 행복을 극대화하는 경향을 갖는 한도 내에 옳은 것으로 정의할 수 있다. 물론 수많은 다른 목적론적 이론들이 존재할 수 있다. 롤스가 언급하고 있는 한 가지 예는 목적론적 완전주의(teleological perfectionism)이다. 완전주의 이론은 좋음이 어떤 특수한 형식의 인간적 탁월성(즉 일종의 예술

---

15 J. 롤스, 『정의론』, p.22; 개정판 p.20.
16 J. 롤스, 『정의론』, p.24; 개정판 p.21-22.

적 성취, 또는 신의 의지에 일치하며 영위된 삶 또는 그 밖에 다른 것)의 실현이라는 개념으로부터 출발한다. 공리주의와 마찬가지로 완전주의자는 어떤 것들이 선호되는 종류의 탁월성의 실현을 극대화하는 경향을 갖는 한도 내에서 그것들을 더 좋은 것 또는 더 나쁜 것으로 판단하게 된다. 롤스가 저술하고 있을 당시 완전주의 이론들은 그렇게 대중적인 것이 되지 못했다. 따라서 그는 그 이론들을 주로 철저한 탐색을 위해서 언급하고 있을 뿐이다. 그러나 그 당시에도 완전주의에 대한 어떤 새로운 관심이 있어 왔기 때문에 이 주제에 관한 롤스의 산발적인 논평들에 주목하는 일도 가치 있는 일이 될 것이다.

이제 목적론적 이론들 일반(그리고 특별히 공리주의 이론)에서 두드러진 한 가지 특징은 그 이론들이 어떤 종류의 합리성을 구체화하고 있는 것처럼 보일 수 있다는 점이다. 어떻게 우리가 자신의 삶들과 관련해서 의사결정을 내리고 있는지를 고찰해 보자. 종종 우리는 현재 존재하는 작은 행복과 미래에 있게 될 큰 행복 사이의 선택에 직면하게 된다. (문제를 단순화하기 위해서, 심지어 우리가 미래의 행복을 경험하기도 전에 사망할 수도 있다는 개연성과 그러한 다른 할인 계수들(discounting factors)을 고려하고 있다는 점을 가정할지라도 미래의 행복은 좀 더 큰 것이라고 가정해 보자.) 그러한 선택들에 직면할 때 우리들 대부분은 합리적인 행동이 작은(앞선) 행복보다는 큰(미래) 행복을 선택하는 것이라고 생각한다. 이 주장은 우리가 항상, 또는 심지어 종종 실제로 이러한 선택을 취하고 있다는 것을 의미하기보다는 우리가 즉각적인 만족에 관심을 가지게 될 때, 우리들 대부분은 그것을 비합리적인 것으로 간주하게 된다는 점을 의미하고 있다. 우리가 이런 종류의 판단을 내릴 때 실질적으로 우리는 각각의 다양한 삶의 순간들에서 얻게 되는 행복을 대략적으로 동일한 것으로 간주하게 된다. 따라서 합리성은 (미래의 우리 각 자아들이) 미래의 각 시기에 얻게 될 행복을 완전하게 동일한 것으로 간주하면서 행복의 총량을 극대화하는 경향을 갖게 될 선택지들을 취하는 것으로 구성된다. 공리주의와 같은 목적론적 이론들은 개인들에게서 통용될 수 있는 이런 추론을 사회적 관점으로 확대하고 있다. 만일 개인적 합리성이 각 순간의 행복을 완전하게 동일한 것으로 간주하면서 행복의 총량을 완전한 삶으로 규정하는 것이라면, 이와 유사하게 사회적 합리성은 사회의 각 구성원들의 행복을 완전하게 동일한 것으로 간주하면서 행복의 총량을 완전한 사회로 규정하는 것이라고 추론해 볼 수 있다. 이 견해에 따르면 "개인들의 조직을 위한 선택의 원칙들은 한 개인을 위한 선택 원칙의 확대로 해석된다. 따라서 사회 정의란 집단의 복지라는 집합적 개념에 적용된 합리적 타산(rational prudence)의 원칙이다."[17]

공리주의에 대한 롤스의 두 번째 논평은 첫 번째 논평과 관련되어 있으며 또한 기본적으로 첫 번째 논평의 결과이다. 그는 모든 엄격한 목적론적인 이론들은 원칙의 문제로서 분배에 무관심함을 지적한다. 다시 말하면 행복의 총합이 가능한 한 가장 큰 것이 된다면 어떻게 행복을 한 사회에서 분배할 수 있을까 하는 문제는 중요한 것이 아니다. 특별히 누가 행복해야 하는가라는 물음은 부적절한 것이다. 물론 행복의 분배는 간접적으로 중요한 것이 된다. 예를 들어 만일 수많은 사람들이 심각한 질투를 나타내고 있다면 말이다. 그런 경우에 A가 B보다 훨씬 더 행복하다고 느낄 때, 이것은 B의 행복을 훨씬 더 감소시킬 수 있다. 질투하는 경향을 갖는 문화적 환경에서는 행복을 분배하면서 발생하는 불평등들을 단순하게 감소시킴으로써 행복의 총량을 증가시킬 수 있다. 그

---

17 J. 롤스, 『정의론』, p.24 ; 개정판 p.21.

러나 다른 경우에 공리주의는 정반대의 정책을 시도할 수 있다. 상품들을 소비함으로써 세련된 쾌락과 탐욕적인 쾌락을 갖게 되는 사람들이라는 특수 집단이 존재한다고 가정해 보자. 이 '효용성 괴물들'(그들은 철학 문헌에서 이러한 멋있는 이름으로 불린다)은 다른 동료들보다 훨씬 더 효율적으로 소비를 행복으로 전환시키기 때문에, 사회에서 그들에게 물질적인 재화들 중에 가장 좋은 몫을 주는 것은 경험된 행복의 총량을 극대화하게 될 것이다.[18]

참으로 사회의 모든 다른 구성원들은 그 결과 덜 행복하게 될 것이다. 그러나 공리주의의 관점에 따르면, "원칙적으로 왜 어떤 사람들의 좀 더 큰 이익이 다른 사람들의 좀 더 적은 손실을 보상해서는 안 되는가에 대한 이유가 존재하지 않는다."[19] 이 주장은 믿기 어려운 시나리오처럼 보일 수 있을 것이다. 그러나 그것은 우리가 상상하지 못할 일이 아니다. 사람들은 종종 자신의 기대들을 자신의 환경에 맞추게 된다. 소수의 재벌들과 다수의 절대 빈곤층으로 구성된 금권정치 사회에서는 후자가 자신의 운명에 순응하게 될 것이고 따라서 최저 생계수단을 가지고 있을지라도 그 안에서 적당한 양의 행복을 추구할 수 있게 될 것인 반면, 전자는 아주 세련되게 행복한 초-쾌락주의자(super-hedonists)가 될 것이다. 그렇다면 행복의 총량은 물질적인 재화들의 좀 더 평등주의적 분배에 의해서 향상될 수는 없을 것이다.

롤스의 이론, 즉 공정으로서의 정의는 이런 방식으로 분배에 무관심하지 않을 것이다. 따라서 그것은 사회정의를 어떤 좋음의 단순한 극대

---

18 이 사례가 예시하듯이, 공리주의자들은 필연적으로 행복과는 **다른** 것들의 분배에 무관심하지 않다는 사실을 주목하라. 왜냐하면 물질적인 재화들과 같은 것들의 분배는 행복의 총량에 영향을 미칠 수 있기 때문이다.

19 J. 롤스, 『정의론』, p.26 ; 개정판 p.23.

제3장 본문 읽기 65

화로 정의할 수 없다. 목적론적 이론들은 좋음을 옳음과 무관하게 규정하고 있으며 또한 옳음을 좋음의 극대화로서 규정하고 있음을 생각해보자. 롤스의 용어들에 따르면 이 명제들 중의 하나 또는 모두를 거부하는 이론은 '의무론'(deontological theory)이 된다. 그는 공정으로서의 정의가 '두 번째 방식에서', 즉 극대화의 원칙을 거부함으로써 의무론적인 정의가 된다고 주장한다.[20] 우리는 나중에 그것이 제1원칙과 어느 정도까지 조화를 이룰 수 있는지를 살펴보게 될 것이다. 이것은 매우 까다로운 논쟁거리이다. 롤스는 자신의 이론을 위해서 목적론적 구조를 버리면서 위에서 논의된 합리성이라는 쉬운 논증을 포기하고 있다. 따라서 공정으로서의 정의에 관한 그의 논증은 필연적으로 다른 형식을 갖게 될 것이다.

이제 롤스는 공리주의에 대한 세 번째 논평으로 향하면서 자신의 독자들에게 "개인들은 정의에 기초한 또는 어떤 사람들이 말했듯이 자연권에 기초한 불가침성(inviolability)을 가져야 하며, 이는 심지어 다른 모든 사람의 복지라도 유린할 수 없는 것이다"라는 일반적인 직관을 깨닫게 해 주고 있다.[21] 따라서 비록 행복의 총합이 노예제도를 재도입하거나 또는 재판 없이 잠재적인 테러범들을 구금함으로써 늘어날 수 있다 하더라도, 우리는 그런 일을 해서는 안 된다. 왜냐하면 그런 일은 개인의 기본권들을 침해하기 때문이다. 그러나 우리가 앞에서 살펴본 것처럼 공리주의는 이 직관들을 설명하는 데 어려움을 가지고 있지만, 그런 설명이 완전히 불가능한 것은 아니다.

---

20 J. 롤스, 『정의론』, p.30; 개정판 p.26.
21 J. 롤스, 『정의론』, p.28; 개정판 p.24-25.

엄밀히 말해서 공리주의자가 비록 자신의 학설이 이러한 정의감들과 상충된 다는 것을 스스로 인정한다고 하더라도, 그는 상식적인 정의관들과 자연권 관념들이 2차적인 규칙으로서 부차적인 타당성만을 갖는다고 주장한다. 즉 그것들은 문명화된 사회라는 조건하에서는 오직 예외적인 여건 아래에서만 위반이 허용되며, 대부분의 경우에 그것들을 따르는 것이 큰 사회적 유용성 이 된다는 사실로부터 생겨난 규칙이라는 것이다. 심지어 우리가 이 정의관 들을 긍정하고 이 권리들에 호소하는 데 쏟는 지나친 열정은 그 자체로 어떤 확실한 유용성으로 인정된다. 왜냐하면 그것은 유용성에 의해서 재가받지 않은 방식으로 그것들을 위반하려는 인간의 자연적 경향을 무력화하기 때문 이다.[22]

다시 말하면, 우리는 재판 없이 사람들을 감금하는 것이 **일반적으로** 행 복의 총량을 감소시킨다고 생각해 볼 수 있다. 따라서 우리는 모든 사람 들이 공정한 재판을 받을 권리가 있다는 점을 단순하게 진술하는 경험 법칙을 도입하게 된다. 이러한 단순한 규칙에 복종하는 것은 새로운 사 건이 일어날 때마다 매번 계산하는 것보다 훨씬 쉬운 일이 될 것이다. 따라서 절약된 노력은 규칙이 실제적으로 우리들을 오도하고 있는 몇 몇 사례들에 대해서 아마도 더 많은 것들을 보상하여 줄 것이다. 규칙은 **침해할 수 없는 것**(inviolable)이라는 점을 확신하는 일은, 비록 이 주장 이 엄격하게 참은 아닐지라도, 임시적인 격정 또는 열광의 순간에도 그 규칙을 우리가 고수하도록 만들어 준다. 우리는 권리들에 대한 공리주 의 논증을 다만 어떤 특이성만을 제외하면 대략적으로 건전한 것으로 간주할 수 있다. 즉 이 논증은 권리들을 '사회적으로 유용한 환상'으로

22 J. 롤스, 『정의론』, p.28; 개정판 p.25.

서 오직 간접적으로만 설명해 준다는 점이다.[23] 이 논증은 또한 단지 유
용한 허구로서가 아니라 직접적으로 권리들을 설명해 주는 것을 목적
으로 삼고 있는 공정으로서의 정의에 대한 다른 관점의 대척점을 제공
해 준다.

  롤스의 마지막 논평은 공리주의가 의존하고 있는 행복의 개념과 관
련되어 있다. 이것은 우리가 지금까지 회피해 왔던 논쟁점이다. 그러나
그것은 사실상 공리주의에 대해서도 그리고 공리주의 내부에서도 핵심
적인 논쟁거리였다. 공리주의는 행복의 총량을 극대화할 것을 우리에
게 지시한다. 그러나 무엇이 행복으로 간주될 수 있을까? 대체로 여기
에는 세 가지 서로 다른 견해들이 존재한다. 첫 번째 견해에 따르면, 우
리는 사람들의 행복의 지수가 강도와 지속기간을 기준으로 조정된 유
쾌한 경험으로부터 동일한 방식으로 조정된 고통스러운 경험들을 제하
고 남은 것과 동일하다고 말한다. 여기서 쾌락과 고통은 예를 들어 2극
진공관들(diodes)을 뇌의 적합한 부위에 연결시킴으로써 측정할 수 있
는 자연적인 현상으로 간주될 수 있다. 종종 벤담(Jeremy Bentham)과
연관되는 이 ‘쾌락주의적’인 설명에 따르면 공리주의는 유쾌한 뇌의 상
태를 극대화하고 고통스러운 뇌의 상태를 최소화하라고 우리에게 지시
한다. 쾌락주의적 공리주의에 대한 반론은 그것이 우리가 일상적인 감
정적 기복에 따라 경험적으로 훨씬 풍요롭고 활동적인 삶보다는 상습
적으로 모르핀이 투여되는 식물적인 인생을 선호해야만 한다고 제안하
고 있다는 점이다. 이 반론을 해결하기 위해서 밀(J. S. Mill)은 ‘완전주
의적 공리주의’(perfectionist utilitarianism)라 불릴 수 있는 한 이론을
제시하고 있다. 그것에 따르면 객관적으로 좀 더 좋은 것 또는 좀 더 나

---

23 J. 롤스, 『정의론』, p.28 ; 개정판 p.25.

쁜 것으로서 다양한 쾌락들과 고통들의 **성질**(quality)은 그것들의 **수량** (quantity)과 무관하게 독립적으로 측정될 수 있다. 따라서 우리는 바이런(Lord Byron)의 단편시를 읽는 개별적인 쾌락이 객관적으로 오랫동안 지속된 무더운 여름날 많은 차가운 맥주를 마시면서 즐기는 쾌락의 총량보다 더 좋은 것이라고 주장할 수 있다.

이 논쟁의 다양하고 복잡한 내용들은 단순하지 않기 때문에 여기서 우리가 다룰 필요가 없을 것이다. 그 이유는 롤스가 이 책을 저술하던 시기에 이미 두 견해들은 세 번째 견해 때문에 폐기되었기 때문이다. 세 번째 견해는 '선호 공리주의'(preference utilitarianism)라 불린다. 이 견해에 따르면 우리는 행복을 선호들 또는 욕구들의 내용이 무엇이 되든지 간에 단순히 그러한 선호들 또는 욕구들의 만족으로 정의한다. 따라서 우리는 영희가 자신의 선호들이 충족되거나 만족스럽게 이루어졌을 때 좀 더 행복해진다고 말할 수 있으며 자신의 선호들이 충족되지 못할 때 좀 덜 행복해진다고 말할 수 있다. 이 견해에 따르면 선호의 만족이 실제로 뇌의 유쾌한 상태를 만들어 내는가 그렇지 않은가는 중요하지 않다는 점을 주목하자. 문제가 되는 것은 영희가 실제로 관련된 선호를 가지고 있고 또한 그 선호가 실제로 이런 방식 또는 저런 방식으로 충족되었다는 점이다. 행복에 대한 이런 선호-만족 이론은 현대 경제학과 게임 이론에 사용되는 효용 이론의 표준 형식과 일치하고 있다. 그것은 또한 공리주의적 사유의 지배적인 유파가 되었다. 롤스는 이 견해를 '고전적인 형식으로 진술된 효용의 규칙'으로 언급하고 있다.[24] 그는 이 견해의 출처를 벤담에게서 (아마도 잘못) 찾고 있으며 다른 사람들 중에서는 중요한 후기 공리주의자인 시지윅(Henry Sidgwick)에게서 찾

---

24 J. 롤스, 『정의론』, p.25; 개정판 p.22.

고 있다.

이 견해와 우리의 논의의 관련성은 선호 공리주의 이론에 따르면 우리는 반드시 한 사람이 가진 욕구들의 내용에 대해서는 엄격하게 불가지론자가 되어야만 한다는 점이다. 롤스는 "그래서 만일 사람들이 서로 차별대우함으로써, 즉 자신의 자존감을 고양하는 수단으로 타인들의 자유를 감소시킴으로써 어떤 쾌락을 얻는다면 이러한 욕구의 만족도 다른 욕구와 더불어 고려되고 평가되어야만 한다"고 주장한다.[25] 따라서 행복의 총량을 극대화하는 것을 목표로 할 때, 우리는 인종차별주의자들이 소수 인종들을 차별하는 일을 허가받지 못할 때 경험하게 되는 불행을 반드시 계산해야만 한다. 물론 우리는 다른 사람들이 차별당하지 않기 때문에 경험하게 될 행복이 이런 불행보다 더 큰 것이 될 것이라고 소망하거나 기대할 수 있다. 그러나 이 점은 항상 보장될 수 있는 것은 아니다. 만일 문제가 되는 사회에 수많은 인종차별주의자들이 존재한다면, 공리주의는 그런 차별을 허용하게 될 것이다. 말하자면 여기서 일반적인 논점은 공리주의적인 제도에서 우리의 권리들은 우리가 우연하게 살게 될 사회의 우연적인 선호적 관심(preference profile)에 민감하게 반응할 것이라는 점이다. 이 점은 다시 한 번 공정으로서의 정의와 대척점을 이루게 될 것이다. 왜냐하면 앞으로 살펴보게 되겠지만 공정으로서의 정의는 어떤 특정한 시점에 있는 사회에서 우세한 선호들과 무관하게 어떤 기본적인 권리들을 단 한 번에 확정하기 때문이다.

반복해서 말하면, 비록 이 점들이 공리주의에 대한 반론들이 될 수 있는 것처럼 보일지라도, 그것들은 이 단계에서는 단순한 논평들에 불과하다. 만일 다른 강력한 대안이 없다면, 그것들은 그 자체로 공리주의

25　J. 롤스, 『정의론』, p.30-31 ; 개정판 p.27.

적인 사회정의론을 전복시킬 수 있을 정도로 충분한 것이 되지 못할 것이다. 그러나 각 논평들은 다음 논의들에서 다시 다뤄지게 될 것이다.

롤스는 §§ 7-8을 직관주의에 관한 논의에 할애하고 있다. 서론에서 살펴본 것처럼, 직관주의는 일정기간 동안 공리주의에 맞설 수 있는 유일하게 유용한 대안이었다. 롤스는 직관주의 이론들을 두 가지 중요한 특성을 갖는 것으로 규정하고 있다. 첫째로, "그 이론들은 특정한 유형의 경우에서 상반되는 지침을 제시하여 상충하게 하는 제1원칙들의 다원성으로 구성된다."[26] 이 제1원칙들은 신의, 자비, 공평 등등과 같은 기본적인 교훈들을 포함할 수 있다. 우리는 상식적인 직관적 도덕 판단의 활용을 통해서 그것들을 직접적으로 파악할 수 있다고 가정된다. 따라서 예를 들어, 영희가 결과적으로 불편함이 수반된다고 할지라도 철수에게 빌린 돈을 되갚아야 한다는 우리의 판단은 신의가 기본적인 도덕 원칙이라는 점을 제안하고 있다. 직관주의 이론들의 두 번째 중요한 특성은 "그것들이 이러한 원칙들의 순위를 가려 줄 명확한 방법이나 우선성 규칙을 포함하지 않는다는 점이다. 따라서 우리는 단지 직관에 의해서 즉 가장 그럴듯하게 옳다고 생각되는 것에 의해서 균형을 발견할 수 있을 뿐이다."[27] 여기서 우리는 영희가 자신의 아들이 의사에게 진찰을 받는 기회를 박탈하지 않으면 철수의 돈을 갚을 수 없는 상황을 상상해 볼 수 있다. 어떤 것이 우선성을 가져야만 할까? 철수에 대한 신의일까 아니면 자신의 아들을 돌봐야 할 의무일까? 물론 우리는 여기서 또 다른 직관들을 가질 수 있다. 그러나 직관주의 이론에서는 기본적인 도덕 원칙들의 경중을 가리거나 우열을 가릴 수 있는 일반적인 체계란 존재

---

26 J. 롤스, 『정의론』, p.34 ; 개정판 p.30.
27 J. 롤스, 『정의론』, p.34 ; 개정판 p.30.

하지 않는다. 참으로 직관주의자들은 종종 그런 체계가 존재하지 않으며 또한 "도덕적 사실들의 복잡성 때문에 우리의 판단에 대한 완전한 설명을 하려는 노력은 아무런 소용이 없다"[28]고 주장한다. 직관주의의 이 두 가지 특성들은 직관주의 이론에 도전을 던지고 있으며 또한 도덕 철학과 정치 철학에서 지배적인 전통으로서 공리주의를 왜 추방할 수 없는지에 대한 그 실패 사유를 부분적으로 설명해 주고 있다.

우리는 직관주의의 두 번째 특성이 어떻게 롤스가 '우선성 물음' (priority problem)이라고 부른 것을 유발했는지를 이미 논의했다. 그의 주장에 따르면 우선성 물음은 특별히 사회정의와 관련될 때 긴급한 것이다. 사회정의론의 가장 중요한 역할들 중의 하나는 사회의 기본 구조의 조직화에 관련된 논쟁들을 해결할 수 있는 그것의 역할이다. 기본적인 도덕 규칙들이 갈등을 빚을 때, 직관주의는 우리들로 하여금 그것들의 상대적인 우열이나 또는 경중에 관련된 직관들에 의존하게 만들 것이다. 그러나 수많은 정치적인 갈등들은 정확하게 사람들의 직관들이 그러한 우열과 관련될 때 가장 강력하게 차별화되기 때문에 발생한다. 예를 들어, 대부분의 미국인들은 어느 정도까지 자유와 평등을 모두 좋은 것으로 평가하지만 과연 어떤 것이 좀 더 중요한 것인가 또는 근본적인 것인가에 대해서는 강력한 불일치를 나타낸다. 직관주의는 그런 사례들에 어떤 지침도 제공하지 못한다. 공리주의는 사회정의의 모든 물음들을 단일한 미터법(행복의 총량의 극대화)으로 환원시킴으로써 우선성의 물음을 편리하게 해결한다. 공정으로서의 정의는 이와는 다른 방식으로 우선성의 물음을 해결하게 될 것이다. 그것은 기본적인 원칙들의 다수성을 수용하면서 원칙들 사이의 갈등들을 해결할 수 있는

---

28 J. 롤스, 『정의론』, p.39; 개정판 p.35.

일련의 우선성 규칙들을 원칙들의 목록에 포함하게 될 것이다.

그러나 직관주의의 첫 번째 특성은 역시 심각한 문제를 가지고 있다. 우리는 이것에 대해서 다음 절에서 좀 더 자세하게 논의하게 될 것이다.

연구를 위한 물음들

1. 우리는 사회 내에서 행복의 분배에 무관심해야만 하는가? 어떤 사람들은 자신들이 아무런 잘못이 없는데도 불행하도록 태어났다는 점은, 만일 그들의 불행이 사회의 행복의 총량이 더 극대화되는 데에 기여한다면, 어떤 문제를 일으킬 수 있을까?
2. 침해할 수 없는 우리의 기본권들을 단순하게 사회적으로 유용한 환상으로 간주하는 일은 잘못된 것이라 할 수 있는가?

3.3 반성적 평형과 방법 (§§ 4, 9)

직관주의는 그 특징으로서 도덕적인 물음들과 관련하여 우리의 상식적인 직관들을 활용함으로써 기본적인 도덕적 사실들을 발견하라고 우리에게 지시하고 있다. 그러나 이 절차에 대한 명백한 반론이 존재한다. 우리의 직관들은 어디에서 생겨났을까? 롤스가 지적하듯이 "우리의 일상적 정의관은 우리 자신의 상황에 의해 영향을 받을 뿐만 아니라 관습 및 현재적 기대에 의해서도 강하게 채색된다." 따라서 우리는 당연히 "관습 자체의 정당성이나 이러한 기대의 적법성은 어떤 규준에 의해 판단될 것인가?"에 대한 답을 알고 싶어 할 수 있다.[29] 어떻게 우리는 자

---

29 J. 롤스, 『정의론』, p.35-36; 개정판 p.31.

신의 직관적 판단들이 편협한 양육에 의해서 모호하게 되지 않았다는 점을 알 수 있을까?

이것은 도덕 철학과 정치 철학의 심오한 문제이다. 그러나 롤스는 그 문제에 충분하게 답변하는 일을 『정의론』의 중요 목적들 중의 하나로 간주하고 있지 않다. 그러나 그는 대략적으로 일종의 예비적인 답변을 제시하고 있다. 그의 답변이 임시적인 것이라는 점이 그의 전체적인 작업에 대한 반론으로서 간주되어서는 안 된다. 왜냐하면 모든 논증은, 그것이 얼마나 잘 구성되어 있든지 간에, 어디에선가 출발해야만 하기 때문이다. 롤스는 적어도 이 사실에 있어서는 명쾌했다. 게다가 그의 임시적인 답변은 전체적으로 매우 합리적인 것이다. 어떤 다른 사람이 그것보다 훨씬 좋은 답변을 가지고 있는지는 분명하지 않다. 이와 관련된 구절들은 이 책의 제1장의 후반부에 혼재하여 있는 몇 가지 논평들과 더불어 대부분 §4와 §9에서 발견된다. 필자는 그의 전체적인 전략에 대한 올바른 평가를 좀 더 촉진하기 위하여 이 구절들을 여기에 함께 묶어 놓겠다.

종종, 앞에서 말한 대로, 사람들은 도덕적인 문제와 정치적인 문제를 다룰 때 서로 다른 직관들을 가지게 된다. 심지어 사람들이 유사한 직관들을 공유할 때조차도 이것이 단지 그들이 유사한 삶의 환경들 또는 경험들을 가지게 됨으로써 얻게 되는 산물에 불과하지 않다는 점을 확신할 수 없다. 예를 들어서, 역사적으로 많은 사람들은 여자들이 남자들보다 우월하지 못하다는 강한 직관을 가지고 있었다. 그러나 이것은 이런 직관들에 의존하고 있는 판단들의 타당성을 증명할 수 없다. 우리는 어떻게 우리의 현재 직관들이 이와 유사하게 잘못된 근원들의 산물이 아니라는 점을 확신할 수 있을까? 우리는 자신들의 도덕적 직관들이 확실하다는 점을 과연 확신할 수 있을까? 일정한 수준까지 우리는 이를 확신할 수 없다. 그러나 우리는 가능한 한 최대로 이 물음을 해결하려고 노력할 수 있다. 이것이 바로 롤스가 두 가지 다른 단계들을 통해서 착수하려고 했던 것이다.

신뢰불가능성이란 문제 해결을 위한 우리의 첫 번째 전략은 순수한 도덕적 직관들에 대한 의존도를 가능한 많이 줄여 보는 것이다. 공리주의는 이 전략의 명백한 사례를 제공하고 있다. 오직 3가지의 순수 직관들만이 공리주의에서는 요구된다. 첫째, 개인들의 행복이 궁극적인 문제이다. 둘째, 행복의 더 큰 총량은 행복의 더 작은 총량보다 항상 더 좋은 것이다. 셋째, 각 개인의 행복은 이 총량과 관련해서 동일한 것으로 간주되어야 한다. 따라서 공리주의는 우리가 우연하게 가질 수 있는 모든 다른 도덕적 직관들을 제거하려고 한다. 어떤 물음이든지 우리는 원칙적으로 자신의 직관들에 호소하지 않고서도 객관적으로 올바른 답변을 제시할 수 있다. 우리는 각 사람의 행복을 동일한 것으로 간주하면서 단순히 다양한 선택지들 중에 어떤 것이 가장 큰 행복의 총량을 가져다줄 수 있는가를 계산하면 된다. 이 계산의 결과가(우리가 그 계산을 정확하게 수행했다고 가정해 보면) 주어진 상황에서 우리의 도덕적 직관들과 갈등을 빚게 될 때, 공리주의는 그런 도덕적 직관들이 잘못된 것들이며(아마도 그것들은 어떤 선입견 또는 미신의 흔적이 될 것이다) 따라서 그것들은 제거되어야만 한다는 점을 주장하고 있다.

공정으로서의 정의도 역시 이 첫 번째 전략을 사용하려고 노력한다. 그러나 그것은 원초적 상황이라는 장치를 통해서 매우 다른 방식으로 그리고 훨씬 더 복잡한 방식으로 그 전략을 사용하고 있다. 공정으로서의 정의의 핵심적인 관념은 사회의 기본적인 구조가 무지의 베일에 가려진 원초적 상황에서 합리적인 사람들이 동의하게 될 원리들에 합치되는 한에서만 정의로운 것으로 간주될 수 있다는 점을 상기해 보자. 이제 우리는 다음과 같이 의문을 제기해 볼 수 있다. 사람들은 어떤 기초에 근거해서 원초적 상황에서 자신들의 선택을 결정한다고 간주되는가? 대부분의 경우에 롤스의 절차를 채용하자는 호소는 그것이 비도덕적인 전제들로부터 도덕적인 결론들을 도출할 수 있는 것처럼 보인다는 점을 함의하고 있다. 소 떼를 반으로 나누는 현명한 재판관이 보여 준 절차의 천재성은 정확하게 그 절차가 오직 공정한 결과(제2장을 참조할 것)를 산출하는 데 있어서 두 형제의 합리적인 자기 이익에만 의존하고 있다는 점을 전제하고 있다. 이와 유사하게 우리는 원초적 상황에서 도덕적인 고려사항들을 배제하고 그리고 그 대신 공정한 결과를 산출하기 위해서 당사자들의 합리적인 자기 이익들에(무지의 베일에 구속됨으로써)만 의존할 수 있다. 이 방법은 순수하게 도덕적인 직관들에 대한 우리의 의존도를 철저하게 감소시키는 바람직한 결과를 갖게 된다. 그 대신 우리는 무지의 베일에 가려진 원초적 상황에서 "이 입장에 있는 대표적인 사람의 관점에서 볼 때 저 특정 체계의 기본 구조보다 이 특정 체계의 기본 구조를 선택하는 것이 합리적인가"를 물어볼 수 있다. 물론 이것은 항상 쉽게 밟아 나갈 수 있는 절차는 아니다. 그러나 원리상 우리는 "훨씬 더 제한된 물음을 제기하고 윤리 판단을 합리적인 사려 판단으로 대치하게 될 것이다."[30] 공리주의와 마찬가지로 이런 방식으로 도출된 결론들은 종종 우리의 선험적인 순수 도덕적 직관들과 충돌될 수 있다. 이것은 우리로 하여금 그 도덕적 직관들의 기원이 단순한 선입견이나 또는 관습에 의한 것이 될 수도 있다는 직관의 출처에 대해서 묻게 만들게 된다. 우리가 여자는 남자보다 열등하다는 선험적인 직관을 가지고 있다고 가정해 보자. 그러나 무지의 베일에 가려져 우리가

---

30 J. 롤스, 『정의론』, p.44; 개정판 p.39.

남자인지 여자인지 확실히 알 수 없는 상황일 때, 성적인 차별의 원리들을 우리가 선택하는 일은 비합리적인 것이 될 것이다. 이것은 우리의 선험적 직관이 보증되지 않은 선입견이 될 수 있음을 보여 주고 있다.

롤스는 아마도 많은 비판을 받고 있는 구절에서 "정의론은 합리적 선택 이론의 한 부분이다"라고 주장할 때 이런 노선들을 따라 생각하고 있는지도 모르겠다.[31] 그는 합리적 선택 이론이 정의론에서 사용된 장치라고 말했어야만 했다고 해명함으로써 이 진술을 후기 작품들에서 철회하고 있다.[32] 그럼에도 『정의론』에서 나타난 그의 방법은 합리적인 자기 이익이라는 관념에 무척 많이 의존하고 있다. 그러나 우리가 이 관념에 의해서 오도되지 않기 위해서는 반드시 합리적인 자기 이익이라는 관념을 특별히 광의적인 의미로 조심스럽게 이해해야만 한다. 예를 들어, 단순한 사업상의 거래로 협상하고 있는 두 당사자들을 생각해 보자. 각자의 이익은 서로가 상대방으로부터 가능하면 많은 양보를 얻어 내는 것을 목표로 삼아야 한다는 점을 명령하는 것처럼 보일 수 있다. 그러나 둘 모두는 반드시 그 계약이 궁극적으로 실패할 수 있다는 가능성도 또한 고려해야만 한다. 따라서 좀 더 강한 쪽이 좀 더 약한 쪽으로부터 너무나 많은 양보를 받아 내는 것은 전자에게 좋지 못한 것이 될 것이다. 왜냐하면 후자가 장차 언젠가 채무를 불이행할 수밖에 없을 것이기 때문이다. 아마도 충분히 합리적인 협상자들은 그러한 사항들을 잘 고려하게 될 것이다. 롤스는 무지의 베일에 가려진 원초적 상황에 놓인 충분히 합리적인 사람들은 이와 같이 좀 더 폭넓고 장기적인 사항들을 고려하게 될 것이라고 생각하고 있다. 왜냐하면 당사자들이 원초적

---

31 J. 롤스, 『정의론』, p.16; 개정판 p.15.
32 J. 롤스, 2001, p.82, n.2.

상황에서 수립하게 될 정의의 원칙들이 어떤 것인가를 고려할 때, 그들은 자신들의 매우 협소한 이익과 매우 즉각적인 이익 이상의 것들을 고려하게 될 것이기 때문이다.

그렇다면 적절하고 좀 더 광범위한 고려사항들은 무엇이 될 것인가? 롤스는 『정의론』의 바로 제1절에서 그것들을 논의하고 있다. 대부분 그것들은 사회정의 개념이 사용된다고 간주되는 다양한 기능들로부터 도출된다. 아마도 그것의 가장 중요한 기능은 사회의 기본 구조의 구성에 관련된 논쟁들을 해결하는 것일 것이다. 롤스는 사회정의 개념은 반드시 '공적인 것'(public)이 되어야 한다고 말함으로써 이 생각을 표명하고 있다. 그가 말하는 공적인 것은 "다른 사람들이 동일한 정의의 원칙들을 받아들이고 있다는 점을 모든 사람이 받아들이며 또한 알고 있다"는 것이다.[33] 만일 그 개념이 공적인 것이 아니라면, 즉 모두가 그것을 받아들이지 않거나 또는 그 개념의 원칙들이 어떤 방식으로든 사람들에게 알려져 있지 않기 때문에 공적인 것이 아니라면, 어떻게 그 개념이 실제적인 정치적 논쟁들을 해결할 수 있는 기초로 사용될 수 있을지를 우리는 알 수 없을 것이다. 롤스는 한 사회의 기본 구조가 대략적으로 어떤 정의 개념의 원칙들과 일치할 때 또한 그 정의 개념이 공적인 것일 때 그 사회를 '질서 정연한 것'(well-ordered)으로 정의하고 있다.[34] 원초적인 상황에서 타산적으로 협상하는 당사자들은 이런 의미에서 자신들의 사회가 질서 정연한 것이 되기를 확실하게 원할 것이다.

후보 개념들 중에서 어느 하나를 선택할 때 공공성(publicity)이 가장 중요한 고려사항이 되고 있지만 롤스는 몇 가지 다른 고려사항들도 받

---

33 J. 롤스, 『정의론』, p.5; 개정판 p.4.
34 J. 롤스, 『정의론』, p.4-5; 개정판 p.4-5.

아들이고 있다. 그것들도 역시 대개 그런 개념들이 사용될 수 있다고 가정되는 기능들로부터 발원하고 있다.[35] 첫째, 사회정의 개념에 의해서 지시된 사회 기본 구조는 반드시 실제로 약간은 사회의 다양한 구성원들의 계획들과 활동들을 조정하는 데 성공해야만 한다. 이것은 보통 평범한 사람들이 자신들의 삶에 대해서 세심한 계획을 세울 수 있다는 다양한 신뢰할 만한 전망들을 수립하는 것을 함의하고 있다. 둘째, 사회 기본 구조는 훌륭한 사회적 목적들의 성취에 어느 정도까지는 효과적인 것이 되어야만 한다. 롤스는 아마도 이것이 다음과 같은 사실을 의미한다고 생각하고 있을 것이다. 만일 사회 구성원들이 강력한 경제성장과 같은 어떤 결과를 욕구한다면, 사회 기본 구조는 가능한 용이하게 이 결과를 실현할 수 있어야만 한다(물론 이 실현이 사회정의와 일치되어야만 한다). 마지막으로, 사회정의 개념에 의해서 지시되는 사회 기본 구조는 그것이 수립되고 작동하자마자 그 자신을 지탱하려는 경향을 갖는다는 의미에서 안정된 것이 되어야만 한다. 사회의 기본 구조의 후원 아래 출생하고 성장한 사람들은 자신들이 그것에 저항하고 전복하기보다는 그것을 보존하기를 원한다는 사실을 발견해야만 한다.

원초적 상황이라는 절차는 신뢰할 수 없는, 순수한 도덕적 직관들에 대한 우리의 의존도를 감소시킴으로써 도덕적인 반성의 과정을 크게 도와주고 있다. 그러나 물론, 롤스가 인정하고 있듯이, 우리는 그런 의존을 완전하게 제거할 수는 없다. "정의 개념은 어느 정도까지 직관에 의존해야만 할 것이다."[36] 이 주장은 다음과 같은 물음을 설정해 보면 매우 명백하게 이해될 수 있다. 만일 우리가 사회정의의 올바른 원칙들

---

35 J. 롤스, 『정의론』, p.6; 개정판 p.5-6.
36 J. 롤스, 『정의론』, p.41; 개정판 p.36.

은 완전하게 합리적인 사람들이 원초적 상황에서 동의하게 될 원칙들이라고 주장하고 싶다면, 어떻게 우리는 원초적 상황이라는 절차가 올바르게 규정되었다는 점을 확신할 수 있는가? 이 물음은 중요하다. 왜냐하면 다양한 매개 변수들이 다양한 결과들을 산출하는 경향을 갖게 될 것이기 때문이다. 예를 들어, 만일 우리가 절차의 참여자들이 자신들의 성(gender)을 알 수 있도록 허용한다면, 그들은 만일 우리가 이 지식에 대한 접근을 허가하지 않았다면 자신들이 선택하게 될 사회정의의 원칙들과는 전혀 다른 원칙들에 동의할 수도 있다. 따라서 우리는 반드시 협상의 **공정한**(fair) 조건들이 무엇인지를 반성해야만 한다. 원초적 상황 안에 있는 참여자 자신들이 사용하고 있는 추론과는 달리, 원초적 상황의 적절한 형식에 대한 우리 자신의 추론은 필연적으로 최소한 몇 가지 도덕적 직관들에 대한 의존을 포함하게 될 것이다. 그렇다면 결국 우리는 다시 한 번 반드시 직관주의에 의존해야만 할 것인가?

롤스는 §9에서 이 도전에 대한 자신의 응수를 보여 주고 있다. 우리의 순수한 도덕적 직관들에 엄청나게 의존하는 일이 갖게 되는 한 가지 난점은 이것들이 신뢰할 만한 원천들로부터 발원된 것인지 우리가 확신할 수 없다는 점임을 상기해 보자. 왜냐하면 그 직관들이 단순하게 선입견들 또는 다른 편견들의 산물에 불과할 수도 있기 때문이다. 이 불확실성에 응수하기 위한 우리의 첫 번째 전략은 순수한 도덕적 직관들이 우리의 이론을 구성하는 데 사용되는 역할을 줄임으로써 우리의 의존성을 감소시키는 것이다. 원초적 상황이라는 절차는 도덕적(moral) 판단들을 가능하다면 어디서든 타산적(prudential) 판단들로 교체함으로써 이런 작업에 성공하는 것을 목표로 하고 있다. 그러나 이 전략은 포괄적으로 작동할 수 없다. 왜냐하면 원초적 상황이라는 절차의 설계 자체가 반드시 그것의 공정함과 관련해서 어떤 도덕적 판단을 반영하고 있어야만 하기 때문이다. 여기서 롤스는 두 번째 전략을 도입하고 있다. 그는 그것을 '반성적 평형'(reflective equilibrium)이라고 부른다.[37] 우리가 다양한 수준의 세부사항들과 추상 정도에 따라 다양한 주제들에 관해서 일단의 도덕적 직관들을 통해서 논의하고 있다고 가정해 보자. 이제 우리는 직관주의자들이 그러하듯이 거기서 멈춰서는 안 된다. 이 직관들 중의 몇몇은 다른 직관들보다 좀 더 강하거나 좀 더 철저하게 유지될 필요가 있다. 롤스는 이것들을 '숙고된 판단들'(considered judgments)이라고 부른다. 즉 "숙고된 판단들은 우리의 도덕 능력이 왜곡됨이 없이 나타나게 될 가능성이 가장 큰 판단들이다."[38] 우리가 이러한 좀 더 숙고된 판단들 중에 몇몇을 선택하고 그것들을 가지고 어떤 이론(즉 사회정의론)을 구성하려고 노력한다고 가정해 보자. 이 이론은 숙고된 판단들을 체계적인 방식으로 설명해 줄 것이다. 만일 우리가 첫 번째 시도에서 정확하게 모든 것들을 올바르게 설정하지 못한다면(그 일은 거의 불가능하다), 우리의 잠정적인 이론은 우리가 품고 있는 다른 도덕적 직관들과 갈등을 불러일으키게 될 온갖 종류의 함의들을 갖게 될 것이다. 다음으로 우리는 이 갈등들 중의 하나를 검토하게 된다. 만일 직관이 여전히 우리에게 강력한 것처럼 보인다면 우리는 이론을 조정해야 할지 말지를 결정해야 한다. 또한 만일 요구된 조정들이 전체 이론을 너무 많이 침해하게 된다면 우리는 갈등을 일으키는 직관을 포기할지 말지를 결정해야 한다. 이런 방식으로 우리의 모든 관련된 도덕적 직관들을 계속 검토함으로써 우리는 마침내 만족할 만한 이론에 도달하게 된다. 즉 그 이론은 주의 깊은 반성을 통하여 우리가 따르기로 결

---

37 J. 롤스, 『정의론』, p.48-49 ; 개정판 p.42-43.
38 J. 롤스, 『정의론』, p.47 ; 개정판 p.42.

정한 모든 직관들과 부합하는 내적으로 일관된 이론이다. 이것이 바로 반성적 평형 상태이다. 이 상태는 "한 사람이 제시된 여러 가지 개념들을 평가해 본 후에 그중 한 가지에 맞추어 자신의 판단을 수정하든가 아니면 자신의 초기 신념(그리고 그와 관련된 개념)을 굳게 견지하는 경우이다."[39]

§ 4에서 롤스는 기본적으로 반성적 평형이라는 방법이 어떻게 원초적 상황을 위한 적절한 매개변수들을 결정해야만 하는 문제에 적용될 수 있을지를 증명하고 있다(물론 비록 이 증명이 본문의 앞부분에서 이미 기술되고 있기 때문에 그것의 기초적인 방법은 대체로 함축되어 있을지라도 말이다). 그는 "원초적 상황의 가장 유력한 기술을 찾는 데 있어 우리는 양쪽 끝에서부터 작업을 하게 된다"고 적고 있다.[40] 그는 여기서 우리가 두 종류의 직관들로부터 출발하고 있다는 점을 의미하고 있다. 첫 번째는 어떤 종류의 의사 결정 절차가 공정한 것이 될 것인지에 대한 직관들이다. 한 직관은 "원초적 상황의 당사자들이 평등하다"는 것이 될 수 있다. 그것은 "모든 이들은 원칙의 선정 절차에 있어 동등한 권리를 갖는다. 즉 누구나 제안을 할 수 있고 그것을 받아들임에 있어 이성에 따른다"는 점을 의미한다.[41] 다른 직관은 "그 누구도 원칙들을 선택함에 있어 자연적 운이나 사회적 상황 때문에 이익을 보거나 손해를 입어서는 안 된다"는 사실이 될 수 있다.[42] 만일 부자들이나 권력자들이 자신들에게 이미 유리한 입장을 더 강화하게 될 원칙들을 수립하기 위해서 의사결정 과정을 조작하게 된다면 그것은 불공정한 일

39 J. 롤스, 『정의론』, p.48; 개정판 p.43.
40 J. 롤스, 『정의론』, p.20; 개정판 p.18.
41 J. 롤스, 『정의론』, p.19; 개정판 p.17.
42 J. 롤스, 『정의론』, p.18; 개정판 p.16.

이 될 것이다. 이와 같은 직관들과 더불어 롤스는 또한 우리가 사회정의의 본성에 관한 일군의 다른 직관들을 가지고 있다는 점을 생각하고 있다. 우리는 이미 이 직관들 중에 몇 가지를 살펴보았다. 예를 들어, 정의는 효율보다 더 중요한 것이라는 직관, 그리고 사람들은 최소한 몇 가지 침해할 수 없는 권리들을 가지고 있다는 직관이 존재한다. 이와 유사한 의미에서 롤스는 여기서 "종교적인 편견이나 인종차별 등은 정의롭지 못하다"는 그것들과 밀접하게 연관된 직관을 덧붙이고 있다.[43] 반성적 평형 방법에 따라서 우리는 첫 번째 일군의 직관들을 반영하고 있는 원초적 상황을 구성하고 그것이 산출하게 될 사회정의의 원칙들이 어떤 종류가 될 것인지를 결정하며 또한 이것들이 두 번째 일군의 직관들과 어떤 부분에서 갈등을 빚게 되는지를 주목해야만 한다. 어떤 갈등들이 발생하게 될 것이라고 가정해 본다면 전체 이론이 반성적 평형에 도달하기까지 우리는 반드시 원초적 상황의 설계를 조정하거나, 사회정의에 관한 우리의 직관들을 수정하거나, 또는 둘 모두를 해야만 할 것이다.

롤스는 물론 실제로 이 과정을 우리에게 자세하게 설명해 주고 있지 않다. 오히려 우리는 반성적 평형의 방법이 이미 사용되었고 또한 우리가 『정의론』에서 살펴보고 있는 내용이 그 결과에 대한 자세한 보고서가 된다는 점을 상상하고 있다고 가정된다. 따라서 그가 우리에게 제시하는 특수한 이론은 주의 깊은 반성을 거쳐 우리가 유지하기로 결정하게 될 모든 직관들과 가장 잘 어울리는 견해를 제시하는 것으로 가정되고 있다(그는 우리가 수정해야만 하거나 제거해야 될 또 다른 직관들을 훨씬 후반부인 §§ 47-48에서 승인하고 있다). 우리는 확실히 자유롭게 그의 결과들에 대해서 논쟁을 벌일 수 있지만 우리에게 닥치는 부담은

---

43 J. 롤스, 『정의론』, p.19; 개정판 p.17.

어떤 다른 이론이 사회정의에 관련된 우리의 숙고된 판단들을 좀 더 잘 설명할 수 있다는 것을 보여 주어야 한다는 점이다. 우리가 이 사소한 논점 또는 저 사소한 논점에 동의하지 않는다고 말하는 것으로 충분하지 않으며 또한 우리가 이 결론이 부자연스럽다 또는 저 결론이 부자연스럽다고 느낀다는 것만으로 충분하지 않다. 롤스는 자신의 이론을 포함해서 "모든 이론은 아마도 부분적으로 오류들을 가지고 있다. 언제나 진정한 문제란 이미 제시된 견해들 중에 어느 것이 대체로 최선의 접근 방식인가를 파악하는 일이다"라는 점을 자유롭게 인정하고 있다.[44]

연구를 위한 물음들

1. 사회정의론은 반드시 사회에서 그것의 독특한 기능을 수행하기 위해서 공적(public)인 것이 되어야만 할까? 사람들이 오직 소수만이 알고 이해할 수 있는 신비적인(esoteric) 이론에 동의하게 될 것이라는 주장은 과연 비합리적인 것일까?
2. 도덕 철학과 정치 철학에서 직관들을 제거하는 일이 가능할까? 그 일이 가능하지 않다면, 반성적 평형이라는 방법은 이 문제를 성공적으로 해결할 수 있을까?

3.4 정의의 두 원칙들 (§§ 10-14)

제1장의 말미에서 우리가 논의한 부분을 간략하게 요약해 보자. 지배적인 사회정의론은 오랫동안 공리주의가 담당해 왔다. 이 견해에 따르면

---

44 J. 롤스, 『정의론』, p.52; 개정판 p.45.

정의로운 사회는 기본 구조가 각자의 행복을 똑같은 것으로 평가하면서 전체 행복의 총량을 극대화할 수 있도록 구성된다. 롤스는 이에 맞서 대안적인 이론을 제시하고 싶어 한다. 그는 이것을 공정으로서의 정의라고 부르고 있다. 대충 말하면, 그는 이제 자신 앞에 두 가지 중요 책무들을 가지고 있다. 첫 번째 책무는 공정으로서의 정의가 실제로 무엇인지를 좀 더 자세하게 설명하는 것이다. 그것은 공리주의보다 훨씬 더 복잡한 이론이기 때문에, 이 작업은 생각처럼 그리 쉬운 일이 아닐 것이다. 두 번째 책무는 공정으로서의 정의가 공리주의보다 더 뛰어난 것이라는 점을 증명하는 일이다. 롤스에게 이 이론의 핵심은 무지의 베일에 가린 원초적 상황에 놓인 합리적인 사람들이 공리주의보다는 공정으로서의 정의를 선택하게 될 것이라는 점을 증명하는 것이다. 이 두 가지 책무들은 『정의론』의 제2장과 제3장의 각각의 주제와 대략적으로 일치한다. 항상 그러하듯 세부적인 내용들에서 길을 잃지 않기 위해서 이런 조감도를 염두에 두고 있는 것은 도움이 될 것이다.

　『정의론』의 제2장은 우리가 이미 검토했던 몇 가지 논점들에 대한 재검토와 정교화 작업으로 출발하고 있다. §10에서 롤스는 사회정의의 주제가 사회의 기본 구조이며 사회의 기본 구조는 사람들이 자신들의 삶을 영위하는 배경 또는 틀을 함께 구성하는 중요한 사회적 제도들과 관행들의 설정이라는 견해를 재진술하고 있다. 롤스는 모든 사회가 기본적인 구조를 가지고 있다는 점을 지적하고 있으며 또한 우리는 항상 특수한 기본 구조를 우연적으로 최상의 기본 구조가 되게 만드는 어떤 사회정의론을 소망할 수 있음을 지적하고 있다. 그렇다면 우리는 단순한 '형식적 정의'(formal justice)가 그와 관련된 뒷받침하는 이론에 따라서 '법과 제도가 공정하고 일관되게 운용되는 것'으로 구성된다고 말할 수 있다. 따라서 우리는 '노예 사회 또는 카스트(caste) 사회'가 그들 자신의 독특한 규칙들에 따라 '평등하고 일관되게 운용될' 때 그러한 제도들은 형식적인 의미에서 공정한 것이라고 간주할 수 있다.[45] 명백하게 이것은 우리의 관심을 끄는 종류의 정의가 아니다. 우리가 다른 무엇보다 더 관심을 가져야 할 사항은 단지 형식적 정의가 아니라 **실질적**(substantive) 정의이다. 공정으로서의 정의와 공리주의는 모두 실질적인 이론들이다.

　이러한 서론적인 견해들을 제시한 다음에 롤스는 논의의 핵심으로 들어가고 있다. §§ 11-14는 그는 공정으로서의 정의를 구성하는 두 가지 원칙들을 제시하면서 그것들이 어떻게 해석되어야 하는지를 자세하게 기술하고 있다. 이 두 원칙들은 이 책에서 가장 중요하고 가장 어려운 문단들 중의 하나이다. 그것들은 매우 주의 깊은 독해를 요구하고 있다.

3.4.1 두 가지 원칙들의 예비적 진술

잠시 후 설명될 이유들 때문에 공정으로서의 정의는 『정의론』의 두 판본들에서 약간씩 다르게 공식화되었다.

제1원칙: 각 사람은 다른 사람들의 유사한 자유(a similar liberty)와 양립할 수 있는 가장 광범위한 기본적 자유(basic liberty)와 동등한 권리를 가져야 한다.

제2원칙: 사회적 · 경제적 불평등은 (a) 모든 사람들에게 이익이 되리라고 합당하게 기대되도록 편성되어야 하며, 또한 (b) 모든 사람들에게 개방된 직위와 직책에 결부되도록 편성되어야 한다.[46]

45　J. 롤스, 『정의론』, p.58-59 ; 개정판 p.51.
46　J. 롤스, 『정의론』, p.60.

이 원칙들은 사회의 기본 구조를 구성하는 주요 사회 제도들과 관행들의 설계를 안내하기 위해서 기획되었다는 점을 상기해 보자. 여기서 우리가 주목해야 될 첫 번째 사항은 공리주의가 하나의 원칙에 의존하고 있는 반면, 공정으로서의 정의는 두 가지 원칙들에 의존하고 있다는 점이다. 만일 공정으로서의 정의가 직관주의를 괴롭혀 온 우선성 문제를 회피하는 것이라면, 이 두 원칙들은 반드시 어떤 방식으로든 조화를 이뤄야만 한다는 결론이 도출될 수 있다. 따라서 롤스는 그 원칙들을 '제1원칙이 제2원칙보다 우선하는 서열적 순서'(serial order)로 배열하고 있다.[47] 다른 곳에서, 그는 이 순서를 '축자적 순서'(lexical order)로 기술하고 있다.[48] 축자적 순서라는 관념은 단어들을 알파벳 순서대로 배열하는 방식과 유사하다. 즉 우리는 첫 번째 글자에 따라서 분류를 시작하고 그다음에 A로 시작하는 단어들에서 두 번째 글자에 따라 분류를 하며 그런 방식으로 앞으로 진행된다. 이 문맥에서 두 원칙들의 서열적 순서 또는 축자적 순서라는 말의 의미는 우리가 항상 반드시 제2원칙으로 이행하기 전해 제1원칙을 만족시켜야 한다는 점을 뜻하고 있다. 이것은 도표 3.1에서 잘 예시되고 있다. 여기서 각각의 칸에 들어있는 숫자들은 다른 사회적 재화와 경제적 재화의 단위들에 의해서 수반되는 기본적인 자유들의 단위들을 나타낸다. 기본 구조 I에서 우리는 모든 시민들이 동일한 권리들과 동일한 재화의 몫들을 가지고 있다는 점을 알 수 있다. 기본 구조 II는 집단들이 가진 재화의 몫들을 매우 크게 확장시키고 있지만 동시에 집단 A의 구성원들이 향유하고 있는 기본적인 자유들을 약간 축소시키게 될 것이다. 비록 이 대안이 제2원칙

---

47 J. 롤스, 『정의론』, p.61; 개정판 p.53.
48 J. 롤스, 『정의론』, p.42; 개정판 p.37.

에 따르면 더 좋은 결과를 산출하지만, 그것은 제1원칙에 의해서 거부되기 때문에 공정으로서의 정의에 따르면 받아들일 수 없는 것이 된다. 공정으로서의 정의의 이런 특성은 개인들이 심지어 사회 전체의 물리적인 유익이 증가한다고 하더라고 결코 유린될 수 없고 침해할 수 없는 기본권들을 반드시 가져야만 한다는 직관을 포착하기 위해서 기획되었다. 기본 구조 II와는 반대로 기본 구조 III은 평등한 기본적인 자유들을 유지하고 있다. 따라서 기본 구조 I과 기본 구조 III 사이의 결정을 위해서 우리는 제2원칙으로 넘어갈 수 있다. 이제 기본 구조 III에서 재화들의 몫들은 평등하지는 않지만 모든 사람들의 몫이 기본 구조 I보다는 더 크다. 다시 말하면 불평등이 모든 사람들에게 이익이 되고 있다. 따라서 기본 구조 III은 제2원칙에 의하면 기본 구조 I보다 더 좋은 것이 된다.

시민들:	대안적인 기본 구조들		
	I	II	III
집단 A	10, 10	9, 25	10, 15
집단 B	10, 10	11, 50	10, 20

도표 3.1

롤스는 두 가지 원칙들이 좀 더 일반적인 정의 개념의 특수한 사례 또는 적용으로서 생각될 수 있음을 제시하고 있다.

모든 사회적 가치들(자유, 기회, 소득, 재산 및 자존감의 기초들)은 이들 가치의 전부 또는 일부의 불평등한 분배가 모든 사람에게 이익이 되지 않는다

면 평등하게 분배되어야 한다.[49]

여기서 중요한 생각은 우리 모두가 소중하게 생각하는 중요한 것들을 분배할 때 기본적 원칙은 평등한 분배가 되어야만 한다는 점이다. 이 생각은 아마도 만일 어떤 사람이 다른 사람보다 더 많이 갖게 된다면, 이 불평등은 어떤 방식으로든 반드시 정당화될 필요가 있다는 관념을 반영하고 있다. 어떤 사람들이 다른 사람들보다 더 많은 것을 갖도록 허용하는 것은 모두에게 더 많은 노력을 하도록 자극을 주기 때문에 모든 사람들의 기대치를 향상시킬 수 있다고 가정해 보자. 이런 경우에 일반적인 정의 개념은 그런 불평등을 허용할 수 있다. 공정으로서의 정의의 두 가지 원칙들은 (최소한 우리 사회에서) 평등한 기본적 자유라는 출발이 결코 모두에게 유익을 가져다주지 않는 반면, 다른 사회적 재화들과 경제적 재화들의 평등한 분배는 (앞으로 우리가 살펴보겠지만) 몇몇 경우들에서 모두에게 유익을 가져다줄 수 있다는 사실로부터 발원된다. 『정의론』의 많은 부분이 공정으로서의 정의가 갖는 두 가지 원칙들의 좀 더 세부적인 개념들을 언급하고 있기 때문에, 우리는 일반적인 정의 개념을 자세하게 고찰할 필요는 없을 것이다.

 정의를 공정으로서 해석하는 일에서 가장 어려운 문제들은 우리가 아래에서 더 깊이 논의하게 될 제2원칙과 관련되어 있다. 그러나 그 어려운 문제들을 살펴보기 전에 제1원칙에 대해서 몇 가지 살펴보자. 롤스는 1971년 『정의론』의 초판 발행 후에 몇 차례 제1원칙의 표현을 변경했다. 개정판에서 그는 "각 사람은 다른 사람들의 유사한 **자유들의 체계**(scheme of liberties)와 양립할 수 있는 가장 광범위한 **평등한 기본적**

---

49   J. 롤스, 『정의론』, p.62; 개정판 p.54.

자유들의 체계(scheme of equal basic liberties)와 동등한 권리를 가져야 한다"라고 주장하고 있다.[50] 개정판 서문에서 롤스는 법 철학자인 하트 (H. L. A. Hart)와 다른 사람들에 의해서 제기된 몇 가지 비판 때문에 개정이 이루어졌음을 명시하고 있다. 기본적으로 어려운 점은 첫 번째 표현이 '기본적 자유'(basic liberty)라고 불리는 어떤 포괄적 선(generic good)이 존재한다는 점을 함의하고 있는 것처럼 보인다는 것이다. 그리고 그 선의 평등한 분배가 극대화되어야 한다. 그러나 이 점은 롤스가 정말로 원했던 주장이 아니었다. 오히려 그는 '기본적 자유'라는 말을 통해서 단순히 다음과 같은 목록에 의해서 주어진 일군의 익숙한 특수 권리들을 의미하고 있을 뿐이다.

> 정치적 자유(투표의 자유와 공직에 선출될 자유)와 언론과 결사의 자유, 양심의 자유와 사상의 자유, 인신의 자유와 사유재산을 소유할 권리, 법의 지배가 규정하는 임의적인 체포와 구금으로부터의 자유.[51]

하트가 지적하듯이 이 다양한 특수 권리들은 '기본적 자유'라고 불리는 단일한 포괄적 선으로 수렴될 수 있는지는 결코 명확하지 않다.[52] 예를 들어, 언론의 자유를 가질 권리를 포함하는 기본적인 자유 단위체와 임의적인 체포를 당하지 않을 자유를 가질 권리를 포함하는 기본적인 자유 단위체를 우리는 어떻게 구별할 수 있을까? 롤스는 이 점에 동의하고 그런 혼란을 제거하기 위해서 초판의 '기본적 자유'(basic liberty)를 개정판에서는 '평등한 기본적 자유들의 체계'(scheme of equal basic

---

50 J. 롤스, 『정의론』, 개정판 p.53. 강조는 필자가 추가함.
51 J. 롤스, 『정의론』, p.61 ; 개정판 p.53. 개정판은 약간 수정됨.
52 H. L. A. Hart, 1973, pp.233-239.

liberties)로 대체했다. 이런 식으로 구성된 평등한 기본적 자유들의 체계는 모든 시민들에게 평등하게 수여될 수 있는 일관성 있는 묶음으로 간주하기에 적합한 특수 권리들의 목록이다.

그러나 이것으로 모든 문제가 해결된 것은 아니다. 개정판의 표현에서도 여전히 기본적 자유들의 체계들은 양적으로 계량화될 수 있기 때문에 좀 더 큰 자유 체계 또는 좀 더 작은 자유 체계로 비교될 수 있는 묶음이라는 비판이 존재한다. 이 비판이 제시한 난제는 이중적인 것이다. 첫째, 만일 특정한 권리들을 비교할 수 있는 단일한 측정 규준이 존재하지 않는다면, 어떻게 권리들의 묶음들을 비교할 수 있는 단일한 측정 규준이 존재할 수 있는가? 초판의 표현에 대한 반론이 똑같이 개정판의 표현에도 적용되고 있는 것은 아닌가? 둘째, 기본적 자유들의 체계들을 그것들의 상대적인 크기 또는 규모에 따라서 비교할 수 있다고 가정해 보면, 우리가 '가장 광범위한 체계'를 선택해야 한다는 지침은 정의의 제2원칙의 필요성을 미리 배제하고 있는 것처럼 보이게 될 것이다. 어떤 두 가지 기본적인 구조들을 고찰할 때, 만일 그것들 사이에 어떤 차이가 존재한다면, 그 차이는 아마도 그것들의 기본적 자유들의 체계들이 갖는 어떤 근소한 차이에 적어도 영향을 미치게 될 것이다. 제1원칙은 제2원칙보다 축자적 우선성을 갖기 때문에 우리는 좀 더 광범위한 체계를 선택해야 하며 이것으로 문제를 해결할 수 있다. 정의의 제2원칙은 결코 등장하지 않을 것이다.

롤스는 나중에 제1원칙을 두 번째로 개정하면서 다음과 같이 이 난제들을 제거했다. "각 사람은 모든 사람들에게 유사한 자유들의 체계와 양립할 수 있는 평등한 기본적 자유들의 **가장 적합한**(a fully adequate) 체계와 동등한 권리를 가져야 한다."[53] 이 표현이 제1원칙에 대한 그의 최종 형식이다. 앞에서 제시된 친숙한 기본적 자유들의 목록은 '가장

적합한' 체계가 무엇인지를 설명하기 위해서 제시되었다. 우리가 모든
시민들에게 이렇게 열거된 권리들을 제공하게 되면, 정의의 제1원칙은
충족되며 따라서 이제 우리는 제2원칙으로 이행할 수 있게 된다. 물론
이런 해결책은 그 자체로 몇 가지 논쟁점들을 불러일으킨다. 예를 들어
기본적 권리들의 특정한 목록은 과연 어디에서 만들어지는가? 왜 다른
권리들이 아니라 이 권리들이 가장 적합한 것으로 간주되어야 하는가?
등등의 문제들을 불러일으킨다. 후기 저작들에서 롤스는 이 물음들에
답하려고 시도한다.[54] 그러나 여기서 우리는 이 물음들을 다루지는 않
을 것이다. 『정의론』의 이해라는 목적을 위해서 우리는 열거된 목록을
가장 합리적인 목록으로 단순하게 받아들이고 논의를 진행할 것이다.

3.4.2 제2원칙의 해석들

공정으로서의 정의의 제2원칙은 두 조건들로 구성되어 있다. 첫 번째는
기본적인 구조에 의해서 허용된 사회적·경제적 불평등이 모든 사람들
에게 이익이 되어야 한다는 것을 요구하며, 두 번째는 그것들이 모든 사
람들에게 개방된 직위와 직책에 결부될 것을 요구하고 있다.[55] 그러나
이 표현들은 모두 모호하기 때문에 제2원칙에 관한 몇 가지 개연적인
해석들이 존재한다. 그렇다면 어떤 해석이 가장 좋은 해석일까? 롤스는
특별히 §§ 12-14에서 이 물음에 답하려고 상당한 노력을 기울이고 있
다. 모두 합해 세 가지 대안적 해석들이 깊이 있게 검토되고 있다. 이것
들 각각은 두 가지 조건들을 다소 다르게 규정하고 있다. 도표 3.2는 롤
스가 그것들을 어떤 순서에 따라 논의하고 있는지 보여 주고 있다.[56] 몇

53 J. Rawls, *Political Liberalism*, 1993, p.291. 강조는 필자가 추가함.
54 특별히 J. Rawls, *Political Liberalism*, 1993.
55 J. 롤스, 『정의론』, p.60; 개정판 p.53.

몇 독자들은 이 대안들에 대한 논의가, §17에 제시된 몇 가지 주장들과
함께, 나중에 『정의론』 제3장에서 제시된 주요 논증(원초적 상황)과는
별도의 공정으로서의 정의에 관한 독립된 논증을 제시하는 것으로 간
주하고 있다. 그러나 롤스는 이런 생각이 잘못된 것임을 명백하게 주장
하고 있다. 그는 이 절들 중에 나오는 "주장들 중의 그 어떤 것도" 공정
으로서의 정의에 관한 논증을 구성하는 것이 아니라고 주장한다. "그
이유는 계약론에서 모든 논증은 엄밀히 말해서 원초적 상황에서 합리
적으로 선택하게 될 것에 따라 이루어져야 하기 때문이다."[57]

	두 가지 조건들의 독해	
제2원칙의 해석들	"모든 사람들에게 이익"	"모든 사람들에게 평등하게 개방된 직위와 직책"
자연적 자유 체계	효율성 원칙	형식적 기회 균등으로서 평등
자유주의적 평등	효율성 원칙	공정한 기회 균등으로서 평등
민주주의적 평등	차등의 원칙	공정한 기회 균등으로서 평등

도표 3.2

그러나 동시에 (3.3절에서 반성적 평형에 대한 논의로부터) 우리는
원초적 상황이라는 절차를 그 자체로 올바르게 설계했다(즉 공정한 절
차에 대한 우리의 직관적 판단력은 그 자체로 신뢰할 만한 것이다)는
점에 관한 어떤 확증을 필요로 하고 있음을 상기해 보자. 예를 들어, 원

---

56 4번째 가능성(차등의 원칙과 기회의 형식적 평등을 결합하고 있다)은 '자연적 귀족
주의'(Natural Aristocracy)라고 불린다는 점을 기억하라. 그러나 이것은 자세하게 논
의되지 않고 있다(J. 롤스, 『정의론』, p.74-75; 개정판 p.64-65).

57 J. 롤스, 『정의론』, p.75; 개정판 p.65.

초적 상황에 대한 초기 설계가 사회정의에 관한 우리의 직관적 판단력으로 말미암아 심각한 결함을 초래했다고 상상해 보자. 만일 이것이 사실이라면, 우리는 아마도 절차의 초기 규정에 대한 타당성을 의심하게 될 것이다. 다시 말하면 원초적 상황의 세부적 설계들은 반복된 수정과 보정의 절차를 통해서 우리가 마침내 반성적 평형에 도달할 때까지 반드시 그것들 각각이 일으킬 결과들에 따라서 또는 그 역으로 교차 검토되어야만 한다. 따라서 롤스는 궁극적으로 원초적 상황에서 선택될 제2원칙에 관해 그가 선호하는 해석이 "독자에게 너무 독특하거나 이상한 것으로 충격을 주지 않는다"는 점을 보여 줌으로써 "어떤 길을 마련하고 있다"는 점이 중요하다.[58] 이 준비는 독립된 논증을 구성하기보다는 전체라고 간주되는 원초적 상황 논증의 한 부분 또는 한 묶음에 속하는 것으로 간주해야 한다.

　롤스는 자신의 생각에 (적어도 또는 특별히 자신의 미국 독자들에게) 제2원칙에 관한 가장 명백한 해석이라고 간주되는 것을 논의의 출발점으로 삼고 있다. 도표 3.2를 참조할 때 불평등은 롤스가 '효율성의 원칙'(principle of efficiency)이라고 부르는 것을 만족시킬 때 모든 사람들에게 이익이 된다고 가정해 보자. 또한 인종, 종교, 성 등등에 기초한 어떤 차별이 존재하지 않을 때 직위와 직책이 모든 사람들에게 개방되어 있다고 가정해 보자. 이것은 전통적으로 "재능 있는 사람에게는 성공의 길이 열려 있다"(careers open to talents) 또는 형식적 기회 균등으로서 평등으로 기술되는 것이다. 둘을 종합해서 이것들은 롤스가 제2원칙의 '자연적 자유 체계'(the system of natural liberty)라로 부르는 것을 기술하고 있다.[59] 롤스는 형식적 기회 균등으로서 평등이라는 관념이

---

58 J. 롤스, 『정의론』, p.75; 개정판 p.65. 롤스는 '극단적인'이라는 표현을 쓰고 있다.

자신의 독자들에게 충분하게 명확한 것이라고 생각하지만 효율성의 원칙을 설명하기 위해서 장황한 부가적 설명을 제시하고 있다. 비록 이 부가적 설명이 현대 경제학의 파레토 효율성(Pareto efficiency) 개념에 익숙한 사람들에게는 불필요한 것이 될 수 있을지라도, 일반 독자들을 위해 우리는 다음과 같이 간략하게 그 관념을 설명할 수 있을 것이다.

경제학자들은 한 사람의 형편이 어떤 다른 사람 또는 사람들의 형편을 더 나쁘게 하지 않고서는 좋아질 수 없는 경우에 일반적으로 재화의 분배가 효율적으로 이루어졌다고 정의한다. 철수와 영희가 각각 10개의 사과와 10개의 오렌지를 가지고 있다고 가정해 보자. 공교롭게도 영희는 오렌지보다 사과를 훨씬 더 좋아하지만 철수는 사과와 오렌지를 모두 똑같이 좋아한다. 이제 영희가 자신의 오렌지 5개와 철수의 사과 4개를 교환하고 싶어 한다고 가정해 보자. 영희는 사과를 더 좋아하기 때문에 과일 10개보다는 9개를 갖는 것을 선호하게 될 것이다. 그것들의 대부분이 사과라고 가정한다면 말이다. 철수는 사과와 오렌지를 모두 동일하게 좋아하기 때문에 자신에게는 과일 11개를 갖는 것이 10개를 갖는 것보다 더 좋은 것이다. 따라서 맞교환은 그들 모두의 형편을 더 좋게 만들어 주며 그 누구의 형편도 더 나빠지지 않게 된다. 이로부터 최초의 분배는 경제학자의 분석에 따르면 효율적인 것으로 기술될 수 없다는 결론이 도출된다. 그러나 여러분이 각자 좋아하는 만큼 서로 교환할 수 있는 절대적인 자유를 사람들에게 허용한다고 가정해 보자. 사람들은 항상 자신들의 상황을 개선하는 교환에는 동의하지만 상황을 악화시키는 교환에는 결코 동의하지 않을 것이라는 가정에 따르면 우리는 모든 교환마다 완벽하게 효율적인 결과를 갖게 될 것이라는 점을

---

59   J. 롤스, 『정의론』, p.66; 개정판 p.56.

쉽게 이해할 수 있다.[60] 철수와 영희는 상호 호혜적인 교환이 더 이상 지속될 수 없을 때까지 계속해서 과일을 교환하게 될 것이다. 물론 우리는 이 결과가 **평등한** 분배가 될 것이라고 필연적으로 기대하는 것은 아니다. 그 모든 것은 교환이 어떻게 진행되고 있는가에 달려 있으며 또한 각자가 시장에 어떤 초기 자산 또는 자질을 가지고 진입하느냐에 달려 있다. 그러나 정의의 제2원칙은 불평등이 모든 사람들에게 이익이 될 것이라고 합리적으로 기대할 수 있으며 또한 자연적 자유 체계의 해석에 따라서 우리가 이 조건을 만족시키는 것을 (앞에서 설명된) 효율적 분배라고 간주할 수 있다면 불평등을 허용할 수 있다.

그러나 자연적 자유 체계에서 사람들은 어떤 초기 자산 또는 자질을 가지고 시장에 진입할까? 여기에는 제2원칙의 다른 조건들이 연관되어 있다. 직위와 직책이 형식적 기회 균등으로서 평등(formal equality of opportunity)이라는 조건하에서 모든 사람들에게 개방되어야 한다는 요구는 인종, 종교, 성별 등등에 근거하는 모든 차별을 배제하고 있다. 그런 장벽들이 제거되었다고 가정해 보면 우리는 자연적 자유 체계에 참여하는 자들은 원초적으로 두 가지 중요 자산 또는 자질을 가지고 시장에 진입한다고 주장할 수 있다. 첫째는 사람들의 자연적 재능과 능력이며 둘째는 일하지 않고 얻은 선물로서 타인들에 의해서 자신에게 우연적으로 수여되는 모든 재화들과 용역들이다(그 예로 여기서 우리는 특별히 물려받은 재산이나 자신의 가족에 의해서 제공된 교육과 돌봄을 생각해 볼 수 있다). 이것들은 참여자들의 초기 자연적 자산(initial natural assets) 그리고 초기 사회적 자원배분점(부존점, initial social

---

60 여기서는 교환 비용이 존재하지 않는다는 점을 가정하고 있다. 그러나 교환 비용이 충분히 저렴하다면 일반적인 논점은 대략적으로 유지될 것이다.

endowments)이라고 불릴 수 있다. 이제 롤스가 '자연적 자유 체계'로서 언급하고 있는 것은 실제로는 완벽한 자유 시장 경제라는 친숙한 자유방임주의적인 관념이라는 점이 명확해질 필요가 있다. 이 관념은 특별히 미국에서 많은 사람들에게 원초적 이상(a default ideal)과 같은 것으로 작동하기 때문에, 아마도 롤스는 제2원칙에 관한 최상의 해석을 제시하기 위해서 자신의 출발점으로서 그 관념을 취해야만 했다는 점은 쉽게 납득될 수 있다. 그러나 이 해석은 그가 거부하려고 하는 해석이다. 왜 거부하려 할까?

많은 사람들은 자신들이 내린 선택에 대해서 자신들이 책임을 짊어지는 것이 공정하다는 직관을 가지고 있다. 따라서 만일 영희는 열심히 일하지만 철수는 게으른 사람이라면, 그리고 다른 조건이 모두 똑같다면, 영희가 철수보다 더 많은 보상을 받아야 한다는 것이 공정하다. 완벽한 자유 시장에 호소하는 측면은 정확하게 시장이 더 많은 노력을 한 사람들에게 더 많은 보상을 제공하고 있고 그것만이 공정한 것이라는 생각에 근거하고 있다. 그러나 공정에 대한 우리의 일상적인 개념의 이면에는 사람들이 자신의 통제를 벗어난 것들에 대해서는 책임이 없다는 생각이 숨겨져 있다. 조금만 생각해 보면 우리는 시장의 결과들이 항상 이런 의미에서 공정한 것으로 기술될 수 없다는 사실을 깨닫게 될 것이다. 심지어 완벽한 자유 시장에서조차도 우리의 삶이 전체적으로 향상되는 것은 오직 부분적으로만 자신의 노력에 기인할 뿐이다. 그것은 또한 시장에 진입하는 우리의 출발점을 규정하는 부분에 기인하고 있다. 결과적으로 우리의 출발점은 개인적인 통제를 넘어선 누적된 역사적 우연성들의 산물이다. 철수와 영희가 완벽한 자유 시장 체계에서 똑같이 열심히 일한다고 가정해 보자. 그렇다고 그들은 똑같은 수준의 성공을 달성할 수 있을까? 필연적으로 그렇지 않을 것이다. 영희는 자신의 부모가 철수의 부모보다 열심히 일해서 영희에게 좀 더 나은 교육을 제공할 수 있다면 한 발 앞서 출발할 수 있다. 영희의 부모가 얼마나 잘 했는지는 결과적으로 그들이 불공정한 차별을 겪었다는 사실에 의해서 영향을 받을 수 있다. 그런 차별이 없었다면 그들은 실제로 그들이 누렸 던 것보다 **훨씬 더 좋은**(even better) 삶을 살 수 있었을 것이다. 또는 그 런 노력은 **그들의** 부모가 게을러서 자신들의 재능을 결코 계발시키지 못했다는 사실에 의해서도 영향을 받을 수 있다. 우리는 그 원인들을 계 속해서 소급해서 찾아낼 수 있을 것이다. 따라서 롤스는 다음과 같이 주 장한다.

> 초기 자산 분배는 선행하는 자연적 자산(즉 자연적 재능과 능력)의 분배가 갖는 축적된 결과이다. 왜냐하면 이것들은 사회적 여건과 액운 혹은 행운 등 우연적 변수들에 의해 계발되거나 혹은 실현되지 못했거나 일정 기간 동안 그것들이 유리하게 혹은 불리하게 사용되었기 때문이다. 직관적으로 자연적 자유 체계가 갖는 가장 뚜렷한 부정의는 **도덕적 관점에서 볼 때 지극히 임의 적인**(so arbitrary from a moral point of view) 이러한 요인들로 말미암아 배 분의 몫이 부당하게 영향을 받도록 그것이 허용하고 있다는 점이다.[61]

여기서 그의 논점은 우리가 사람들에게 그들의 조상이 누구였는지, 그 들은 어떻게 생겼는지 또는 그들이 직면한 상황들이 어떠한 것들인지 책임을 짊어지라고 타당하게 요구할 수 없다는 점이다. 이런 역사적인 우연한 사실들은 솔직한 의미로 "도덕적인 관점에서 볼 때 임의적인 것 이다." 따라서 그런 우연한 사실들이 현시점에서 유발하는 모든 혜택들

---

61 J. 롤스, 『정의론』, p.72 ; 개정판 p.62-63. 강조는 필자가 추가함.

과 부담들에 대해서 우리가 사람들에게 그것들을 받을 자격이 있다 또
는 자격이 없다고 주장할 수 없다. 예를 들어, 우리 조부모께서 홍수 또
는 허리케인에 휩쓸려 실종됐다는 사실이 현재 우리가 어떤 삶을 살고
있는지에 영향을 끼칠 수 있다. 그러나 이 영향은 명백하게 우리 자신의
개인적인 도덕적 책임의 범위를 벗어나는 것이다.

이 생각은 롤스가 제2원칙에 대한 다소 다른 해석을 제안하고 있음을
보여 준다. 롤스는 이것을 '자유주의적 평등'(liberal equality) 해석이
라고 부른다(도표 3.2). 우리가 효율성 원칙을 유지하지만 형식적 기회
의 균등으로서 평등을 포기하고 그것을 '공정한 기회 균등으로서 평등'
(fair equality of opportunity) 원칙으로 교체한다고 가정해 보자. 여기
서 롤스의 생각은 우리가 직접적인 차별로부터 개인을 보호하는 일에
추가적으로 "계급의 장벽을 철폐시키도록 기획된" 보편적인 공교육 체
계를 도입함으로써 자연적 자유 체계에서 해결되지 않은 채로 남아 있
는 "사회적 우연성이나 천부적 행운의 영향을 감소시키고자 하는 것이
다."[62] 그렇게 되면 사람들은 대략적으로 유사한 사회적 자원배분점
(social endowments)을 가지고 시장에 진입하게 될 것이다. 이 지점에
서 사정이 다른 완벽한 자유 시장이 작동될 수 있다. 당신의 삶이 이 체
계에서 어떻게 잘 돌아가는지는 여전히 부분적으로 당신 자신의 개인
적인 노력에 의존하게 될 것이며 또한 대략적으로 동등한 능력과 동기
를 가진 개인들은 가정환경과는 무관하게 대략적으로 유사한 삶의 기
회들을 갖게 될 것이다.

이 두 번째 해석은 어떤 것을 성취할 수 있는 것처럼 보이는 반면에
롤스는 두 가지 심각한 난제들을 발견한다. 첫 번째는 "가족 제도가 존

---

62 J. 롤스, 『정의론』, p.73; 개정판 p.63.

제3장 본문 읽기　99

재하는 한” 계급의 장벽을 완벽하게 제거하는 일은 아마도 불가능할 것
이라는 점이다.[63] 그 이유는 부모가 자녀의 장래의 전망에 더 좋은 쪽으
로 또는 더 나쁜 쪽으로 영향을 미칠 수 있는 수많은 미세한 방식들이
존재하기 때문이다. 예를 들어 부모는 자녀에게 적합한 가정의 양육환
경을 더 제공하거나 또는 덜 제공함으로써 영향을 미칠 수 있다. 물론
자녀는 스스로 이런 종류의 영향들에 대해서 책임을 짊어질 수 없다. 그
럼에도 『정의론』에서 전반적으로 롤스는 사회적 제도로서 가족들을 해
체하는 것은 완벽한 공정한 기회 균등으로서 평등을 성취하는 데 들어
가는 비용으로서 너무 과도한 것이라고 주장한다. 그러나 그는 결코 정
확하게 왜 과도한 것인지를 진술하지 않고 있다. (그러나 후기 작품들
에서 그는 우리가 사회번식(social reproduction)의 다른 실천 가능한
대안 수단을 갖지 못하고 있는 한 가족의 해체가 실현 불가능한 일이 될
것임을 주장하고 있다. 그리고 또한 그는 가족 해체가 다른 무엇보다도
사적 관계의 권리를 보장하고 있는 공정으로서의 정의의 제1원칙과 일
정부분 충돌을 일으킬 것이라고 주장한다.[64]) 따라서 우리는 불완전한
등급의 공정한 기회 균등으로서 평등에 따라 살아가야만 하고 또한 그
결과로 주어지는 어떤 불공정함을 완화할 수 있는 어떤 다른 방법을 찾
아야만 할 것이다.

　또 다른 난제는 비록 자유주의적 평등의 기획이 초기 사회적 자원배
분점의 균등화에 자기 방식대로 성공한다고 할지라도 완벽한 자유 시
장에 의해서 형성된 사회적 재화와 경제적 재화의 분배가 공정한 것으
로 간주될 수 없게 만드는 다른 중요한 관점들이 존재하고 있다는 점이

63　J. 롤스, 『정의론』, p.74; 개정판 p.64. 개정판은 약간 수정됨.
64　J. 롤스, “The Idea of Public Reason Revisited”, 1997; reprinted in *Collected Papers*, ed., Samuel Freeman, Harvard University Press, 1999, pp.595–601.

다. 선조들에 의해서 우리에게 수여된 혜택과 부담은 오직 우리가 시장
에 진입할 때 갖게 되는 초기 자산과 자원배분점의 한 측면에 불과하다.
위에서 언급된 다른 측면은 우리의 천부적 재능과 능력이다. 사회적 자
원배분점의 경우에서와 마찬가지로 "천부적 재능과 능력의 초기 분배"
는 개인의 관점에서 바라보면 "도덕적인 관점에서 볼 때 자의적인 것"
인 "천부적 운"(a natural lottery)으로 기술될 수 있는 것이다.[65] 물론 천
부적 재능과 능력은 계발될 수도 있고 안 될 수도 있기 때문에 이것은
우리가 각자 개인적으로 책임져야 할 어떤 것이다.[66] 만일 철수와 영희
가 대략적으로 유사한 음악적 재능을 가지고 있지만 영희는 그것을 계
발했고 철수는 그렇지 않았다고 할 때, 오직 영희가 자신의 재능으로부
터 더 많은 보상을 받아야 하는 것이 공정한 일이 될 것이다. 그러나 롤
스가 여기서 주장하고 있는 것은 다른 것이다. 왜냐하면 우리는 (고등
교육, 직업훈련 등을 통해서) 자신의 재능과 능력을 계발하려는 우리의
노력이 시장 체계 안에서 발생하게 될 것이며 또한 사회적 재화와 경제
적 재화의 결과적인 분배는 계발에 들어간 그런 노력을 올바르게 반영
할 것이라는 점을 가정해 볼 수 있기 때문이다. 여기서 관련된 논쟁점은
오히려 우리의 초기(initial) 천부적 자산(단순히 우리가 태어나면서 갖
게 되는 천부적인 재능과 능력)이 될 것이다. 만일 영희가 음악적인 천
부적 재능을 가지고 있는 반면 철수는 그렇지 못하다면, 그 일에 대해서
철수는 실제로 책임을 짊어질 수 없다. 우리는 초기의 천부적 자산을 받

---

65 J. 롤스, 『정의론』, p.74 ; 개정판 p.64.
66 재능과 능력을 계발할 수 있는 우리의 성향은 결과적으로 "부유한 가족과 사회적 환
경에" 부분적으로 의존하지 않는다는 범위 내에서 그렇게 될 수 있을 것이다. 롤스는 그
렇게 된다고 분명하게 믿고 있다. J. 롤스, 『정의론』, p.104 ; 개정판 p.89. 그러나 앞으로
살펴보게 되겠지만, 논증의 주된 노선은 이런 논쟁적인 주장에 의존하고 있지 않다.

을 만한 마땅한 자격이 있는 것도 아니고 없는 것도 아니다. 그것들은 단순히 우리에게 주어진 것뿐이다. 여기서 제기된 유일한 물음은 오히려 이 사실을 우리가 어떻게 받아들여야만 하는가이다.

3.4.3 차등의 원칙(the difference principle)

이제 롤스가 여기서 실행하고 있는 논증의 노선은 일종의 급진적 평등주의(radical egalitarianism) 쪽으로 나아가야만 하는 것처럼 보일 수 있을 것이다. 우리는 다양한 가족 역사뿐만 아니라 재능과 관련된 천부적 운의 행운 또는 불운을 어떻게 다르게 교정할 수 있을까? 가족 제도 보존의 책임하에서 공정한 기회 균등으로서 평등의 원칙은 홀로 그 사명을 잘 감당할 수 있을 것처럼 보이지 않는다. 아마도 우리의 유일한 대안은 일정 정도로 결과들을 균등하게 분배하는 것이 될 것이다. 그러나 이런 우려는 문제가 되지 않는다. 그 대신 롤스는 다른 방법을 제시하고 있다.

두 개의 중요한 집단 또는 계급으로 구성된 사회를 상상해 보자. 첫 번째 집단이면서 좀 더 큰 '노동자 계급'의 구성원들은 특별히 평균 이상의 독특한 재능과 능력을 갖고 있지 않다. 그러나 두 번째 집단이면서 좀 더 작은 '기업가 계급'의 구성원들은 각자가 매우 특별한 재능 또는 능력을 갖고 있다. 이제 우리가 앞에서 살펴본 것처럼, 롤스는 그 누구도 태어나면서 우연하게 갖게 된 천부적 재능에 대해서 개인적으로 책임을 짊어질 수는 없다고 생각한다(이것은 자연적으로 그냥 주어진 사실이다). 그러나 만일 우리가 기업가 계급의 구성원들은 결국 그들의 특별한 재능과 능력을 마땅하게 받을 자격이 없다는 관점에 근거해서 사회적 재화나 경제적 재화를 평등하게 모든 사람에게 분배한다면, 우리는 그들이 자신들의 특별한 재능과 능력을 계발하는 데 더 많은 시간과 노력을 투자하라고 기대할 수 없다는 결론이 도출된다. 왜냐하면 그런 투자가 그들에게 아무런 부가적인 보상을 가져다주지 않을 것이기 때문이다.[67] 이 상황은 노동자 계급을 포함해서 모두에게 더 안 좋은 것이 될 수 있다. 그 대신 우리가 경제 체계로 하여금 더 훌륭한 능력에 대해서 보상을 하도록 허용한다고 생각해 보자. 다시 말하면 우리는 예를 들어 좀 더 훌륭한 음악가가 그렇지 못한 음악가보다, 좀 더 훌륭한 소프트웨어 설계자가 그렇지 못한 설계자보다 더 많은 수입을 받도록 허용한다. 이 상황은 사회적 재화와 경제적 재화의 분배에 있어 불평등들을 유발하게 될 것이다. 그러나 롤스가 주장하듯이 이 상황은 다음과 같은 것이 될 수 있다.

> 기업가에게 허용된 좀 더 큰 기대치는 그들로 하여금 노동자 계급의 장기적인 전망을 향상시키는 일을 하도록 격려하게 된다. 그들의 좀 더 나은 전망이 유인으로 작용함으로써 경제과정은 좀 더 효율적으로 되고 기술 혁신은 좀 더 빠른 속도로 진행되는 등 여러 가지 이익이 생겨난다. 마침내 결과적으로 산출되는 물리적인 유익들은 체계 전체로 퍼져 나가서 최소 수혜자들에게까지 도달하게 된다.[68]

이 구상은 기초 경제학에서 친숙한 것이다. 롤스는 "나는 이러한 것들이 어떻게 참이 되는지를 고찰해 보려는 것은 아니다"라고 조심스럽게 주장하고 있다.[69] 다시 말하면 유인이 실제로 얼마나 이런 방식에 따라

---

67 좀 더 정확하게 말하면, 우리는 재능의 계발로부터 본질적인 즐거움 외에 다른 보상을 얻지 못할 것이다. 그러나 우리가 그런 본질적 즐거움이 사회적으로 최상의 성과급 명세표를 산출할 것이라는 점을 믿지 못할 이유는 없다.
68 J. 롤스, 『정의론』, p.78; 개정판 p.68. 마지막 문장은 생략됨.

서 작동하는지를 결정하는 것은 경제학 전문가들의 몫이다. 그러나 그는 이 구상이 최소한 어느 정도까지는 참이라고 매우 그럴듯하게 가정하고 있다. 완벽한 평등은 항상 모든 사람들에게 이익이 되지 않으며 **약간의**(some) 불평등을 허용하는 것이 실제로 모든 사람들을 더 잘살게 만들 수 있다는 결론이 도출된다. 왜냐하면 이 상황에서 사람들이 태어나면서 우연하게 획득하게 되는 천부적 능력과 재능을 계발할 수 있도록 사람들에게 유인을 제공하는 것이 가능하기 때문이다. 우리가 사회에서 활용 가능한 재능의 전체 공동자산을 잘 선용할 수만 있다면 모든 사람들에게 유익이 돌아갈 것이라고 추측해 볼 수 있다.

　그렇다면 우리는 얼마만큼 이 추론을 확장해야만 할까? 우리는 이 불평등을 얼마만큼 허용해야만 할까? 롤스는 '차등의 원칙'(difference principle)이라고 부르는 것을 통해서 이 물음에 관한 답변을 제시하고 있다. 차등의 원칙에 따르면 "더 좋은 환경을 가진 자들의 좀 더 높은 기대치가 정당한 것으로 인정될 수 있는 유일한 조건은 그것이 사회의 최소 수혜자(the least advantaged members)들의 기대치를 향상시키는 체제의 일부로서 작용하는 경우이다."[70] 차등의 원칙은 공정으로서의 정의의 제2원칙에서 "모든 사람들에게 이익이 되리라는" 조건에 대한 설명으로서 효율성의 원칙을 대체하고 있다. 만일 우리가 차등의 원칙과 공정한 기회 균등으로서 평등을 결합시킨다면, 우리는 롤스가 정의의 제2원칙에 대한 해석으로서 '민주주의적 평등'(democratic equality)이라고 부르는 것을 얻게 된다(도표 3.2를 보라). 이것은 롤스가 선호하는 해석이다. 따라서 앞으로 살펴보겠지만 그는 차등의 원칙을 설명하기

69　J. 롤스, 『정의론』, p.78 ; 개정판 p.68.
70　J. 롤스, 『정의론』, p.75 ; 개정판 p.65.

위해서 상당한 노력을 기울이고 있다.

　우선 우리는 '최소 수혜자'(least advantaged)가 최소 수혜자 개인이 아니라 전체로 간주되는 최소 수혜자 집단이라는 점을 지적해야만 한다. 롤스는 이 점을 나중에 분명하게 해명하고 있다. 그는 우리가 대략적으로 최소 수혜자를 미국에서 어느 시대이건 극빈(poverty line)이라고 불리는 기준 아래에서 생활하는 사람들의 대표 또는 평균으로 규정할 수 있다고 제안한다. 다시 말하면 이는 중산층이 벌어들이는 소득과 재산의 1/2에 해당한다(그것은 모든 관련된 사회적 재화와 정치적 재화의 분배에 있어서 대략적인 대리지표(proxy measure)로서 간주될 수 있다).[71] 그러나 롤스는 두 번째 기본적인 설명을 명확하게 제시하지 않았기 때문에 몇몇 초기 독자들을 당황스럽게 만들고 있다. 그것은 바로 최소 수혜자 집단이 고정된 지시어가 아니라 상대적인 지시어라고 이해되어야 한다는 점이다. 위에서 제시된 예에서 우리는 '최소 수혜자' 집단이 구체적으로 노동자 계급을 언급해야만 한다고 가정할 수 있다. 이런 생각을 마음에 품고 도표 3.3에서 숫자들이 세 가지 가능한 사회 기본 구조들 아래에 있는 두 계급들의 구성원들을 위한 사회적 재화와 경제적 재화의 예상 배당 몫을 나타내고 있다고 상상해 보자. 어떤 사회의 기본 구조가 차등의 원칙을 만족시키고 있는 걸까? 올바른 답은 세 번째가 아니라 두 번째이다. 그 이유는 바로 '최소 수혜자' 집단이 구체적으로 노동자 계급(그들의 전망은 기본 구조 III에서 가장 큰 것으로 나타나게 될 것이다) 또는 특수한 어떤 다른 집단으로 정의되지 않기 때문이다. 오히려 '최소 수혜자'라는 용어는 **개별적인 사회 기본 구조와 관련된**(relative to a particular basic structure) 최소 수혜자 집단을 언

---

[71]　J. 롤스, 『정의론』, p.97-98 ; 개정판 p.83-84.

급하고 있다. 따라서 III에서 기업가들은 최소 수혜자 집단인 반면 II에서는 노동자 계급이 최소 수혜자 집단이 된다. 차등의 원칙은 사회 기본 구조 III보다는(그리고 I보다는) II를 선호한다. 왜냐하면 이 사회 기본 구조와 관련된 최소 수혜자 집단이 다른 사회 기본 구조와 관련된 최소 수혜자 집단보다 훨씬 잘살기 때문이다. 롤스는 이 애매성을 자신의 후기 작품들에서 제거했다.[72]

	대안적인 사회 기본 구조		
	I	II	III
노동자 계급	10	15	18
기업가	10	25	14

도표 3.3

잠시 논의에서 벗어나 이런 좀 더 단순한 설명들을 통해서, 우리는 세부사항들과 그리고, 많은 독자들에게, 롤스가 § 13에서 차등의 원칙에 대해서 제공하고 있는 혼란스러운 전문적인 정보에 관해 논의할 수 있다.[73] 이것들은 대략적으로 해석하자면 도표 3.4와 도표 3.5와 같은 일련의 도표들을 중심으로 일어나고 있다. 우리는 이 도표들을 어떻게 해석할 수 있을까?

대략적인 생각은 다음과 같다. x_1이 최대 수혜자 집단(the better advantaged group)의 예상 소득을 반영하고 있고 x_2는 최소 수혜자 집

72 J. 롤스, *Justice as Fairness: A Restatement*, Belknap Press: Cambridge, MA, 2001, pp.69–70.
73 J. 롤스, 『정의론』, p.76–78; 개정판 p.65–67.

단의 예상 소득을 반영하고 있다고 가정해 보자. 이 도표들의 출발점에서는 아마도 완벽한 사회주의 경제를 반영하고 있는 각 집단은 동일한 (0이 아닌) 소득을 갖고 있다고 가정된다. 이제 우리는 몇 가지 시장 경제 개혁 방안들을 도입한다고 가정해 보자. 우리는 어떤 일이 발생하리라고 예상할 수 있을까? 기초 경제학은 산출된 전체 부는 증가하겠지만 이 증가분은 다소 불평등하게 분배될 것이라고 제시할 것이다(특별히 최대 수혜자 집단이 다소 더 많은 분배 몫을 갖게 될 것이다). 도표 3.4 에서 이것은 OP 곡선에 따라서 오른쪽으로 이동하는 것처럼 나타난다. 보다시피 이 곡선은 평등한 분배를 나타내는 원점에서 멀어져 45도 선 아래로 뻗어 내려가고 있다. OP 곡선은 일련의 실행 가능한 경제 체계를 나타낸다. 여기에 여전히 더 많은 시장 개혁 방안들을 도입하면 우리는 이 곡선에 따라 좀 더 오른쪽으로 이동하게 될 것이다. 그것은 전체적인 부가 더 많이 발생되지만 그것의 증가분은 최대 수혜자의 수중에 떨어지게 될 것임을 나타낸다.

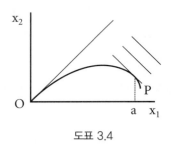

도표 3.4

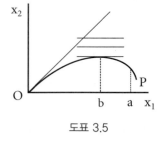

도표 3.5

가장 많이 산출된 전체 부의 총량은 어디에 있을까? 그것은 OP 곡선이 가능한 많이 북동쪽으로 도달하는 a 지점이 될 것이다. (최대 수혜자 그룹이 여전히 자력으로 더 잘사는 것이 가능하지만 a 지점을 넘어서게 되면 그들의 한계 수익(marginal gains)은 최소 수혜자 집단의 최대 손실에 의해서 상쇄될 것이다.) 우리는 이것이 효율성 법칙이 추천하는 완벽한 자유 시장 경제를 나타낸다고 상상해 볼 수 있다. 만일 개인의 행복이 단순히 부의 선형함수(linear function)라면, 이것은 공리주의가 승인하게 될 경제 체계가 될 것이다. 그러나 차등의 원칙은 생산성을 최대한 활용하라고 우리에게 지시하지 않는다. 오히려 그것은 최소 수혜자의 전망을 극대화하라고 우리에게 지시한다. 도표 3.5에서 우리는 이것이 OP 곡선을 따라서 b 지점에서 발생한다는 것을 알 수 있다. 그것은 어떤 사회 복지 정책들과 결합된 아마도 시장에 기초한 경제를 나타내고 있는 것일 수 있다. 비록 그런 혼합된 경제가 완벽한 시장 경제보다 총량에서 좀 덜 생산적인 것이 될 수 있을지라도, 더 많은 생산성 증가(productivity gains)는 최소 수혜자의 전망을 감소시키지 않고서는 성취될 수 없다. 몇 가지 경고들을 통해서 우리는 롤스가 이와 같은 어떤 것에 의도적으로 찬성하고 있다는 점을 가정해 볼 수 있다(그는 나중에 제5장에서 자세한 사항들을 논의하고 있다).

몇몇 독자들에게는 또 다른 물음들이 제기될 수 있다. 예를 들어, 우리는 최소 수혜자의 전망을 악화시키지 않으면서 최대 수혜자의 전망을 향상시킬 수 있다고 가정해 보자. 이것은 도표 3.5에서 b 지점의 오른쪽에 OP 곡선을 따라서 평평한 활꼴 부분이 존재한다는 것과 같을 수 있다. 차등의 원칙은 그런 경우에 우리가 무엇을 해야 한다고 말해 줄 수 있을까? 우리는 복잡한 현대 경제 체계들에서 경제적 관계들이 롤스가 표현하듯 "긴밀하게 관련되어"(close-knit) 있는 한 그런 일은 가능할 것 같지 않다고 생각할 수 있다.[74] 몇 사람들의 전망의 변화는 거

---

74 J. 롤스, 『정의론』, p.80 ; 개정판 p.70.

의 항상 다른 모든 사람들의 전망에 어떤 영향을 끼치게 된다. 그러나 롤스는 만일 이 조건이 유지되지 않는다면 차등의 원칙이 오름차순으로(in ascending order) 사회의 각 집단의 전망을 극대화하도록 우리에게 지시하게 될 것이라고 설명한다. 다시 말하면, 우리는 첫 번째로 최소 수혜자의 전망을 극대화한다. 그 후에 우리는 다음 순서로 차위(次位) 최소 수혜자의 전망을 극대화해야 한다. 이 일은 최소 수혜자의 전망을 감소시키지 않는 범위 내에서 이루어져야 한다. 이런 방식으로 우리는 마침내 최대 수혜자 집단에 이를 때까지 점차 윗 단계로 올라가게 될 것이다.[75] 그러나 긴밀한 관계(close-knitness)의 개연성 때문에 일반적으로 롤스는 우리가 차등의 원칙에 관한 좀 더 단순한 진술에 만족해야 한다고 생각하고 있다.

우리가 제기할 수 있는 또 다른 물음은 일반적으로 오직 최소 수혜자에게만 우리의 관심을 쏟도록 지시하고 있는 차등의 원칙이 정의의 제2원칙인 "모든 사람들에게 이익이 되리라는" 조건의 개연적인 표현을 잘 반영하고 있는가라는 점이다. 롤스는 '연쇄 관계'(chain connection)라고 불리는 것이 일반적으로 달성되면 그렇게 될 수 있다고 주장한다.[76] 연쇄 관계는 최소 수혜자의 전망의 향상(적어도 도표 3.5에서 b 지점까지 이르게 되면)이 역시 다른 계급들의 전망의 향상에 의해서 일반적으로 동반될 때 달성된다. 우리는 이 다른 계급들의 전망을 **극대화하고** 있는 것이 아님에 주의하자. 그들이 최소 수혜자의 전망을 **감소시킴으로써** 자신들은 더 잘살게 될 수 있다는 사실은 확실히 가능하고 또한 가능한 것처럼 보여진다. 그럼에도 다른 계급들의 전망은 완벽하게 평등한 사

---

75 J. 롤스, 『정의론』, p.83: 개정판 p.72.
76 J. 롤스, 『정의론』, p.80: 개정판 p.70.

회주의 경제 체계의 기준점과 비교할 때 향상되었다. 연쇄 관계가 유지
된다면 우리는 "모든 사람들에게 이익이 되는" 것으로서 차등의 원칙을
만족시키는 사회적 재화와 경제적 재화의 분배를 그럴듯하게 기술할
수 있을 것이다.

3.4.4 민주주의적 평등과 절차적 정의

차등의 원칙의 의미를 이와 같이 설명하고 나서 롤스는 한 걸음 물러나
공정으로서의 정의의 제2원칙에 대한 민주주의적 평등이라는 해석이 갖
는 두 부분이 어떻게 서로 어울리는지 반추하고 있다. 그는 § 14에서 '절
차적 정의'(procedural justice)에 관한 매우 중요하지만 종종 잘못 이해
된 논의를 통해서 이를 검토하고 있다.[77]

롤스는 절차적 정의를 세 가지 다른 종류로 구분하고 있다.[78] 첫 번째
는 그가 '완전한'(perfect) 절차적 정의라고 부르는 것이다. 이것은 우
리가 어떤 공정한 결과 또는 성과가 발생하는지 판단할 수 있는 독립된
기준을 소유할 때, 그리고 정확하게 그 결과를 확실하게 산출할 수 있는
방법 또는 절차를 소유할 때 발생한다. 그가 제시하는 사례는 케이크를
자르는 사람에게 그 마지막 조각을 먹도록 하는 것이다. 이 절차는 확실
하게 똑같은 분량으로 케이크 조각들을 자르게 할 것이며 우리가 생각
하는 케이크의 공정한 분배가 무엇인지를 정확하게 보여 준다. 이제 이
절차를 형사 재판의 절차와 비교해 보자. 여기서 우리는 공정한 결과
(즉 결백한 자는 방면되고 범죄자는 처벌을 받는다)가 무엇인지에 대한
독립된 기준을 가지고 있다. 형사 재판 체계는 이 결과를 목표로 하고

---

77 이 절의 논의는 §§ 47-48에서 제시된 논의와 역시 비교될 수 있는데, §§ 47-48의 논
의는 앞으로 다루게 될 견해들을 좀 더 명확하게 밝혀 주고 지지해 주고 있다.

78 J. 롤스, 『정의론』, p.85-86 ; 개정판 p.74-75.

있지만 모든 사건들에서 그런 일이 명백하게 이루어지지는 않을 것이다. 따라서 그것은 '불완전한'(imperfect) 절차적 정의의 사례이다. 명백하게 롤스가 지적하고 있듯이 완전한 절차적 정의는 찾아보기 어려우며 불완전한 절차적 정의가 오히려 평균적인 현상이다. 완전한 절차적 정의와 불완전한 절차적 정의가 공통으로 포함하고 있는 것은 두 경우에서 모두 우리는 결과들을 평가할 수 있는 독립된 기준을 가지고 있다는 점이다. 그리고 절차는 단순하게 그러한 결과를 실현할 수 있는 대략적으로 신뢰할 만한 방법에 불과하다. 우리가 그런 기준을 가지고 있지 못한 다른 사례들이 있다. 예를 들어, 포커 게임을 생각해 보자. 포커 게임의 종료 시점에 선수들은 거의 확실하게 참가할 때와는 매우 다른 배당 몫의 칩들을 갖게 될 것이다. 그러나 이 최종 배당 몫들이 올바른 것인지 또는 올바른 것이 아닌지를 판단할 수 있는 독립된 기준은 없다. 예를 들어, 우리는 게임이 끝날 때 영희가 철수보다 더 많은 칩들을 획득해서는 안 된다고 말할 수 있다. 그 반대로 (규칙들이 잘 반영되었고 또한 물론 어느 누구도 부정행위를 하지 않았다면) 우리는 **칩의 결과적인 분배가 어떻게 이루어졌든지 간에** 그 결과는 공정한 것이라고 말하게 될 것이다. 이것이 롤스가 '순수한'(pure) 절차적 정의라고 부르는 것이다. 순수한 절차적 정의의 경우에 절차는 공정한 결과를 실현하기 위한 (대략적으로 신뢰할 만한) 방법이 아니다. 오히려 절차가 준수된다는 바로 그 사실이 그 결과를 공정한 것으로 **만들어 준다.**

이제 이 차이들에 근거해서 공정으로서의 정의의 제2원칙의 다양한 해석들을 고찰해 보자. 우리는 자연적 자유(natural liberty) 체계의 해석과 자유주의적 평등(liberal equality)의 해석을 숙고해 볼 때 각 해석이 상당한 정도로 순수한 절차적 정의에 의존하고 있음을 깨달아야만 한다. 그 어떤 해석도 영희가 갖는 사회적 재화와 경제적 재화의 분배 몫이 철수의 그것과 어떻게 연관되어야만 하는지를 평가할 수 있는 독립적인 기준을 제시하지 못한다. 오히려 각 해석은 시장 체계를 함께 정의할 수 있는 확실한 규칙들(예를 들어 사유재산 규칙과 계약 규칙)이 존재하고 있다는 점을 가정하고 있다. 또한 각 해석은 만일 영희와 철수가 그 규칙들을 따른다면 그 체계에 참가함으로써 그들이 확보하게 되는 배당 몫들을 소유할 권리를 가지고 있다는 점을 가정하고 있다. 이와는 반대로 우리가 다음과 같은 분배의 원칙을 갖는다고 가정해 보자. "자신의 필요에 따라서 각자에게 분배하기." 이 원칙에 따르면 우리는 각 사람의 사회적 재화와 경제적 재화의 분배 몫이 얼마나 큰 것이 되어야 하는지를 평가할 수 있는 독립적인 기준을 갖게 될 것이다. 따라서 영희가 철수보다 더 적은 것을 필요로 한다면, 그녀가 갖는 재화의 분배 몫은 철수의 그것보다 더 적은 것이 되어야만 한다. 이것은 우리가 현실적인 분배를 평가할 수 있는 것과는 다른 정형(pattern)을 제시하고 있다. 만일 영희가 철수보다 더 많은 재화를 갖게 된다면, 그것은 올바른 것이 아니라는 점을 알게 될 것이다. 그녀의 몇몇 재화들은 철수에게 반환되어야만 한다. 롤스와 동시대 철학자인 하버드 대학 교수 노직(Robert Nozick)은 이런 방식으로 작용하는 분배원칙들을 '정형적'(patterned) 원칙들이라고 불렀다.[79] 만일 여러분이 정형적 분배 원칙을 가지고 있다면, 의심할 여지없이 여러분은 희망하는 정형을 만들기 위해서 어떤 방법 또는 절차를 필요로 하게 될 것이다. 롤스는 신뢰성(reliability)에 따라서 이 방법을 완전한 절차적 정의 또는 불완전한 절차적 정의의 실례로 기술하고 있다. 그 방법은 신뢰성을 통하여 희망하는 정형을 유지시켜 준다.

---

79 R. Nozick, *Anarchy, State, and Utopia*, New York, 1974, p.156.

자연적 자유 해석이나 자유주의적 평등 해석으로부터 민주주의적 평등(democratic equality) 해석으로의 전환과 관련해서 단지 노직뿐만 아니라 수많은 롤스의 독자들은 몇 년 동안 롤스가 정형적 분배 원칙을 위해서 순수한 절차적 정의를 포기했다고 생각했다. 결국 차등의 원칙은 최소 수혜자가 가능하면 많은 사회적 재화와 경제적 재화의 분배 몫을 가져야만 한다는 점을 말해 주고 있다. 그리고 이것은 현실적인 분배들을 평가하는 데 독립적인 기준이 되고 있는 것처럼 보인다. 정형적 분배 원칙들이 갖는 난점은 만일 여러분이 사람들의 기본적 자유에 끊임없이 간섭하고 싶어 하지 않는다면 어떤 정형을 유지하는 것이 불가능하다는 점이다(그리고 이 점은 여러분이 어떤 정형을 선호하든지 타당하다). 여러분이 선호하는 정형이 무엇이든지 그것에 따라 올바르게 철수와 영희에게 분배한다고 가정해 보자. 나중에 그들은 자발적으로 자신들의 몇몇 재화들을 교환할 수 있다. 따라서 노직이 진술하듯이, "어떤 정형을 유지하기 위해서 우리는 사람들이 원하는 대로 자원들을 양도하지 못하도록 그들을 중지시키기 위해서 끊임없이 간섭해야만 하거나 그렇지 않으면 강제적인 재분배를 통해서 정형을 회복시키기 위해서 어떤 사람들이 어떤 이유에서 다른 사람들에게 양도하려고 선택한 자원들을 주기적으로 그들로부터 빼앗아 와야만 할 것이다."[80] 어떤 경우가 됐든지 이런 행위는 우리의 기본적 자유를 침해하는 것처럼 보일 것이다.

이러한 난점을 인정해 보자. 그러고 나면 논쟁점은 공정으로서의 정의의 제2원칙에 관한 민주주의적 평등 해석이 정말로 분배에 대한 정형적 접근방식을 포함하고 있는지 아닌지가 될 것이다. 여기서 노직과 다

---

80 R. Nozick, *Anarchy, State, and Utopia*, New York, 1974, p.163.

른 철학자들은 『정의론』의 § 14를 잘못 이해하고 있는 것처럼 보인다. 롤스는 이 절에서 공정으로서의 정의의 제2원칙이, 심지어 민주주의적 평등의 해석에서조차도, "협동 체계가 순수한 절차적 정의의 체제임을 보장하기 위해서" 정확하게 고안되었다는 점을 절대적으로 명확하게 주장하고 있다.[81] 어떻게 그렇게 될 수 있을까? 혼동은 차등의 원칙이 사회적 재화와 경제적 재화의 분배에 직접적으로 적용되어야만 한다고 가정할 때 발생한다. 사실은 전혀 그렇지 않다. 롤스가 수차례 강조하고 있듯, 정의 원칙들은 사회의 기본 구조(즉 사회의 주요한 사회적 제도들과 관행들)에 적용되어야만 한다. 포커 게임 유비로 계속 설명해 보자. 우리는 포커 게임들의 **결과들**을 평가하기 위해서가 아니라 오히려 그것들의 **규칙들**을 평가하기 위해서 차등의 원칙을 사용한다고 가정된다. 포커 게임의 결과의 공정함은 결정적으로 그것의 규칙들의 공정성에 의존하고 있다. 만일 규칙들이 어떤 사람보다 다른 사람에게 유리하게 작용하도록 고안되어 있다면, 우리는 게임이 속임수이고 그 결과는 불공정한 것이라고 말하게 될 것이다. 우리는 순수한 절차적 정의를 성취하기 위해서는 공정한 규칙들 또는 절차들로부터 시작해야만 한다.

이와 유사하게 사회의 기본 구조는 '삶이라는 게임'(game of life)을 지배하는 규칙들 또는 절차들을 구성한다. 사람들은 오직 자신들의 다양한 활동들을 추구하면서 따르기로 요구된 규칙들과 절차들이 공정할 경우에만, 사람들이 실제적인 삶에서 최종적으로 얻게 되는 재화들의 몫도 역시 공정한 것으로 기술될 수 있다. 롤스는 오직 "정의로운 정치적 조직이나 경제적 · 사회적 제도의 정의로운 배치를 포함하는 정의로운 기본 구조를 배경으로 해서만 우리는 요구되는 정의로운 절차가 존

---

81 J. 롤스, 『정의론』, p.87 ; 개정판 p.76.

재한다고 말할 수 있다"고 주장한다.[82] 예를 들어 경제 체계를 운영하기
위한 두 가지 서로 다른 규칙 체계들이 있다고 가정해 보자. 첫 번째 후
보는 순수 자유 시장 경제를 규정하는 일련의 규칙들이다. 두 번째 후보
는 세수가 늘어나지 않는(revenue-neutral) 부의 소득세(negative in-
come tax)가 존재한다는 점만을 제외하고 첫 번째 체계와 동일하다(이
것은 면세점을 초과한 소득에 대해서는 비례적으로 세금을 징수하지만
행정비용보다 적은 면세점에 미달하는 소득에 대해서는 비례적으로 세
액공제(tax credits)를 제공하게 될 것이다). 두 번째 규칙들의 집합은
첫 번째 규칙들의 집합과 마찬가지로 특정한 사람들에게 사회적 재화
와 경제적 재화의 개별적인 분배를 지시하지 않는다. 즉 그것은 영희가
철수와 관련해서 이것을 더 많이 가져야 한다 등등을 주장하지 않는다.
두 규칙들 아래에서 사람들이 결국 얼마나 많은 몫을 받는가는 전적으
로 그들이 내린 선택지들(그들이 살아가기로 결정한 삶의 종류들)에 의
존하고 있다. 그렇다면 어떤 집합의 규칙들이 더 훌륭한 것일까? 이것
은 매우 의미 있는 물음이다.

　롤스에 따르면 차등의 원칙은 어떤 것이 가장 좋은 규칙들(즉 사회
기본 구조의 가장 좋은 구성)이 될 것인가를 우리에게 말해 주기 위해
서 고안되었다. 그것은 일정하게 구성된 사회 기본 구조에서 살고 있는
최소 수혜자(사람들 중에 누가 최소 수혜자가 될지 모른다)의 그럴듯한
전망을 다르게 설정된 사회 기본 구조에서 살고 있는 최소 수혜자의 그
럴듯한 전망과 비교해 보고 그에 맞춰 선택하라고 우리에게 지시하고
있다. 배경 규칙들이 설정되자마자 우리는 사람들이 자신들의 설계들
에 따라 자신들의 삶들을 영위할 것이라고 가정한다. 그다음에 우리는

82　J. 롤스, 『정의론』, p.87 ; 개정판 p.76.

그들이 그 결과로서 최종적으로 얻게 되는 재화들의 분배 몫이 무엇이든지 그것을 받을 만한 자격이 있다고 말할 수 있다. 이것이 순수한 절차적 정의이다. 롤스는 다음과 같이 주장하고 있다. "순수한 절차적 정의가 갖는 실제적인 큰 이점은 무수하게 다양한 여건과 변화하는 특정 인간의 상대적 지위를 계속 추적하지 않아도 된다는 점이다."[83] 따라서 규칙들이 적용된다면 우리는 철수와 비교해서 영희의 개별적인 필요와 우연적인 필요에 대해서 많은 정보를 알고 있어야 할 필요가 없다. 이 점은 사태들을 매우 쉽게 만들어 주며 노직의 견해와 반대로 기본적 자유들에 계속적으로 간섭할 필요가 없어진다.

공정으로서의 정의에 대한 긴 주해를 마치면서 우리가 어디까지 이야기했는지 재검토해 보자. §13의 말미에서 롤스는 정의의 제2원칙을 재진술하고 있다. 이번에 그는 제2원칙에 대해서 그가 선호하는 '민주주의적 평등' 해석을 사용하고 있다.[84] 이 구절을 제1원칙에 대한 그의 후기 정식들(앞에서 살펴본 것처럼 그의 후기 작품들에서 드러난다)과 결합해 보면 우리는 다음과 같은 형식을 얻을 수 있다.

공정으로서의 정의는 다음과 같은 사항들을 요구한다:

첫째, 각 사람은 모든 사람들에게 유사한 자유들의 체계와 양립할 수 있는 평등한 기본적 자유들의 가장 적합한 체계와 동등한 권리를 가져야 한다.

둘째, 사회적·경제적 불평등은 (a) 최소 수혜자에게 최대 이익이 되며, 또한 (b) 공정한 기회 균등이라는 조건하에서 모든 사람들에게 개방된 직위와 직책과 결부되도록 편성되어야만 한다.

---

83 J. 롤스, 『정의론』, p.87 ; 개정판 p.76. 개정판은 약간 수정됨.
84 J. 롤스, 『정의론』, p.83 ; 개정판 p.72.

앞으로 살펴보게 되겠지만 이것은 공정으로서의 정의에 관한 롤스의 완벽한 진술이 아니다. 예를 들어, 해결되지 않은 한 가지 논쟁점은 제2원칙에서 두 부분의 서열이다. 이 중대한 시점에 롤스는 그 서열이 어떤 것인지를 명확하게 기술하지 않고 단지 그것들도 역시 축자적으로 배열되어(lexically ordered) 있을 것이라고 기술하고 있다.[85] 그러나 이것은 『정의론』의 다음 장에서 제기된 중요 논증을 통해서 우리에게 제공되는 공정으로서의 정의의 실행 이론(working version)이다. 그리고 그것은 대부분의 목적에 충분하게 잘 기여하고 있다.

결론적으로 아마도 앞에서 살펴본 논점을 다시 한 번 반복해 보는 것은 가치 있는 일이 될 것이다. 이 난해한 절들(§§ 12-14)에서 롤스의 목적은 제2원칙을 민주주의적 평등으로 해석하는 논증을 제시하는 것이 아니었다. 왜냐하면 이 논증은 반드시 필연적으로(그의 관점에서 보면) 원초적 상황으로부터 진행되어야만 하기 때문이다. 오히려 그의 목적은 적합한 반성을 거쳐서 그렇게 해석된 공정으로서의 정의의 제2원칙이 사회정의에 관한 우리의 숙고된 직관들과 근본적으로 다르지 않다는 점을 보여 주는 것이었다. 사람들이 자신들의 자발적인 선택들에 대해서 책임을 져야 한다고 생각하는 것은 우리의 직관이다. 그러나 또한 자신들의 통제를 넘어선 이유들 때문에 어떤 사람이 다른 사람보다 더 잘하거나 더 못하게 될 때는 불공정이 존재한다는 것도 우리의 직관이다. 공정한 기회 균등으로서 평등이라는 관념은 많은 부분 이 직관들을 포착하고 있지만 현실적으로 말해서 그것은 완벽하게 구현될 수 없다. 따라서 그것은 차등의 원칙에 의해서 대체된다. 만일 롤스가 자신의 목적을 달성했다면, 우리는 이제 제2원칙의 두 조건들이 동시에 작동하게

---

85 J. 롤스, 『정의론』, p.89; 개정판 p.77.

되면서 사회정의에 관한 우리의 숙고된 직관들에 관한 상당히 훌륭한 근사치를 제공한다는 사실을 믿어야만 할 것이다. 그러나 남아 있는 일은 (원초적 상황 논증을 통해서) 이 기본적인 직관들이 정말로 타당한 것인가를 증명하는 것이다.

연구를 위한 물음들

1. 차등의 원칙이 한편으로 공정한 기회 균등으로서의 평등을 성취해야 하는 중요성과 다른 한편으로 가족 제도를 보존해야 하는 중요성 사이의 합리적인 타협점을 제공하고 있을까?
2. 제2원칙을 민주주의적 평등으로 해석하는 것이 얼마만큼 순수한 절차적 정의의 바람직한 체계를 구현할 수 있는가?

3.5 공정으로서의 정의의 특징짓기 (§§ 15-17)

§15의 서두에서 롤스는 공정으로서의 정의의 두 원칙들에 대한 설명을 완성했다고 주장한다.[86] 그러나 제2장은 원초적 상황 논증으로 이동하기보다는 계속해서 다른 다섯 절들로 진행하고 있다. 이 절들 중에 두 개(§§ 18-19)는 부록으로 (사회정의론인) 공정으로서의 정의가 어떻게 개인으로서 우리의 도덕적 의무들과 관련되는지를 논의하고 있다. 우리는 이 절들을 나중에 제6장과 연관시켜서 고찰하게 될 것이다. 그러나 만일 공정으로서의 정의에 관한 설명이 완성되었다고 가정되지만 공정으로서의 정의에 관한 논증이 아직 시작된 것이 아니라면, §§ 15-

---

86   J. 롤스, 『정의론』, p.90; 개정판 p.78.

17은 어디에 삽입되어야 할까? 롤스의 생략된 주장들은 아무런 지침들을 제공해 주지 않는다. 그러나 이 절들을 독해하는 한 가지 방식은 공정으로서의 정의가 어떤 종류의 이론(공리주의를 필적할 만한 상대이론으로 대우하고 있는 대략적으로 §§ 5-6과 병행하고 있는)인가에 관한 **기술**(a description)을 제공하는 것으로서 간주하는 것이다. 만일 이 독해가 올바른 것이라면, 제2장의 이 부분에 대한 롤스의 목표는 경쟁하는 이론들 사이의 대조점들을 부각시키는 것이다.

여기서 우리는 이전 논의로부터 공리주의가 갖는 몇 가지 독특한 특성들을 회상해 볼 수 있다. 우선 공리주의는 사회정의의 측면에서 문제가 되는 오직 한 가지는 행복이라는 점을 가정하고 있다. 즉 한 개인이 더 행복한가 아니면 덜 행복한가를 나타내는 등급(degree)이 중요하다. 공리주의의 관점에서 기본적 자유의 향유와 같이 우리가 관심을 가질 수 있는 다른 것들은 도구적 정당화(instrumental justification)를 반드시 거쳐야만 한다는 결론이 도출된다. 따라서 우리는 어떤 기본적 권리들이 단순히 사회적으로 유용하다는 환상 때문에 불가침적인 것이 되어야만 한다는 직관에 대해서 설명해야만 한다. 동시에 공리주의는 엄격하게 말하면 우리가 선호하는 것들의 내용들을 알지 못한다. 예를 들어, 어떤 사람들이 다른 사람들을 차별함으로써 더 행복하게 된다는 것은 문제가 되지 않는다. 이것도 역시 우리가 고려할 계산의 요소에 포함되어야만 한다. 마지막으로 엄격하게 목적론적인 이론으로서 공리주의는 행복의 총량을 사회에서 그것의 분배에 대한 관심과 무관하게 극대화할 것을 우리에게 지시하고 있다. 행복의 총량이 가능한 극대화된다면 누가 개별적인 상황에서 행복한가는 중요한 문제가 되지 못한다. 롤스는 사회정의에 관한 대안 이론(공정으로서의 정의)을 설계한 후에 그 다음 단계로 어떻게 그의 이론이 이런 문제들에 대해서 매우 다른 견해를 채택할 수 있는지를 기술하는 일에 착수하고 있다.

3.5.1 기본적 가치들(Primary goods)

앞에서 살펴본 것처럼 공리주의는 행복의 수준들이 대안적인 사회 기본 구조들 사이에서 어떤 것을 선택할 때 사용되는 관련 자료라고 가정하고 있다. 이 견해는 종종 복지국가주의(welfarism)라고 불린다. 그러나 잠시 공정으로서의 정의에 대해서 생각해 보면 그것은 이 견해를 채택하지 않는다는 사실이 명백해진다. 왜냐하면 공정으로서의 정의의 두 원칙들은 행복의 수준들은 전혀 언급하지 않기 때문이다. 그렇다면 어떤 것이 관련 자료가 될 수 있을까? 어떤 의미에서 우리는 이미 이 물음에 대한 답을 알고 있다. 제1원칙은 기본적 자유들과 관련되어 있으며 제2원칙은 다른 사회적 재화와 경제적 재화와 관련되어 있다. 앞 구절에서 롤스는 이것들이 '기본적 가치들'(primary goods)로 불린다는 점을 지적했다.[87] 아직까지 설명되지 않은 부분은 왜 롤스가 행복보다는 기본적 가치들이 사회정의를 위한 적합한 측정 규준이 되어야 한다고 믿고 있느냐는 점이다. §15에서 그는 이 물음에 대한 답변을 전개하고 있다.

우선 우리는 기본적인 가치들의 정확한 목록이 롤스의 작품들에 따라 다소 변화한다는 점을 지적해야만 하겠다. 『정의론』의 1971년 초판에서 기본적인 가치들은 "권리와 자유, 기회와 권력, 소득과 부"를 포함한다고 말해진다.[88] 개정판에서는 이를 수정해서 "권리, 자유, 그리고 기회, 그리고 소득과 부"라고 되어 있다.[89] 두 판본은 모두 다 이 논점에

---

87 J. 롤스, 『정의론』, p.62 ; 개정판 p.54.
88 J. 롤스, 『정의론』, p.92.
89 J. 롤스, 『정의론』, 개정판 p.79.

서 언급되지 않은 추가적인 기본적인 가치는 "자신의 가치감", 즉 자존
감이라고 지적하고 있다.[90] 이 가치는 나중에 제7장의 §67에서 논의되
고 있다. 거기서 롤스가 실제로 의미한 것은 자존감의 **사회적 기초**(the
social basis)라는 점이 명확하게 드러난다. 왜냐하면 사회는 결국 오직
우리의 자존감에 대한 **기초**(a basis)만을 제공해 줄 수 있기 때문이다.
다른 일들은 반드시 우리 자신이 알아서 해야만 한다. 롤스는 나중에 출
판된 논문에서 그 목록을 다음과 같이 더 세부적으로 수정했다.

(a) 첫째, 목록에 의해서 주어진 것으로서 기본적 자유

(b) 둘째, 이동의 자유와 다양한 기회를 배경으로 하는 직업선택의 자유

(c) 셋째, 권력과 책임 있는 관직과 직위의 특권, 특히 주요 정치적 제도와 경
    제적 제도에 포함된 관직과 직위

(d) 넷째, 소득과 부 그리고

(e) 마지막으로, 자존감의 사회적 기초들.[91]

후속 작품들에서 이 목록은 본질적으로 수정되지 않았기 때문에 우리
는 그것이 롤스의 최종적인 견해를 대략적으로 반영하고 있다고 간주
할 수 있다.

롤스는 기본적인 가치들은 일반적으로 적게 갖는 것보다는 많이 가
질수록 항상 더 좋은 것이 된다고 정의하고 있다. 다시 말하면 기본 가
치란 "합리적인 인간이 그가 다른 무엇을 원하든 상관없이 원한다고 생
각되는 것들이다."[92] 그는 제7장에 가서야 기본적인 가치들에 대한 자세

---

90 J. 롤스, 『정의론』, p.92; 개정판 p.79.

91 J. 롤스, "Social Unity and Primary Goods", 1982; reprinted in *Collected Papers*,
ed., Samuel Freeman, Harvard University Press, 1999, pp.362-363.

한 논의를 시작하고 있지만 이 관념의 기본적인 골자는 다음과 같다. 사람들은 종종 무엇이 중요한 것인지 또는 가치 있는 것인지에 대해서 다른 의견을 가지고 있다. 어떤 사람이 우연하게 소중하다고 생각하는 것이 주어졌을 때 자신을 위한 삶의 계획을 수립한다고 가정해 보자. 그 소중한 것이 훌륭한 의사가 되는 것일 수도 있고 신실한 그리스도인이 되는 것일 수도 있고 자신의 삶을 환경운동에 투신하는 것이 될 수도 있다. 이때 매우 일반적인 관점에서 보자면, 우리는 어떤 사람에게 좋은 것은 그가 자신을 위해서 선택한 삶의 개별적인 계획에 따라서 성공하는 데 도움이 되는 또는 성공을 가능하게 만들어 주는 것이라고 말할 수 있다. 사람들은 다양한 삶의 계획들을 가지고 있기 때문에, 다양한 것들이 사람들에게 좋은 것이 될 것이다(다시 말하면 각자는 자신에게 있어 다양한 좋음의 개념을 전개할 것이다). 이 견해는 매우 명백한 것처럼 보인다. 이제 롤스가 제기하고 싶어 하는 주장은 다음과 같다. 어떤 가치들에 있어서, **여러분의 삶의 계획이 우연하게 어떤 것이 되든지 간에,** 여러분이 그 가치들을 덜 갖기보다는 더 갖고 싶어 한다는 것이 항상 합리적인 일이 될 것이라는 주장이 단순하게 도출된다. 이 주장을 참으로 만들어 주는 가치들을 우리는 '기본적인 가치'(primary goods)라고 부를 수 있다. 물론 우리는 그 밖에 다른 (비기본적인) 가치들도 역시 가질 수 있다. 또한 그런 다른 가치들과 관련된(그리고 다른 기본적 가치들과 관련된) 기본적인 가치들의 중요성은 여러분의 개별적인 삶의 계획과 좋음에 대한 그것의 독특한 개념에 따라서 상당하게 달라질 수 있다. 그러나 여러분은 항상 다른 모든 것들이 똑같다면 기본적인 가치들을 덜 갖기보다는 더 많이 갖고 싶어 할 것이다.

---

92 J. 롤스, 『정의론』, p.92; 개정판 p.79.

왜 그래야만 할까? 가능한 반대 사례를 고려해 보자. 어떤 사람이 자선 사업에 자신의 삶을 헌신하고 싶어 한다고 가정해 보자. 이 사람은 다른 사람들보다 소득과 부를 덜 가치 있는 것으로 평가할 수 있다. 그러나 돈을 적게 가진 것보다는 많이 가지는 것이 그에게 여전히 유익한 것이 될 수 있다. 결국 그는 궁핍한 사람들에게 제공하기 위해서 더 많은 돈을 갖게 될 것이다. 그렇다면 그는 다른 모든 것들이 동일하다면 좀 더 적은 소득과 부를 갖기보다는 좀 더 많은 소득과 부를 갖는 것을 합리적으로 선호해야만 한다는 결론이 도출된다. 이것은 단순하게 소득과 부가 기본적인 가치로서 간주되는 것을 의미하는 것이라고 생각할 수 있다. 다른 사례를 살펴보자. 자신의 삶의 계획이 교조주의적인 기독교인이 되거나 그런 삶을 사는 것을 목표로 하는 사람이 있다고 가정해 보자. 이 삶의 계획은 만일 그가 다른 대안적인 종교적 견해들에 노출되지만 않는다면 가장 훌륭한 성공을 거둘 것처럼 보인다. 그렇다면 그는 더 많은 종교적 자유보다 더 **적은** 종교적 자유를 선호해야만 할까? 롤스에 따르면 정답은 아니오이다. 그 이유는 롤스의 견해에 따르면 우리는 삶의 계획들이 완벽한 정보에 의존하고 있어야 한다는 점을 합리적으로 선호하기 때문이다. 새로운 정보를 통해서 우리의 계획들을 수정할 수 있는 능력을 배제하는 것은 단순하게 비합리적인 것이 될 것이다. 심지어 교조주의적인 기독교인도 합리적으로 다른 것들이 모두 동일하다면 더 적은 종교적 자유를 갖는 것보다는 더 많은 종교적 자유를 갖는 것을 선호해야만 한다는 결론이 도출된다. 따라서 종교적 자유는 소득과 부와 마찬가지로 기본적인 가치로 간주되어야만 한다. 롤스는 결론적으로 사람들이 기본적인 가치를 좀 더 많이 가짐으로써 "일반적으로 그들의 의도를 달성하고 목적이 무엇이든 상관없이 그들의 목적을 성취함에 있어 좀 더 큰 성공을 보장할 수 있을 것이다"라고 주

장하고 있다.[93] 물론 그들이 계속해서 합리적으로 행동한다는 조건에서 말이다.[94]

이 초기 설명은 그럴듯하게 보일지라도 우리는 제공된 기본적 가치들의 목록(심지어 롤스의 후기 수정판들에서도)이 실제로 완벽한 것인가 아닌가에 대해서 의구심을 가질 수 있다(즉 우리는 자신의 삶의 계획과 무관하게 덜 갖는 것보다 더 갖는 것이 합리적인 것이 될 수 있는 추가적인 가치들이 존재하지 않는다는 점에 대해서 의구심을 가질 수 있다). 사실상 거의 확실하게 그런 가치들이 존재한다. 예를 들어, 영희와 철수가 지금까지 정의된 기본적 가치들을 동일하게 가지고 있다고 가정해 보자. 그러나 철수는 당뇨병에 걸렸고 그래서 자신의 기본적 가치의 일부를 인슐린 공급을 확보하는 데 사용해야만 한다. 우리는 그들이 똑같이 잘살고 있다고 말할 수 있을까? 아마도 그렇게 말할 수 없을 것이다. 따라서 어떤 학자들은 롤스가 수많은 인간의 기본적 기능을 다른 것들과 함께 기본적인 가치로 간주하고 있음을 제안하고 있다.[95] 이상하게도 롤스는 이 조처에 반대했다. 『정의론』의 개정판에서 롤스는 다음과 같이 그 난점을 일축하는 구절을 삽입하고 있다.

나는 모든 사람들이 정상적인 범위 내에서는 육체적 욕구와 정신적 능력을 가지기 때문에 건강 관리와 정신 능력의 문제는 발생하지 않는다고 가정할 것이다. 게다가 이런 어려운 경우들에 대한 고려는 정의론을 넘어서 있는 문

---

93 J. 롤스, 『정의론』, p.92 ; 개정판 p.79.
94 롤스는 제7장의 §§ 61–64에서(3.12절을 참조하라) '합리성으로서의 선'(goodness as rationality) 이론의 밑그림을 그리고 있다. 이 개별적인 결론들은 이 이론으로부터 도출된다고 가정된다.
95 특별히 Amartya Sen, "Equality of What?", *The Tanner Lectures on Human Values* 1, 1980, pp.197–220을 참조하라.

제들을 성급하게 끌어들이게 되기 때문에 동정과 걱정을 불러일으키는 운명을 가졌지만 우리와는 동떨어진 사람들을 생각하게 함으로써 우리의 도덕감을 분산시킬 수 있다. 정의의 첫 번째 문제는 일상생활에서 사회에 충분히 적극적으로 참여하는 이들 간의 관계에 대한 것이다.[96]

여기서 그는 우리가 좀 더 어려운 비정상적인 사례들을 다루기 전에 정상적인 사례들을 먼저 다루자고 제안하고 있는 것처럼 보인다. 당연히 이 답변은 많은 독자들을 충분하게 만족시키지 못했다. 후기 작품들에서 그는 신체장애에 대한 적절한 반응은 원초적 상황에서는 알려질 수 없는 경험적 사실들에 의존하고 있음을 제안하고 있다. 경험적 사실들은 "장애 출현율(prevalence)과 이런 종류의 불행들"과 "그들을 치료하는 비용들"을 가리킨다.[97] 그의 주장에 따르면 그런 논쟁점들은 우리가 사회 기본 구조를 규정해야만 하는 정의의 원칙들을 선택할 때까지 잠시 유보되어야 한다는 결론이 도출된다. 다시 말하면 이 논쟁점들은 롤스의 작업의 범위를 넘어선 것이다.

잠시 동안 기본적인 가치들의 목록이 만족스러운 것이라고 가정해 보자. 이제 공리주의는 문제가 되는 것이 행복이라고 주장하는 반면 공정으로서의 정의는 문제가 되는 것이 기본적 가치들의 분배 몫이라고 주장한다. 왜 한 견해가 다른 견해보다 좀 더 훌륭한 것이 되어야 할까? 롤스의 설명에 따르면 이 물음은 왜 공정으로서의 정의가 공리주의보다 더 선호되어야만 하는지에 대한 좀 더 광의적인 물음의 일부분이자 동일한 꾸러미가 되어야만 한다. 그리고 공식적인 답변은 원초적 상황

96 J. 롤스, 『정의론』, 개정판 p.83-84.
97 J. 롤스, *Political Liberalism*, Columbia University Press: New York, 1993, p.184.

의 관점으로부터만 도출되어야 한다. 다시 말하면 원초적 상황에서 무지의 베일에 가려진 합리적인 사람들은 공리주의보다는 공정으로서의 정의를 선택할 것이라는 논증의 한 측면이 사람들은 사회정의의 적절한 측정 규준으로서 행복보다는 기본적인 가치들을 선택할 것이라는 논증의 기초가 될 것이다. 롤스는, 자신의 후기 논증을 다소 예견한 듯, 사람들이 그렇게 할 것이라는 하나의 실제적인 이유는 기본적인 가치들은 아마도 행복보다는 좀 더 쉽게 측정될 수 있기 때문이라는 것을 제안하고 있다. 사회정의 이론들이 실제적인 정치적 논쟁들을 해결할 수 있다고 가정된다는 점을 회상해 보자. 그것은 사회에서 작용하는 그 이론들의 한 부분이다. 사실상 기본적 가치들은

> 오직 사람들의 처지를 그들 모두가 좀 더 선호한다고 가정되는 것과 관련지어서만 비교하겠다는 합의를 의미한다. 이것은 공적으로 승인된 객관적인 척도, 다시 말하면 합리적인 사람들이 받아들일 수 있는 공통적인 척도를 확립해 주는 가장 현실성 있는 방식으로 생각된다. 반면 사람들이 합리적인 계획을 실행함에 있어서 성공 여부로 정의된 행복을 평가하는 방식에 대해서는 이와 비슷한 합의가 존재할 수 없으며 더욱이 이러한 계획의 본질적 가치를 평가하는 방식에 대한 합의는 더 어려운 것이다.[98]

그러나 여기서 롤스는 그 자신의 주장보다 앞서 나가고 있다. 현재로서 그의 목표는 단순히 공정으로서의 정의와 공리주의의 차이를 강조하는 것이었다.

행복으로부터 기본적인 가치들로 옮겨 가는 이동은 어떤 점을 함의

---

98 J. 롤스, 『정의론』, p.95; 개정판 p.81.

하고 있을까? 여기에 몇 가지 함의점들이 존재한다. 만일 우리의 관심이 행복이라면 우리는 기본적 자유, 기회 등등의 가치를 간접적으로 설명해야만 한다. 그러나 기본적 가치들은 이와 다르다. 각각은 그 자체로 독립적인 가치를 갖는 것으로 간주된다. 만일 우리가 행복을 극대화하는 것을 목적으로 삼는다면, 우리는 사람들이 다양한 방식으로 행복하게 된다는 사실을 고려해야만 한다. 만일 어떤 사람들이 다른 사람들을 차별함으로써 행복하게 된다면, 차별이 반드시 고려되어야 하며 또한 그런 차별이 불러일으킬 수 있는 불행과 똑같이 중요한 것이어야만 한다. 만일 어떤 사람(앞에서 논의된 재벌 쾌락주의자 — 3.2절)이 물리적 재화들을 행복으로 매우 효율적으로 변화시킬 수 있다면, 그들은 이 재화들의 아주 큰 몫을 받아야만 한다. 행복을 기본적인 가치로 대체하면서 우리는 사실상 이런 종류의 정보를 무시하는 것에 찬성하게 된다. 만일 모두가 공평한 기본적인 가치들의 몫을 가지고 있다면, 우리는 사회정의의 요구들이 충족될 수 있다는 점에 동의하게 된다. 따라서 기본적 가치들은 사회정의의 물음을 바라보는 데 있어 근본적으로 다른 방식을 보여 주고 있다. 상당한 정도로, 기본적 가치들은 개인에게 자신의 삶의 계획에 따라서 자신의 행복을 찾을 수 있는 책임을 부여하는 일을 포함하게 된다.

3.5.2 정의와 연대(solidarity)

앞에서 우리는 사회가 단지 상호 간의 유익뿐만 아니라 이해관계의 상충이라는 특성을 갖는 협동 체계로서 간주될 수 있다는 관념에 대해서 논의했다. 사회 기본 구조의 다양한 배치들은 사회 내에 있는 다양한 집단들에게 다양한 정도로 유익을 가져다주기 때문에, 우리는 반드시 공평한 관점에서 이런 상충하는 이해관계를 조정하기 위해 사회정의에 관한 어떤 공적 개념을 가져야만 한다. 공리주의는 모든 사람들의 행복을 똑같은 것으로 계산하고 각 선택지에 의해서 발생되는 예상된 행복을 합산하여 그중에서 가장 큰 값을 갖는 선택지를 취함으로써 이해관계의 상충을 조정할 수 있다고 제안한다. 사실상 이것은 사회를 자신의 많은 신체 기관들 중에서 어떤 기관이 우연하게 행복을 경험하는지 전혀 관심을 가지고 있지 않은 한 개인으로 간주하는 견해를 포함하고 있다. 두 번째로 우리는 공리주의가 완벽하게 공정하지만 자비로운 외부 관망자(spectator)의 관점에서 사회를 바라보고 있다고 주장할 수도 있다. 롤스는 서두에서 "바로 이 관망자에 의해서 모든 사람들의 욕구들이 일관된 하나의 욕구 체계로 조직된다고 생각되며, 이러한 구성에 의해서 많은 사람들이 하나로 융합된다"는 점을 반영하고 있다. 관망자는 사회 외부에 존재하기 때문에 그 구성원들에 대한 어떤 특수한 개인적인 애정도 갖고 있지 않다. 오히려 이러한 사회관에 비추어 볼 때 사회 공학의 공정한 과정 속에서 "각 개인들이란 상이한 계열들로 간주되며 그것들에 따라서 권리와 의무가 할당되고 또한 욕구 만족을 위한 희귀 수단이 배분되어야 한다."[99] 이 외부 관점에서 바라보면 합리적인 정책은 반드시 선의 총합을 극대화하는 것이어야만 한다는 점이 명백하게 드러난다.

공정으로서의 정의는 사회 기본 구조에 관련된 이익의 상충을 조정하기 위해서 매우 다른 방법을 제시한다. 우리는 사회를 공평한 관망자의 관점으로 바라보기보다는 사람들이 평등한 존재로서 하나의 집단을 형성하며 또한 모든 이에게 호의적인 정의의 원칙들을 수립한다고 상상하면서 사회를 시민들 자신의 관점으로 바라보게 된다. 다시 말하면

---

99 J. 롤스, 『정의론』, p.27 ; 개정판 p.24.

평등한 시민들은 외부로부터 자신들의 사회를 바라보는 공평한 관망자가 아니기 때문에 자신들이 가치 있다고 생각하는 다양한 것들이 어떻게 분배되는지에 확실히 무관심하지 않을 것이다. 이것이 정의의 제1원칙에 반영되어 있다. 이 원칙은 비록 불평등한 분배가 더 큰 총계를 산출한다고 할지라도 기본적 자유를 평등하게 분배하라고 우리에게 지시한다. 제2원칙은 다른 사회 경제적 재화들에서 불평등을 허용하고 있지만, 그것은 오직 그러한 불평등들이 모든 사람들에게 유익을 가져다주는 한도 내에서만 허용된다. 비록 이것이 부의 총계가 일반적으로 다소 적게 발생한다는 점을 의미한다 할지라도 말이다. 이것이 바로 롤스가 의무론이라는 용어를 정의하고 있는 것처럼 공정으로서의 정의를 의무론적 이론으로 만들어 주고 있다(3.2절을 참조하라). 두 원칙들은 어떤 것도 극대화하지 않기 때문에, 우리는 때때로 공리주의를 위해서 사용된 합리성이라는 현혹될 정도로 단순한 논증에 의존할 수 없다. 공정으로서의 정의라는 논증은 좀 더 복잡하고 좀 더 간접적인 것이 되어야만 할 것이다.

그러나 제3장의 논증으로 향하기 전에 롤스는 §§ 16–17에서 공정으로서의 정의의 특성에 관한 몇 가지 세부적인 숙고점들을 제공하고 있다. 이 숙고점들은 사회정의를 평등한 시민들의 관점에서 바라보는 것은 "사회 체제를 판단하는 데 적합한 관점을 제공하기 위해서 다른 지위보다 더 기본적인 어떤 지위를" 찾아내는 것을 포함하고 있다는 견해를 표명하면서 시작한다.[100] 다시 말하면 공정으로서의 정의는 다른 이론들에 적합한 것이 될 수 있는 상당히 많은 정보 또는 자료를 원칙적으로 무시하고 있다. 예를 들어, 기본적인 가치들에 초점을 맞추면서, 우

---

100 J. 롤스, 『정의론』, p.96 ; 개정판 p.82.

리는 그런 일군의 가치들이 우연하게 한 사람을 다른 사람보다 얼마만큼 더 행복하게 만들거나 얼마만큼 덜 행복하게 만드는지에 관한 그 규모(extent)를 무시하기로 사실상 동의한 것이다. 우리는 개인의 행복이 사적인 문제라고 주장한다. 게다가 우리는 기본적인 가치의 분배를 평가하면서 개별적인 사람들의 개별적인 분배 몫을 고려하지 않고 오히려 대표자 집단들의 표본적인 분배 몫을 고려하고 있다. 우리는 기본적 자유의 경우에는 시민들을 고려하고 있으며 다른 사회적 재화와 경제적 재화의 경우에는 최소 수혜자를 고려하고 있다. 또한 우리의 초점은 사람들이 결과적으로 갖게 되는 기본적인 가치들의 분배 몫이 아니라, 사회 기본 구조에 의해 결정되는 것으로서, 사람들이 출발하면서 갖게 되는 분배 몫이다. 사회정의의 역할은 오직 우리의 **출발지위**(starting positions)가 공정한 것이라는 점을 보장하는 것이다. "일단 이러한 두 원칙이 만족되면 자유결합(free-association)의 원칙에 따른 인간의 자발적인 행위에서 유래하는 다른 불평등들은 허용된다."[101] 여기서 우리는 공정으로서의 정의가 공리주의와는 대조적으로 순수 절차적 정의라는 관념과 합체되어 있음을 알 수 있다. 좀 전에 롤스는 "공리주의란 기본 구조를 순수 절차적 정의의 체계로 해석하지 않는다"고 지적하고 있다. 그 이유는 "공리주의자는 원칙상으로 볼 때 모든 분배를, 즉 그러한 분배가 만족의 최대 순수 잔여량을 산출하는지를 판단할 독립적인 기준을 갖고 있기 때문이다."[102] 다시 말하면, 모든 사람들의 선호도에 대해서 충분한 정보가 주어진다면 우리는 행복의 총계를 극대화할 재화들의 정확한 할당을 미리 계산할 수 있어야만 한다. 사람들이 자발적으

---

101 J. 롤스, 『정의론』, p.96 ; 개정판 p.82.
102 J. 롤스, 『정의론』, p.89 ; 개정판 p.77.

로 이 정형(pattern)을 스스로 결정할 것이라는 아무런 보증도 없기 때문에, 그 정형을 유지하기 위해서 계속적인 조정과 개입이 요구될 것이다. 그렇다면 이를 성취하기 위해서 우리가 수립해야 할 절차들은 희망하는 정형을 산출할 수 있는 그것들의 효율성에 근거해서 한편으로 완전한 절차적 정의를 다른 한편으로는 불완전한 절차적 정의를 예시해 줄 것이다. 이것이 롤스에 따르면 이론들의 중요한 차이를 나타내 준다.

공리주의와는 대조적으로 공정으로서의 정의는 우리의 출발지위의 결정과 관련된 사회 기본 구조의 역할에 초점을 맞추고 있다. 그것은 우리가 개인적으로 우리의 초기 재능들에 대해서 보상받을 만한 가치가 있다거나 또는 가치가 없다고 말해질 수 없다는 생각을 반영하고 있다. 롤스는 재능이나 능력의 "자연적 분배는 정의롭다거나 부정의하다고 할 수 없으며, 또한 사람이 위계질서의 계급 사회에서 어떤 특정한 지위를 가지고 태어나는 것도 부정의하다고 볼 수 없다"고 주장한다.

> 이것은 단지 자연적인 사실(natural fact)에 불과하다. 무엇이 정의로운 것이고 부정의한 것인가는 제도가 그런 사실들을 다루는 방식이다. [예를 들어] 귀족 사회나 계급 사회가 부정의한 이유는 그러한 사회가 이러한 우연성을 다소 폐쇄적이고 특권을 가진 사회 계급들에 속하게 되는 귀속 근거로 삼기 때문이다. 이들 사회의 기본 구조는 자연에서 발견되는 임의성(arbitrariness)을 포함하고 있다.[103]

이 자연적 사실들은 그 자체로 정의로운 것도 부정의한 것도 아니기 때문에, 공정으로서의 정의의 목표는 그것들을 제거하는 것이 아니다. 오

---

103 J. 롤스, 『정의론』, p.102 ; 개정판 p.87-88.

히려 그것의 목표는 "이런 우연성이 최소 수혜자의 선을 위해서 작용할 수 있도록" 사회 기본 구조를 편성하는 것이다.[104] 이것이 정확하게 정의의 제2원칙의 역할이며 특별히 차등의 원칙의 역할이다. 1971년의 『정의론』 초판에서 롤스는 다음과 같이 주장하고 있다. "차등의 원칙은 **결국 자연적 재능의 분배를 공동의 자산(common asset)으로 생각하고 그 결과에 상관없이 이러한 분배가 주는 이익을 함께 공유하는 데** 합의한다는 것을 의미한다."[105] 이제 이 표현은 명확하게 오해할 소지를 남겨 두고 있다. 그는 예를 들어 영희가 가진 자연적인 음악적 재능이 그녀에게 속한 것이 아니라 사회에 속해 있기 때문에 그녀는 자신의 재능을 통해서 산출하는 결과가 무엇이든 그것을 누릴 자격이 없다고 생각하는 것처럼 보일 수 있다. 이것은 롤스가 주장하려고 했던 바가 전혀 아니다. 『정의론』 개정판에서 그는 다음과 같이 이 생각을 명료화하려고 노력하고 있다. "차등의 원칙은 결국 자연적 재능의 분배를 **어떤 측면에서** 공동의 자산으로 생각하고 **이 분배의 상보성(the complementarities)에 의해서 가능하게 된 더 큰 사회적 이익과 경제적 이익을 함께 공유하는 데** 합의한다는 것을 의미한다."[106] 그의 논점은, 여전히 개정판 본문에 다소 불명확한 부분이 있을지라도, 사회가 그 구성원들의 재능을 소유하고 있다는 것이 아니라, 오히려 철수의 재능과 다른 영희의 재능의(또는 미애의 재능과 다른 철수의 재능의 등등) 우연성(happenstance)은 그 자체로 협력을 통해서 모든 사람들에게 이익이 될 수 있는 것이라는 점이다. 다시 말하면 사회가 다양한 재능과 능력을 갖춘 다양한 사람들을 포함하고 있다는 사실로부터 우리 모두가 이익을 얻을 수 있다. 따라서

104 J. 롤스, 『정의론』, p.102: 개정판 p.87.
105 J. 롤스, 『정의론』, p.101. 강조는 필자가 추가함.
106 J. 롤스, 『정의론』, p.87. 강조는 필자가 추가함.

몇 가지 이익들이 특별히 최소 수혜자들에게 흘러 내려가는 것이 유일하게 공정한 것처럼 보인다. 이것이 차등의 원칙이 확보해야 한다고 간주되는 것이다.

이 논점을 좀 더 확장시켜 보면, 공정으로서의 정의는 사회를 일종의 공동 기업(common enterprise)으로 간주하는 점을 포함하고 있다. 그 기업에서 우리 모두는 어떤 부담과 위험을 공유하는 데 합의하고 있지만 동시에 우리 모두는 각자가 요구하는 공유의 범위에 명확한 한계를 설정하는 데 합의하고 있다. 두 번째 견해는 특별히 정의의 제1원칙에 표현되어 있고 첫 번째 견해는 제2원칙에 표현되어 있다. 공동 기업으로서 사회라는 관념은 거의 틀림없이 『정의론』에서 가장 중요한 밑바탕이 되는 가정들 중의 하나이다.

이것이 공정으로서의 정의에 관한 롤스의 기술과 특징 짓기의 결론이다. 그것은 공리주의보다 훨씬 더 복잡한 사회정의론이기 때문에, 그것은 설명하는 일에 상당하게 좀 더 많은 노력을 요구하고 있으며 그 논증을 따라가면서 수많은 전문적인 세부사항들과 관련해서 우리는 혼란에 빠지게 된다. 그러나 이 첫 번째 임무는 완수되었다. 롤스는 마침내 두 번째 중요한 임무로 이동할 준비가 되어 있다. 즉 그는 공정으로서의 정의가 반드시 공리주의보다 더 선호되어야만 한다는 논증을 제시하고 있다.

연구를 위한 물음들

1. 기본적 가치들에 대한 롤스의 목록은 한 사람이 자신의 삶의 계획 또는 관련된 선의 개념과 무관하게 합리적으로 덜 갖기보다는 더 갖고 싶어 해야만 하는 일련의 가치들을 정확하게 포착하고 있는가?
2. 정의에 관한 논쟁들을 해결함에 있어 기본적 가치들에 의해서 포착

된 제한된 정보에 의존하는 것이 좋은 것일까? 아니면 한 사람이 기본적 가치들 중에 자신의 몫을 통해서 성취할 수 있는 행복의 양도 역시 중요한 것일까?

3.6 원초적 상황 (§§ 20, 22, 24-25)

공정으로서의 정의에 관한 원초적 논증은 주로 『정의론』의 제3장에 등장한다. 불행하게도 앞선 두 장보다도 훨씬 더 규모가 큰 논증이지만 롤스는 가장 자연스럽고 연속적인 추론들과 유사한 순서에 따라 자신의 논증을 제시하고 있지 않다. 따라서 우리는 다소 본문을 건너뛰어 다닐 수밖에 없게 되었다. 우선 이 장의 제1절(§ 20)부터 출발해 보자. 여기서 롤스는 공정으로서의 정의의 논증이 취해야 된다고 간주되는 형식을 재검토하고 있다.

모든 사회들은 필연적으로 어떻게 구성원들의 활동들이 조정되고 또한 어떻게 협동의 다양한 이익들과 부담들이 구성원들 사이에 분배되어야 하는지를 결정하는 사회 기본 구조를 반드시 가져야만 한다. 어떤 사회 기본 구조가 가장 좋은 것일까? 불행하게도, "아무도 자신이 원하는 모든 것을 얻을 수 없기 때문에" 사람들은 다투는 경향이 있다. 우리는 "누구에게나 절대적 최선은 그 결과가 무엇이든지 간에 자신의 선 개념을 증진하는 일에 다른 모든 사람들이 동참해 주는 일이다. 하지만 타인들이 이러한 결합 조건에 결코 동의하지 않을 것이다"라고 가정해 볼 수 있다.[107] 어떤 사회 기본 구조들은 이런 또는 저런 특별한 수혜자

---

[107] J. 롤스, 『정의론』, p.119; 개정판 p.103.

집단의 이익을 위해서 사회에 강제로 부과될 수 있다. 그러나 확실히 우리는 그런 사회를 정의로운 사회라고 생각하지 않을 것이다. 그 대신 사회의 모든 구성원들이 함께 모여서 자신들의 사회 기본 구조의 설계를 이끌어 갈 일련의 상호 수용 가능한 일반원칙들(사회정의의 원칙들)을 수립하려고 노력한다고 가정해 보자. 자연스럽게 우리는 이 모임의 각 참여자들이 충분한 정보를 갖고 있다는 점, 그들이 논쟁점들을 이성적으로 고찰하고 있다는 점, 그리고 그들은 서로 공정하고 평등한 조건에서 협상하고 있다는 점을 보장받기를 원하게 될 것이다. 우리가 아래에서 좀 더 자세하게 살펴볼 이 다양한 절차적 조건들은 롤스가 '원초적 상황'(original position)이라고 부르는 것에 요약되어 있다. 어떤 종류의 원칙들에 사람들은 원초적 상황에서 동의하게 될까? 롤스에 따르면 그들은 공리주의를 거부하고 공정으로서의 정의를 승인하게 될 것이다. 이것은 롤스의 견해에 따르면 공정으로서의 정의가 더 훌륭한 사회정의론을 나타낸다는 점을 증명하고 있다. 그것은 자유롭고 평등한 시민들이, 그런 선택을 내릴 수 있는 공정한 조건들이 주어진다면, 자신들을 위해서 선택하게 될 이론이다. 따라서 그 기본 구조가 공정으로서의 정의의 원칙들과 일치하는 사회는 어떤 관점에서 보면 자발적인 사회(a voluntaristic society)로 기술될 수 있다. 이것이 대략적으로 공정으로서의 정의의 논증이 어떻게 전개되어야 하는지를 보여 주고 있다.

이제 원초적 상황은 오직 사유실험에 불과하다는 점을 기억하는 일이 중요하다. 우리는 이 논증의 성공이 어떤 실제적인 사람들의 집단이 진짜 원초적 상황과 같은 곳에 살았다(또는 살았을 수도 있다)는 점에 달려 있다고 가정해서는 안 된다. 오히려 원초적 상황 논증은 공정한 의사 결정 과정의 이상적인 모델을 나타내고 있다. 롤스는 여기서 이를 명백하게 경제학에서 발견되는 일종의 표준 모델과 대비하고 있다.[108] 경제학 모델들은 일군의 단순화된 초기 조건들(starting conditions)을 가지고 출발한다. 그리고 그것들은 모든 경제적 행위자들이 자신들의 개인적인 복지를 극대화하기 위해서 행동한다는 이상적인 가정하에서 작동하면서 예를 들어 균형가격(equilibrium prices)이 무엇이 될지에 관한 결론들을 도출한다. 심지어는 실제 시장에서 실제 가격들이 모델에서 예측된 가격들과 일치하지 않는 경우에도 그 모델은 매우 유용한 것이라고 판명될 수 있다. 예를 들어 그것은 왜 실제 가격들이 그 모델이 예측하고 있는 가격들과 다른지를 우리로 하여금 이해할 수 있도록 도와준다. 아마도 어떤 경제 행위자들이 비합리적으로 행동한다거나 또는 아마도 가격들을 왜곡하는 다양한 시장의 결함들이 존재할 수도 있을 것이다. 대략 동일한 방식으로 롤스는 합리적인 사람들이 원초적 상황에서 동의하게 될 사회정의의 원칙들에 관한 결론들을 도출할 수 있기를 희망하고 있다. 심지어 실제 사회들이 이 원칙들에 부합되지 못한다고 할지라도 원초적 상황 모델은 왜 그것들이 실패하게 되었는지를 우리가 이해할 수 있도록 도와줄 것이다. 아마도 권력자들이 강제적으로 어떤 사회 기본 원리를 사회에 부과했을 수도 있고 또는 아마도 정의에 관한 사람들의 판단들이 부적절한 편견을 포함하고 있을 수도 있을 것이다.

이 모델의 제작 연습을 수행하면서 롤스는 우리가 "그 이름이 함의하고 있는 모든 엄밀함을 통해서 일종의 도덕 기하학(moral geometry)을 수립하려고 노력해야 한다"고 주장한다. 물론 그는 수많은 도덕적인 문제와 정치적 문제의 복잡성 때문에 실제적인 논의가 "이에 크게 미치지 못하는 점이 있다"고 고백하지만 그럼에도 "우리가 성취하고자 하는 이

---

108 J. 롤스, 『정의론』, p.119-120 ; 개정판 p.103.

상을 염두에 두는 것은 중요한 일이다"라고 주장한다.[109] 왜 롤스는 자신의 이상으로서 연역적이며 기하학적인 엄밀성을 제시하고 있을까? 직관주의에 대한 우리의 앞선 논의로부터, 우리는 신뢰할 수 없는 기본적인 도덕 직관들에 대한 의존도를 가능하면 많이 줄이고 싶어 하는 중요한 이유를 가지고 있다는 점을 상기해 보자. 원초적 상황 모델은 도덕적 판단을 어디서나 가능한 타산적 판단(prudential judgment — 합리적인 사람들이 자신들의 미래의 이익을 위해서 동의하게 되는 것에 대한 판단)으로 대체함으로써 이를 성취하려고 노력한다. 만일 우리가 원초적 상황 모델을 세분화된 입력 자료들을 받아들이고 기계적으로 그것들을 사회적 정의의 원칙들로 전환시키는 일종의 계산기로 생각한다면, 우리는 오직 두 종류의 비교적 논란의 여지가 없는 직관들에만 의존하면 될 것이다. 첫 번째는 어떤 협상 조건들이 공정한 것인가에 대한 우리의 직관들이다. 두 번째는 무엇이 사회정의에 관한 수용할 만한 이론에 해당하는가에 관한 우리의 숙고된 판단들이다. 예를 들어, 어떤 수용할 만한 이론에서 종교적 무관용과 인종차별은 부정의한 것으로 반드시 간주되어야 한다. 그렇다면 이 관념은 공정한 협상 조건들이라고 간주되는 것으로부터 시작해야만 한다. 또한 그것은 그렇게 규정된 모델에 의해서 형성된 사회정의의 원칙들이 우리의 숙고된 판단들과 일치하는지를 검토해야만 한다. 만일 일치하지 않는다면, 우리는 그 조건들을 아니면 우리의 판단들을 아니면 둘 모두를 조금 조정해야 하고 그러한 수많은 조정들을 거쳐 결과적으로 우리가 반성적 평형(reflective equilibrium)에 도달할 때까지 그 연습을 반복해야만 할 것이다. 앞에서 논의됐던 것을 다시 반복하면서 롤스는 자신의 책에서 이 긴 과정을

---

109 J. 롤스, 『정의론』, p.121 ; 개정판 p.105.

실제로 설명하기보다는 그 자신이 생각하기에 그 결과들로 드러나는 것을 보고하고 있다.

3.6.1 무지의 베일

그렇다면 롤스가 원초적 상황이라고 부르는 것의 특징을 묘사하는 조건들인 공정한 협상조건들에 대한 우리의 관념으로부터 출발해 보자. 롤스는 "원초적 상황이라는 관념은 거기에서 합의된 어떤 원칙이 정의로운 것이 되게 하는 공정한 절차를 설정하기 위한 것이다"라고 주장한다.[110] 우리가 이 관계를 유지하기 위해서 기대할 수 있는 원초적 상황은 무엇이 될 수 있을까? 원초적 상황에서 몇몇 당사자들이 다른 사람들에게 사회에서 위험하고 불쾌한 모든 노동을 수행하도록 그들을 운명 짓는 원칙들을 받아들이라고 강요할 수 있는 권력을 가지고 있는 경우를 가정해 보자. 예를 들어 그런 합의에 동의하라고 총으로 위협을 당할 때 우리는 이 묵인 때문에 그 협상을 정의로운 것으로 간주하지 않을 것이라는 점은 합리적인 판단이 될 수 있다. 이것은 오직 무엇이 명백한지를 보여 주고 있을 뿐이다. 즉 협상은 강제력(coercive force)의 사용이 허용될 경우 공정한 것으로 간주될 수 없다는 점이다. 만일 원초적 상황이 완벽하게 공정한 협상의 조건들의 모델을 제작하는 것으로 간주된다면, 우리는 강압(force)의 사용을 배제해야만 한다. 이와 유사한 이유에 따라 우리는 속임수(deception)도 배제해야만 한다. 만일 어떤 사람이 다른 사람들을 속이는 것이 허용된다면, 우리는 결과로 도출되는 합의가 필연적으로 정의를 나타내고 있다는 점을 신뢰할 만한 아무런 이유를 갖지 못할 것이다. 롤스가 제시하고 있듯이, 만일 "원초적 상황에서 정

---

110 J. 롤스, 『정의론』, p.136; 개정판 p.118.

의로운 합의가 생겨나려면, 그 당사자들은 공정한 처지에 있어야 되고 도덕적 인격으로서 평등한 대우를 받아야 할 것이다."[111]

　이 두 가지 요구사항들은 공정한 계약 교섭에 관한 우리의 일상적인 관념에 따르면 완벽하게 친숙한 것이다. 사람들은 아무도 오직 그들이 강요를 당하거나 또는 속임수에 넘어갔기 때문에 그들이 동의한 계약을 지켜야만 한다고 생각하지 않을 것이다. 참으로 강압과 속임수(fraud)의 배제는 너무 명백한 것이기 때문에 롤스는 그것들에 대해서 거의 언급하지 않고 있다. 그 대신 그는 §24에서 대부분의 시간을 그가 '무지의 베일'이라고 부르는 더 세부적인 제한사항을 논의하는 데 할애하고 있다. 이 제한사항은 언뜻 보기에 이상하고 비현실적인 것처럼 보일 수 있을지라도, 그것이 단순히 동일한 사유의 기본 노선의 연장이라는 점을 인식하는 일이 중요하다. 우리는 **만일** 합리적인 사람들이 원초적 상황에서 무지의 베일 뒤에 위치하게 된다면 그들은 어떤 것들에 동의하게 될지를 상상하면서, 우리는 **만일** 그런 협상들이 가장 공정한 있음직한 조건들 아래에서 이뤄지게 된다면 그 협상들의 있음직한 결과가 무엇이 될지를 스스로 물어볼 수 있을 것이다. 완전하게 합리적인 사람들이 완벽하게 공정한 조건들 아래에서 동의하게 될 것이 무엇이든지 그것은 정의의 표본임에 틀림없다.

　그렇다면 무지의 베일이란 무엇일까? 롤스는 참여자들이 자신들에 대해서 어떤 사실들을 알고 있지 못할 때 사회정의에 대한 숙고들은 실제적으로 공정한 것이 될 것이라고 생각한다. 그는 특별히 우리는 "각자가 사회에서 자신의 지위나 계층 또는 사회적 직위를 알지 못한다"는 점을 상상해야만 한다고 주장한다. 다시 말하면 원초적 상황의 참여자

111 J. 롤스, 『정의론』, p.141 ; 개정판 p.122.

들은 그들이 부자인지 가난한 자인지, 흑인인지 백인인지, 남자인지 여자인지 등등에 대한 지식을 가지는 것을 허용해서는 안 된다. 게다가 각자는 "자연적 자산과 능력의 분배와 관련된 자신의 운수를 모른다." 즉 그들이 음악적 재능을 갖고 태어나는지, 홈런을 강타할 수 있는 재능을 갖고 태어나는지 또는 심지어 그들이 어떤 주목할 만한 특별한 재능을 갖고 태어나는지를 알 수 없다. 세 번째로 각자는 "자신의 선 개념, 또는 자신의 합리적인 인생 계획의 개별사항들을 알지 못한다." 각자는 재능 있는 의사, 아니면 훌륭한 기독교인, 아니면 환경운동가 등등이 되고 싶어 하는지 모른다. 우리는 이 목록에 단지 이것들과 같은 선에 관한 모두가 동의할 수 있는 개념들뿐만 아니라 도덕적으로 의심스러운 개념들도 포함시켜야만 한다는 점에 주목하자. 예를 들어, 어떤 사람들은 소수자나 여자나 다른 종교적 신앙을 가진 사람들을 차별하고 압제함으로써 쾌락을 얻는다. 모든 사회들에는 몇몇 그런 사람들이 있기 때문에 우리는 그들도 또한 원초적 상황에 참여하게 될 것이라는 점을 가정해야만 한다. 그러나 중요하게도 그들은 자신들이 이런 종류의 선호를 가지고 있는지 아는 것이 허용되지 않을 것이다. 네 번째이자 마지막으로 무지의 베일에서 참여자들은 "그들 자신의 사회가 가진 특수 사정도 모른다고 가정된다. 다시 말하면 그들은 그 사회의 경제적·정치적 상황이나 그것이 지금까지 이룩해 온 문명이나 문화의 수준도 모르고 있다."[112] 비록 롤스는 이것을 특별하게 언급하고 있지 않을지라도, 관련된 '특수 사정'(particular circumstances)은 여기서 선 개념들의 분배에 관한 지식을 포함하고 있다. 즉 그 지식은 얼마나 많은 사람들이 기독교를 믿으며, 얼마나 많은 사람들이 환경운동가가 되는가 등등이다.

---

112 J. 롤스, 『정의론』, p.137; 개정판 p.118.

비록 아마도 이것은 처음에는 당혹스러운 것이 될 수 있을지라도 이 각각의 제한사항들의 이론적 근거는 주의 깊은 반성을 거친 후에 매우 명확한 것이 되어야만 한다. 만일 내가 백인이거나 남자라는 점을 알고 있다면, 나는 백인 또는 남자에게 유리한 원칙들을 선호하게 될 수 있다. 그러나 만일 내가 이런 사실들을 알고 있지 않다면, 내가 그렇게 선호할 이유가 없다. 따라서 무지의 베일의 논점은 우리로 하여금 공정한 관점에서 사회정의의 문제를 생각하도록 만드는 것이다. 무지의 베일은 어떤 의미에서 우리가 제1장에서 논의했던 칸트의 도덕 철학의 정신을 구현하고 있다. 롤스는 나중에 자신의 책에서 이 논점을 다루고 있기 때문에 우리는 그때 가서 다시 논의할 것이다.

그러나 이 단계에서 우리는 다음과 같은 점에 의아하게 될 것이다. 만일 그렇게 많은 정보들이 원초적 상황에 참여한 당사자들에게 숨겨져 있다면, 그들은 무엇을 숙고한다고 가정할 수 있을까? 논의를 위한 수많은 것들이 존재한다. 무지의 베일이 오직 **특수한**(particular) 사실들에 관한 지식만을 감추고 있기 때문에 우리는 원초적 상황의 참여자들이 수많은 관련된 **일반적**(general) 사실들을 완전하게 인식하고 있다고 추론할 수 있다. 롤스가 논의하고 있는 일반적 사실들의 첫 번째 그룹은 그가 '정의의 여건'(the circumstances of justice)이라고 부르는 것이다. 앞선 수많은 경우들에서, 우리는 사회가 이해관계의 상충과 일치라는 특징을 갖는 상호 협동 체계로서 간주될 수 있다는 관념에 대해서 논의해 왔다. 롤스는 §22의 서두에서 다음과 같이 우리에게 다시 이 점을 일깨워 주고 있다.

각자가 오직 혼자만의 노력으로 살려고 할때 영위하는 삶보다 사회적인 협동이 모두에게 더 나은 삶을 만들어 주기 때문에 이해의 일치가 존재하게 된다.

그러나 사람들은 자신들의 목적을 추구하기 위해 작은 몫보다는 큰 몫을 선택할 것이기 때문에 협동에 의해 산출된 좀 더 큰 이익의 분배 방식에 관심을 갖게 되므로 이해의 상충이 있게 된다.[113]

이제 정의의 여건은 단순히 모든 사회에서 동시에 이해관계 일치와 상충을 불러일으키는 세계에 관한 일반적인 사실들이다.

이 사실들 중에 어떤 것은 객관적인 것이다. 인간은 항상 공격에 취약하기 때문에, 모든 사람들이 공동 방어를 위해서 함께 단결하는 것이 모두에게 이익이 된다. 수많은 가치 있는 계획들과 시도들은 협동을 요구하기 때문에, 각 사람의 노력들과 활동들을 조정하는 어떤 방법을 갖는 것이 모두에게 이익이 된다. 동시에 안타깝게도 토지와 지하자원들은 모든 사람들이 원하는 만큼 소유할 수 있도록 풍부하지 못하다. 따라서 우리는 어떻게 협동의 다양한 혜택들과 부담들이 분배되어야만 하는지 결정을 내려야만 한다.

그러나 정의의 여건은 또한 어떤 주관적인 사실들을 포함하고 있다. 비록 모든 사람들이 사회적 협동으로부터 이익을 얻는다는 점이 사실일지라도 다른 사람들은 "그러면서도 그들 자신의 인생 계획을 가져야 한다. 이러한 계획은 그들로 하여금 서로 다른 목적과 목표를 갖게 하며 이용 가능한 천연자원이나 사회적 자원에 대해서도 상충되는 요구를 하게 만든다."[114] 여기서 롤스는 사람들이 필연적으로 이기적이거나 또는 자기 중심적이라고, 즉 항상 다른 사람들을 희생시키면서 자신들의 이익을 더 많이 추구하는 경향을 갖는다고 주장하는 것이 아니라는 점

---

113 J. 롤스, 『정의론』, p.126; 개정판 p.109.
114 J. 롤스, 『정의론』, p.127; 개정판 p.110.

을 깨닫는 것이 매우 중요하다. 확실히 이것은 어떤 사람들에게는 해당
되는 사항이지만 지금 논의되고 있는 논증과는 아무 관련이 없다. 논점
은 오히려 사람들이 선에 관한 다른 개념들에 기초해서 필연적으로 **다
른** 삶의 계획들을 가지게 될 것이라는 점이다. 만일 한 사람이 환경 보
존을 장려하려는 목적을 가지고 있는 반면 다른 사람은 빈곤을 줄이려
는 목적을 가지고 있다면, 비록 그 누구도 다른 사람들을 희생시키면서
자신의 개인적인 복지를 늘리려는 목적을 갖지 않을지라도 그 두 사람
들은 동일한 희소 자원들에 대해서 경쟁하는 주장을 하게 될 것이다. 심
지어 완벽하게 자애로운 목적들도 서로 상충할 수 있다. 따라서 우리는
사람들이 정의의 여건에서 선에 관한 서로 다르고 그리고 잠재적으로
경쟁하는 개념들을 가지고 있다는 주관적 사실을 반드시 포함시켜야만
한다.

이것들은 인간이란 조건의 본성에 관한 특수한 사실이 아니라 일반
적인 사실이기 때문에, 롤스는 우리가 "원초적 상황에 있는 사람들은
물론 이러한 정의의 여건이 성립함을 알고 있다"고 가정할 수 있다고
주장한다.[115] 다시 말하면, 비록 원초적 상황의 당사자들은 자신들의 사
회의 특수한 특성들을 알고 있지 못하지만, 그들은 일반적으로 사회적
협동이 상호 이익이 된다는 사실을 알고 있다. 비록 그들은 자신들의 특
수한 사회가 자원들과 발전의 측면에서 얼마나 상태가 좋은지를 알지
못하지만, 희소성이라는 조건이 필연적으로 적절하게 적용된다는 점을
알고 있다. 또한 비록 참여자 각자가 자신의 특수한 삶의 계획 또는 선
개념이 무엇이 될지 알지 못하지만, 각자가 그런 선 개념을 가지고 있으
며 또한 모든 사회는 필연적으로 다양한 선 개념들을 포용하고 있다는

---

115 J. 롤스, 『정의론』, p.128; 개정판 p.111.

점을 알고 있다.

다른 수많은 관련된 일반적 사실들은 무지의 베일에 감춰져 있지 않다. 참으로, "당사자들은 정의의 원칙들을 선택하는 데 영향을 줄 수 있는 모든 일반적 사실들을 무제한적으로 알고 있다고 가정된다."[116] 예를 들어, 비록 원초적 상황의 당사자들은 재능 또는 능력을 부여하는 자연적 추첨을 통해서 자신들의 특수한 운명이 무엇이 될지 모르지만, 그들은 인간이 일반적으로 수많은 다양한 재능과 능력을 가지고 있다는 점과 또한 전체로서 사회는 그것들이 계발되고 그리고 그것들의 사용이 조정될 때 이익을 얻을 수 있다는 점을 알고 있다. 참으로 우리는 참여자들이 모든 경제학, 사회학, 심리학과 자신들의 의사결정에 연관될 수 있는 자연 과학에 완전한 접근권을 가지고 있다고 가정해야만 한다.[117] 만일 원초적 상황에서 알려진 것과 알려지지 않은 것 사이의 차이가 때때로 임의적인 것처럼 보인다면, 우리는 단지 모델 제작 연습에 관한 전체적인 관점만을 상기할 필요가 있다. 우리의 목표는 사회정의에 관한 가장 있음직한 개념을 도출하는 것이다. 일반적으로 우리는 정보가 결과들에 편향적으로 영향을 미치는 경우를 제외하고 더 많은 정보가 적은 정보보다 훨씬 좋은 것이라고 가정해야만 한다. 무지의 베일의 역할은 단순히 유용한 정보를 통과시키고 편견을 갖게 만드는 정보를 차단하는 것이다.

3.6.2 당사자들의 합리성
지금까지 우리는 오직 원초적 상황에서 제시되는 협상의 조건들에 대

---

116 J. 롤스, 『정의론』, p.137; 개정판 p.119.
117 J. 롤스, 『정의론』, p.158-159; 개정판 p.137.

해서만 논의했다. 협상 당사자들은 어떻게 처리해야 할까? 우리는 그들
이 어떠해야 한다고 생각하는가? 여기서 다시 롤스는 우리들에게 주로
§§ 22와 25에서 논의되고 있는 수많은 모델 제작의 가정들을 제시하고
있다. 첫 번째는 우리가 "원초적 상황에 있는 자들이 합리적이다"라는
점을 가정해야만 한다는 것이다. 그는 이 말이 "원칙을 선택함에 있어
각자는 가능한 한 최선을 다해서 자신의 이해를 증진하려고 노력한다"
는 점을 의미한다고 생각한다.[118] 이제 여기서 한 가지 물음이 제기될 수
있다. 사람들은 어떻게 그렇게 할 수 있을까? 만일 원초적 상황의 당사
자들이 자신들의 특수한 선 개념들을 알지 못한다면, 어떻게 그들은 무
엇이 자신들의 이해를 증진하고 또 어떤 것이 그렇게 하지 못한다는 점
을 알 수 있을까? 그 해답은 앞에서 기본적 가치라는 관념과 편리하게
연결된다는 점에 의해서 밝혀진다. 기본적 가치는 단순히 합리적인 사
람이 자신의 선 개념이 무엇이 되든지 간에 갖고 싶어 하는 것이라고 우
리가 가정할 수 있는 것들로 정의된다. 따라서 심지어 합리적인 사람이
무지의 베일에 가려진 원초적 상황에 놓여 있을 때조차도 그는 "적은
것보다는 좀 더 많은 사회적 가치를 택하게 될 것이다."[119] 이것이 롤스
가 어떻게 자신의 이론의 다양한 부분들이 서로 조합되고 보충되고 있
는지를 주의 깊게 확증하고 있는지 보여 주는 훌륭한 사례이다.

　　두 가지 선택지들이 주어진다면, 우리는 원초적 상황에 있는 사람들
이 비록 그들은 자신들의 특수한 선 개념을 알지 못한다고 할지라도, 다
른 것들이 동일하다면, 항상 기본적 가치가 적은 선택지보다는 더 많은
선택지를 선택하게 될 것이라는 점을 가정해야만 한다. 이것이 바로 롤

---

118 J. 롤스, 『정의론』, p.142 ; 개정판에서 이 구절은 생략됨.
119 J. 롤스, 『정의론』, p.142 ; 개정판 p.123.

스가 '당사자들의 합리성'(the rationality of the parties)이라는 말을 통해서 의미하고 있는 첫 번째 사항이다. 그러나 그는 여기서 멈추지 않는다. 좀 더 나아가서 그는 우리가 당사자들은 **엄격하게**(strictly) 합리적인 존재라고 불릴 수 있는 것으로 간주해야 한다고 주장하고 있다. 엄격하게 합리적인 개인은 '상호 무관심한'(mutually disinterested) 존재이다. 그는 "당사자들은 상호 간에 이익을 주려고 하거나 손상을 끼치려 하지도 않는다. … 경기로 비유하자면 우리는 그들이 다른 선수들의 점수와는 무관하게 가능한 절대적으로 높은 점수를 얻으려 노력한다고 말할 수 있다."[120] 우리는 도표 3.6의 도움으로 이 가정의 중요성을 쉽게 파악할 수 있다.

	기본적 가치의 몫			
	I	II	III	IV
영희	10	15	20	25
철수	10	15	15	10

도표 3.6

　만일 우리는 철수가 합리적이라고 가정한다면, 그는 선택지 I보다는 선택지 II를 선호할 것이라는 점은 명백하다. 왜냐하면 영희와 철수가 II에서는 더 많은 기본적 가치를 가지고 있다는 점을 제외하고 I과 II 사이에는 아무런 차이가 없기 때문이다. 좀 더 흥미로운 물음은 철수가 선택지 I보다 선택지 III을 선호할 것인지에 관한 것이다. 만일 그가 시기

---

120 J. 롤스, 『정의론』, p.144; 개정판 p.125.

심이 있다면, 그는 III을 선택하지 않을 것이다. 그 경우 만일 영희가 자신보다 더 큰 꾸러미를 갖지 않는다면, 그는 스스로 더 작은 꾸러미를 받아들일 수 있을 것이다. 롤스는 엄격하게 "합리적인 개인은 시기심에 좌우되지 않는다. 그는 다른 사람이 오직 적게 가질 경우에만 자신의 손실을 선뜻 받아들이려는 그러한 자가 아니다"라는 가정을 택하고 있다.[121] 이제 시기심의 정반대는 이타주의이다. 철수는 선택지 II 또는 III보다 선택지 IV를 선호하게 될까? 만일 그가 충분하게 이타적인 사람이라면, 그는 그렇게 할 수 있을 것이다. 그런 경우 그는 자신을 위해서 더 작은 꾸러미를 선택하고 영희는 더 큰 꾸러미를 갖게 될 것이다. 롤스의 견해에 따르면, 엄격하게 합리적인 개인은 이런 방식으로 생각하지 않을 것이다. 철수는 단지 영희가 더 많은 것을 갖지 못하도록 자신이 손실을 받아들여서는 안 되는 것처럼, 그는 단지 영희가 더 많은 것을 갖도록 보장하기 위해서 자신이 손실을 받아들여서도 안 된다. 그가 염려해야 할 것은 자신에게 주어진 기본적 가치의 꾸러미를 극대화하는 것이다. 다른 말로 표현하면, 우리는 롤스가 원초적 상황의 당사자들은 타인과 관련된 선호가 아니라 오직 자신과 관련된 선호만을 가져야 한다는 점을 가정하고 있다고 말할 수 있다.

　상호 무관심(mutual disinterest) 가정의 두 측면들은 모두 비록 정반대 이유라고 하지만 많은 독자들에게 문제가 있는 것으로 보일 것이다. 시기심의 배제는 비록 시기심이 비합리적인 것이긴 하지만 사람들은 시기심을 경험하지 않는다고 가정하는 것은 비현실적인 것이기 때문에 문제가 된다. 이타심의 배제는 비록 많은 사람들이 종종 이타적이지 않을지라도, 확실히 이타적인 사람이 되는 것은 비합리적인 것이 아니기

---

121 J. 롤스, 『정의론』, p.143 ; 개정판 p.124.

때문에 문제가 된다. 그렇다면 왜 롤스는 상호 무관심을 주장하고 있는 걸까? 그것은 인간의 본성에 관한 롤스의 견해와 하등의 관련이 없다. 오히려 그의 주장은 엄격하게 방법론적인 기초를 가지고 있다. 그는 "원초적 입장에서 요구되는 상호무관심이라는 가정은 정의의 원칙들이 강한 가정 위에 의존해 있지 않음을 확인하기 위해서 취해진 것이다"라고 주장한다. 우리는 원초적 상황 모델이 우리의 신뢰할 수 없는 원초적(bare) 도덕 직관들에 대한 의존을 감소시킴으로써 난제들과 성가신 직관주의를 회피하기 위해 가정된다는 점을 기억해야만 한다. 지금까지 가능하면 우리는 도덕적 결론을 비도덕적인 전제들로부터 도출하는 것을 목표로 삼고 있으며 이것은 그 모델로부터 숨겨진 도덕적 고려사항들을 조심스럽게 배제하는 것을 함의하고 있다. 롤스가 표현하고 있는 것처럼 "정의 개념은 감정의 광범위한 유대 관계를 전제해서는 안 된다. 이론의 기초에 있어서 우리는 가능하면 가정을 하지 않으려고 노력한다."[122] 만일 우리가 원초적 상황에 있는 사람들이 특수한 도덕적 고려사항들에 의해서 이미 영향을 받았다고 가정한다면 사실상 우리는 원초적 상황으로부터 사회정의를 도출함에 있어서 속임수를 쓰고 있는 것이다. (시기심을 특별히 도덕적인 고려사항으로 간주하는 것은 이상한 것처럼 보일 수 있다. 그러나 예를 들어 그것이 원초적 상황에서 허용된다면 그것은 당사자들로 하여금 평등 그 자체에 비합리적으로 높은 가치를 부여하도록 이끌게 될 것이다. 이타심을 허용하는 것은 다소 좀 더 명백하게 당사자들로 하여금 우리가 다음 논의에서 살펴보게 될 것처럼 다른 사람들의 선을 위해서 비합리적으로 커다란 개인적 희생을 받아들이도록 이끌어 갈 것이다.)

---

122 J. 롤스, 『정의론』, p.129; 개정판 p.111-112.

우리는 상호 무관심 가정을 설명하고 난 다음 롤스가 두 가지 해명 또는 아마도 조건을 제시하고 있다는 점을 주목해야만 한다. 첫 번째는 앞서 제기되었던 논점(3.3절)을 반복하고 있다. 즉 우리는 상호 무관심적인 합리성을 광의적이며 장기적인 의미로 해석해야만 한다는 점이다. 원초적 상황의 당사자들은 엄격하게 합리적인 개인이기 때문에 단지 자신들의 직접적이고 단기적인 이익만을 고려할 뿐만 아니라, 이 사회정의의 개념보다 저 사회정의의 개념을 채택했을 때 발생할 개연적인 장기적 효과들을 또한 고려해야만 한다. 이것은 사람들이 무지의 베일이 제거되었을 때 원초적 상황에서 이뤄진 동의와 시행된 사회정의의 원칙들을 준수할 수 있을 것인가라는 문제의 고찰을 포함하고 있다. 이 관점에서 "인간 심리의 일반적 사실이나 도덕 학습의 원리들은"(예를 들어, 원초적 상황의 당사자들과 다른 실제 세계의 사람들은 얼마만큼 시기심이 많거나 이타심이 많은지에 대한 것) "당사자들이 검토해야 할 관련 문제가 된다. 만일 어떤 정의 개념이 그 자체의 근거를 갖지 못하거나 안정성을 결여하고 있다면 이러한 사실은 간과되어서는 안 된다."[123] 이 설명은 언뜻 보기에는 다소 혼란스러운 것일지라도, 나중에 중요한 것으로 밝혀진다. 우리가 원초적 상황의 당사자들 **그 자신들은** 시기심도 없고 이타적이지도 않다고 가정해야 할지라도, **우리는** 그들이 **실제** 인간이 경험하는 경향이 있는 시기심과 이타심에 대한 일반적인 심리적 사실들과 그들이 그것들을 경험하게 되는 조건들을 고려하고 있다고 가정해야만 한다. 이 일반적인 심리적 사실들은 앞으로 살펴보게 되겠지만 다른 원칙들보다는 어떤 원칙을 옹호하게 될 것이다.

두 번째 해명(거의 틀림없이 조건에 좀 더 가깝다)은 우리가 원초적

---

123 J. 롤스, 『정의론』, p.145 ; 개정판 p.125.

상황의 당사자들은 단지 그들 자신을 대표하는 것이 아니라 "일련의 연속적인 요구들을 대표한다"는 점을 가정해야만 한다는 점이다. 예를 들어, 가족의 가장은 자신의 기본적인 가치의 몫뿐만 아니라 자신의 직계 후손들의 몫을 늘리려는 욕구를 가질 수 있다. 롤스는 서둘러 다음과 같이 첨언하고 있다. 이런 동기는 "영원히 지속될 필요는 없다." 그러나 우리는 "그들의 호의는 적어도 두 세대까지는 확대될 수 있다"는 점을 가정해야만 한다.[124] 세대 사이의 정의에 관한 후기 논쟁과 연관된 몇 가지 복잡한 기술적인 이유들 때문에 개정판 본문은 대안적인 요구사항을 제시함으로써 이 가정을 약화시키고 있다. "당사자들은 다음과 같은 제약조건하에 있는 원칙에 동의하게 된다. 당사자들이 모든 선행 세대들도 똑같은 원칙을 따랐기를 바란다는 것이다."[125] 이것은 잘못된 것이다. 왜냐하면 공정으로서의 정의에 대한 중심 논증은 실제로 초판의 가정에 의존하고 있기 때문이다. 개정판 본문이 제시하고 있는 가정은 중요하지 않은 것이다. 이 문제에 관해서는 적절한 때에 좀 더 자세하게 다루기로 하자.[126] 현재로서 중요한 논점은 오직 우리가 원초적 상황의 당사자들은 자신들의 목표들을 성취하기를 원하며 또한 그들의 직계 후손들의 목표들을 성취하기를 원한다는 점을 가정해야 한다는 점이다.

이것은 § 25의 후반부에서 다시 검토되고 있는 원초적 상황에 대한 롤스의 특징묘사를 완성해 주고 있다. 원초적 상황은 언뜻 보기에 아마도 이상하고 인위적인 것처럼 보이지만, 우리가 그 관념에 익숙해지면 이상하고 인위적인 모습은 사라진다. 참으로 어떤 관점에서 우리는 원

---

124 J. 롤스, 『정의론』, p.128.
125 J. 롤스, 『정의론』, 개정판 p.111.
126 공정으로서의 정의에 관한 논증에서 이 가정의 역할은 3.8.1절에서 논의될 것이다. 또한 세대 간 정의의 문제에서 그것의 역할은 3.10.1절에서 논의될 것이다.

초적 상황을 어떤 입법기관(assembly)이라고 전혀 생각할 필요가 없다. 원초적 상황의 사람들은 자신들에 대한 어떤 특수사항을 알 수 없기 때문에, 롤스는 "당사자들은 일상적인 의미에서 흥정할 근거를 갖지 않는다는 중요한 결과가 도출된다"고 주장하고 있다.[127] 다시 말하면, 어떤 묶음의 원칙들을 채택하는 것이 다른 묶음의 원칙들을 채택하는 것보다 자신들의 특수한 이익에 공헌할 것이라는 점을 우리는 계산할 수 없기 때문에, 그들은 동의의 조건으로서 다른 사람들로부터 양보를 이끌어 내려는 시도를 위한 기초를 가질 수 없다. 사실상 무지의 베일은 참여자들이 완벽하게 평등한 입장에 있다고 간주한다. 만일 각자가 엄격하게 합리적인 존재라면, 우리는 모든 사람들이 정확하게 동일한 논증들에 의해서 영향을 받을 것이고 정확하게 동일한 결론들에 도달할 것이라는 점을 기대할 수 있다("무지의 베일은 특정한 정의관에 대한 만장일치의 선택을 가능하게 한다").[128] 따라서 만일 우리가 원한다면, 우리는 시민들의 일반적인 입법기관이라는 은유를 제거할 수 있으며 원초적 상황을 단순히 맑은 정신을 가지고 있으면 우리 중의 누구나 언제든지 스스로 채택할 수 있는 관점으로서 생각할 수 있다. 사회정의가 무엇인지를 알아내기 위해서는 사회에서 우리 자신의 입장이 갖는 특수사항들을 제쳐 두고 엄격하게 공평한 관점에서 그 문제를 숙고할 때 오직 자신을 위해서 선택하게 될 사회정의의 원칙들에 대해서만 반성해야만 한다. 무지의 베일은 단순히 이 사고 실험을 좀 더 생생하게 만들어 주기 때문에 이를 좀 더 쉽게 수행할 수 있도록 만들어 주는 보조 도구에 불과하다.

---

127 J. 롤스, 『정의론』, p.139; 개정판 p.120.
128 J. 롤스, 『정의론』, p.140; 개정판 p.121.

연구를 위한 물음들

1. 가설적인 모델 제작 절차로서 사회계약을 해석하는 일의 유익과 한계는 무엇일까?

2. 롤스는 원초적 상황에서 무지의 베일에 의해서 차단된 정보와 차단되지 않는 정보 사이에 의식적인 구분을 짓고 있을까?

3.7 대안 제시 (§§ 21, 23)

롤스가 원초적 상황에 대한 특징묘사를 종결하고 나면 다음 단계는 "그 모델을 작동시키는 것"이 될 것처럼 보인다. 다시 말하면, 무지의 베일에 가려진 상호 무관심한 합리적인 사람들을 상상해 보고 그리고 그들의 숙고들이 제시하게 될 사회정의의 원칙들을 도출하고 나면 그 모델은 작동하게 될 것이다. 그러나 이 순서는 롤스가 진행하고 있는 순서와 다르다. 그 대신 그는 원초적 상황의 당사자들이 세부적인 후보 이론들의 목록을 가지고 참여하게 되며 그리고 그 후에 단순하게 이 후보 이론들 중에 그들이 어떤 것을 선호하는가를 묻고 있다고 생각한다. 이것은 그의 목표점이 낮춰졌음을 의미한다. 그의 논증은, 비록 성공적인 것일지라도, 오직 공정으로서의 정의가 가능한 사회정의론들 중에 가장 훌륭한 것이라는 점이 아니라 오히려 목록에 제시된 대안들보다 좀 더 훌륭한 것이라는 점만을 보여 줄 것이다. 그는 "이러한 진행방식이 만족스럽지 못한 것일 수 있다"고 승인하고 있기 때문에[129] 우리는 왜 그가 좀 더 조심스러운 길을 선택하게 되었는지 의아해할 수 있다.

---

[129] J. 롤스, 『정의론』, p.123; 개정판 p.106.

그의 첫 번째 제안은 좀 더 포괄적인 전략이 원초적 상황의 당사자들이 가진 '지적 능력'(intellectual powers)에 엄청난 부담을 줄 것이라는 점이다. 따라서 "그 당사자들이 최선의 선택을 할 수 있으리라는 보장은 없다. 최선의 원칙이 무시될 수도 있다."[130] 그러나 이 주장은 거의 설득력이 없다. 왜냐하면 우리는 이미 당사자들의 능력들에 대해서 수많은 비현실적인 가정들을 설정해 왔기 때문이다. 하나 더 추가한다고 해서 무엇이 더 해로울까? 더 훌륭한 설명은 당사자들의 제한된 지적 능력들과 관련된 것이 아니라 오히려 우리 자신의 지적 능력과 관련되어 있다. **우리는** 사회정의에 관한 모든 있음직한 개념들을 상상할 수 없기 때문에, 어쩌면 우리는 그 모델을 완전하게 만족할 만한 방식으로 실행시킬 수 없을 것이다. 따라서 우리가 할 수 있는 가장 최선의 방식은 우리에게 현재 익숙해져 있는 정의의 다양한 개념들의 목록을 작성하고 이것들을 최소한 원초적 상황 실험에 적용해 보는 것이다. 물론 우리가 알고 있는 목록에 새로운 개념들을 추가하는 일은 항상 가능하다. 그러나 그 사이에 우리가 일어났으면 하고 희망하는 가장 강력한 결과는 공정으로서의 정의가 이미 알려진 대안들보다 더 좋은 것으로 밝혀지는 것이다. 롤스는 명예롭게도 최소한 이 한계에 대해서 정직한 태도를 표명하고 있다. 그가 『정의론』을 저술하고 있는 역사적 상황을 살펴보면, 대안들의 짧은 목록은 다음과 같은 것들을 포함해야만 한다는 점이 매우 명백해 보인다. 즉 그것은 공정으로서의 정의, 공리주의 그리고 직관주의이다. 공리주의가 그 당시에 광범위하게 이용 가능한 사회정의에 관한 가장 강력하고 경쟁적인 개념으로 간주되었기 때문에, 심지어 원초적 상황의 합리적인 사람들이 공리주의보다 공정으로서의 정의를

---

130 J. 롤스, 『정의론』, p.122; 개정판 p.106.

선호하게 될 것이라는 비교적 겸손한 결론도 매우 중요한 결과라고 할 수 있다. 따라서 이 결과를 성취하는 것이 롤스가 『정의론』에서 짊어지고 있는 부담의 핵심이다. 그러나 그것은 그 자신만의 결과가 아니기 때문에 잠시 멈춰서 대안들의 공식적인 목록에 대해서 매우 자세하게 논의하는 것은 가치 있는 일이 될 것이다.

롤스는 먼저 §21에서 대안들의 목록을 제시하고 있다. 이 목록은(예상한 대로) 우리가 아래에서 논의하게 될 이기주의와 몇 가지 다른 가능성들과 함께 공정으로서의 정의, 공리주의 그리고 직관주의를 포함하고 있다. 그러나 이것이 그의 최종 목록이 아니다. 나중에(§23) 그는 사회정의에 관한 수용할 만한 개념들에 '형식적 제한조건'(formal constraints)이라고 그 자신이 언급하고 있는 것을 도입하고 있다. 이것들은 그 목록에 몇 가지 조정을 수행하는 것으로 밝혀진다. 여기서 롤스가 의미하고 있는 것은 무엇일까? 그의 용어는 아마도 오해를 불러일으킬 수 있다. 만일 어떤 개념이 사회정의의 개념으로 간주되려 한다면 우리는 '형식적 제한조건'이란 반드시 그 개념이 취할 수 있는 형식에 대한 제한조건이 되어야만 한다고 가정할 수 있다. 그러나 이것은 롤스가 제한조건을 설명하고 있는 방식이 아니다. 오히려

> 이러한 형식적 조건들의 적합성은 사람들이 자신들의 제도나 상호 간의 요구들을 조정함에 있어 옳음의 원칙이 갖는 임무로부터 도출된다. 만일 정의의 원칙이 그것의 역할, 즉 기본적인 권리와 의무를 할당하고 이득을 배분하는 그 역할을 수행한다면 이러한 요구조건은 충분히 자연스러운 것이다.[131]

---

131 J. 롤스, 『정의론』, p.131; 개정판 p.113.

앞선 논의로부터(3.3절) 원초적 상황의 당사자들은 반드시 자신들의 단기적인 유익들뿐만 아니라 광범위하게 생각할 때 자신들의 장기적인 이익들을 고려해야만 한다는 점을 상기해 보자. 몇 가지 장기적인 이익들은 사회정의 개념이 이바지한다고 가정되는 다양한 기능들과 관련되어 있다(그중에 가장 중요한 것은 사회 기본 구조에 관련된 실제적인 논쟁들을 해결하는 사회정의 개념의 역할이다). 원초적 상황의 당사자들은 아마도 이런 필수적인 기능들에 이바지할 수 없는 후보 이론들을 모두 단순하게 기각시킬 것이라는 결론이 도출된다(흥미롭게도 심지어 무지의 베일이 존재하지 않는다고 할지라도 그들은 그렇게 행동할 것이다. 왜냐하면 문제의 숙고사항들은 각자의 특수한 사회적 지위와 무관하게 모든 사람들과 관련되어 있기 때문이다). 만일 이것이 우리가 형식적인 제한조건을 해석한다고 간주되는 방식이라면, 롤스는 원초적 상황의 숙고사항들이 공식적으로 논의되기 전에 그것들이 어떻게 진행될 것이라는 점을 예상하면서 다소 자신의 생각을 앞질러 가고 있는 것처럼 보인다. 그러나 다양한 형식적 제한사항이 참으로 개연적인 것이라고 가정해 보면, 이런 일종의 사전 작업은 비개연적인 대안들의 목록을 제거함으로써 그리고 원초적 상황에서 실제적으로 적용될 수 있는 일종의 제안들과 논증들에 제한사항들을 부과함으로써 롤스가 나중에 제시하는 논의를 매우 단순화하게 한다.

　　롤스는 사회정의에 관한 어떤 받아들일 수 있는 원칙들에 제기될 수 있는 5가지 형식적 제한사항들이 존재한다는 점을 지적하고 있다. 첫 번째로 "원칙들은 일반적(general)이어야만 한다. 즉 그 원칙들은 고유명사나 조작된 한정기술구(definite descriptions)와 같이 직관적으로 알 수 있는 말을 사용하지 않고 정식화될 수 있어야 한다."[132] 두 번째 제한은 "원칙들은 그 적용이 보편적(universal)이어야만 한다는 것이다. 원칙들은 모든 사람들에게 그들이 도덕적인 존재이기 때문에 적용되어야 한다."[133] 이 제한사항들은 서로 관련되어 있더라도 구별된다. 예를 들어, "모든 사람은 영희의 이익을 위해 일해야만 한다"는 원칙은 보편적(모든 사람들은 반드시 동일한 규칙을 준수해야만 한다)이지만 일반적인 것은 아니다(왜냐하면 그것은 특별히 영희만을 언급하고 있기 때문이다). 반대로 "남자들은 사회에서 모든 임금 노동을 수행해야만 한다"는 원칙은 일반적인 것이지만(특수한 사람들의 이름이 언급되지 않았다) 보편적인 것이 아니다(왜냐하면 여자들은 아마도 다른 규칙을 준수해야 하기 때문이다). 물론 무지의 베일이 적용되면 이 제한사항들은 필요 없는 것이 된다. 만일 사람들이 누가 영희인지 알지 못한다면, "모든 사람들은 영희의 이익을 위해 일해야만 한다"는 원칙을 어떤 사람이 주장하는 것은 어리석은 일이 될 것이다. 마찬가지로 만일 사람들이 자신들의 성별을 알지 못한다면 남자들이 좋은 일자리들을 독점해야 한다고 제안하지 않을 것이다. 그러나 롤스에 따르면 일반성과 보편성은 단지 무지의 베일에 가려져 수행되는 숙고의 있음직한 결론일 뿐만 아니라 좀 더 강력하게 무엇보다도 사회정의에 관해 용인될 수 있는 개념들에 적용되는 제한사항들이다. 일반성과 관련해서, 그는 우리가 한 개념이 "질서 정연한 사회의 영속적인 공공 헌장(a public charter) 기능을 할 수 있는지"를 요구해야 한다고 주장한다. 그 이유는 적합한 정의의 원칙들에 관한 지식을 "어떤 세대이든 간에 각 개인들은 알고 있어야만 한다. 따라서 이러한 원칙들을 이해하는 일은 우연적인 특수 사정들에 대한 지식을 요구해서는 안 되기 때문이다."[134] 이제 그의 논증이

---

132 J. 롤스, 『정의론』, p.131; 개정판 p.113.
133 J. 롤스, 『정의론』, p.132; 개정판 p.114.
134 J. 롤스, 『정의론』, p.131-132; 개정판 p.114.

여기서 타당한지는 분명하지 않다. 예를 들어, 세습군주제의 원칙들은 일반성을 충족시키지 못하는 것처럼 보일 것이다(왜냐하면 그것들은 지정된 왕가 혈통이라는 세부사항을 포함하고 있기 때문이다). 그럼에도 그것은 역사적으로 볼 때 사회들을 고도로 안정되게 완벽하게 지배할 수 있었다. 보편성과 관련해서, 그는 단지 그것의 유래(derivation)가 일반성의 유래와 '공통적인 기반을 갖는다'고만 주장하고 있을 뿐이다.[135] 이와 유사한 이유들 때문에 이 주장이 정말로 사실인지 아닌지 우리는 의문을 제기할 수 있다. 다행히도 롤스에게 있어 그 어떤 것도 이 논점에 전적으로 매달려 있지 않다. 왜냐하면 무지의 베일은 어떤 경우든지 요구된 작업을 수행할 것이기 때문이다.

세 번째 형식적 제한사항은 '공지성'(publicity)이다. 이 요구사항은 원초적 상황의 당사자들이 '공적 정의 개념을 위한 원칙들을' 선택하도록 강제한다.[136] 다시 말하면 그들은 다른 사람들이 자신들의 사회를 지배하게 될 실제적인 정의의 원칙들을 받아들인다는 사실을 모두가 수용하고 또한 인식하고 있는 사회를 반드시 마음속에 그리고 있어야만 한다. 예를 들어, 이것은 원초적 상황의 당사자들이 미래의 자신들과 후속 세대들에게 자신들의 삶을 지배하게 될 사회 기본 구조의 참된 기초와 정당화에 대해서 인식하지 못할 것이라고 세뇌시키는 일에 동의하는 각본을 제거시킨다. 처음의 두 제한사항들과는 달리 공지성은 참으로 사회정의 개념이 이바지한다고 가정되는 독특한 역할에 관한 우리의 이해로부터 자연스럽게 도출된다. 왜냐하면 어떻게 한 개념이 계속해서 비밀로 유지된 시민들 사이에 발생한 실제적인 정치적 논쟁들을

---

135 J. 롤스, 『정의론』, p.133; 개정판 p.115.
136 J. 롤스, 『정의론』, p.133; 개정판 p.115.

만족스럽게 해결할 수 있는가를 파악하는 일은 매우 어렵기 때문이다. 롤스는 여기서 공지성이 칸트의 정치 철학 또는 도덕 철학에 내포되어 있는 것처럼 보인다는 추가적인 견해를 덧붙이고 있다. 사회가 어떤 의미에서 자발적인 체계, 즉 시민들이 자신들을 위해서 선택한 원칙들에 따라서 운용되는 체계가 되려면, 사람들은 확실히 자신들이 선택한 원칙들이 무엇인지를 알고 있어야만 한다.

네 번째 형식적인 제한조건과 다섯 번째 형식적인 제한조건에는 어떤 난제가 존재하지 않는다. 만일 사회정의 개념이 그것의 독특한 역할에서 효과적인 것이 되려면, 그것은 분명하게 실행 가능한 사회 기본 구조를 가장 좋은 것부터 가장 나쁜 것까지 서열(ordering)을 정할 수 있는 완벽하고 일관된 순위(rank)를 세울 수 있어야만 한다. 롤스는 이 네 번째 제한조건에 이름을 부여하고 있지 않다. 그러나 우리는 그것을 **유효성**(efficacy) 제한조건이라고 부를 수 있을 것이다. 이와 유사한 근거들에 따라서 사회정의에 관한 어떤 수용 가능한 개념은 "요구들을 뒷받침할 논증이 도입될 수 있는 그 이상의 고차적인 기준은 존재하지 않는다. 이 원칙들로부터 성공적으로 추론한 것이 결정적인 것이 된다"라는 의미에서 최종성(finality)을 유지해야만 한다.[137] 예를 들어, 이 다섯 번째이자 마지막 제한조건은 사회 기본 구조에 관련된 어떤 논쟁들을 성경의 권위, 즉 사회정의의 원칙들 그 자체를 넘어서는 일련의 외부 기준들로부터 도출된 원리에 의해서 침해될 수 있다.

비록 롤스는 여기서 그렇게 명백하게 주장하지 않지만, 유효성과 최종성은 사실상 사회정의로 받아들일 수 있는 개념으로서 직관주의를 배제하고 있다. 이 점을 우리는 이전 논의로부터 추론할 수 있다. 직관

---

[137] J. 롤스, 『정의론』, p.135; 개정판 p.116.

주의가 갖는 한 가지 독특한 특징은 그것이 독립적인 도덕적 원칙들의 다수성(plurality)을 포함하고 있다는 점을 상기해 보자. 이 원칙들은 실현 가능한 사회 기본 구조들의 순위를 다르게 책정할 수 있기 때문에, 직관주의는 전체적으로 일관된 서열을 정하지 못할 것이다. 게다가 다양한 원칙들 사이에 빚어지는 갈등들을 해결함에 있어, 직관주의는 독특하게 우리로 하여금 자신들의 기본적인 도덕적 직관들에 의존하게 만든다. 다시 말하면 그것은 그런 원칙들 자체의 외부에 있는 권위에 호소하고 있다. 직관주의는 단순하게 사회정의의 개념에 요구되는 기능들을 만족시킬 수 없다. 따라서 § 21에서 대안들의 목록에서 직관주의가 잠깐 논의된 다음 본문에서 다시 직관주의에 대한 상세한 논의가 나오지 않는다는 점은 전혀 놀랄 만한 일이 아니다. 여기서부터 우리는 직관주의를 논의할 가치가 없는 것으로 간주해야만 한다.

직관주의를 제외하고 나면 공정으로서의 정의, 공리주의, 이기주의와 몇 가지 다른 논점들이 남게 된다. 다음으로 우리는 이기주의(ego-ism)에 대한 몇 가지 가능한 해석들을 살펴보아야만 한다. 한편으로 우리는 이기주의가 "모든 사람들은 나의 이익에 이바지해야만 한다" 또는 "나를 제외하고서 모든 사람은 규칙들을 준수해야만 한다"와 같은 어떤 정의의 원칙을 의미한다고 주장할 수 있다. 그러나 이런 종류의 일인칭(first-person) 이기주의는 명백하게 일반성 형식적 제한조건과 보편성 형식적 제한조건에 의해서 배제된다. 비록 우리는 롤스의 주장으로부터 이 요구사항들이 실행 가능한 정의 개념이 갖는 기능적 요구사항들로부터 도출될 수 있다는 점을 확신할 수 없을지라도, 그것들은 명백하게 무지의 베일에 의해서 검열을 통과하지 못할 것이다. 왜냐하면 나는 원초적 상황에서 내가 누구인지 알지 못하기 때문에, 모든 사람들은 나의 이익들을 위해서 이바지할 것이라는 점 또는 나는 규칙들을 무시할 수 있는 사람이 될 것이라는 점을 내가 확증할 수 있는 방식이 존재하지 않기 때문이다. 그러나 형식적 제한조건들에 의해서 배제되지 않는 것은 일반적 이기주의의 원칙이다. 그것에 따르면, "모든 사람에게 그가 판단하여 그 자신의 목적을 가장 잘 증진해 줄 수 있는 것은 무엇이든 할 수 있도록 허용된다."[138] 그러나 이것이 사회정의 개념인가 하는 점은 분명하지 않다. 왜냐하면 그것은 어떤 개념이 이바지한다고 가정되는 어떤 기능들을 수행하지도 않고 또한 논쟁들을 해결하지도 않기 때문이다. 오히려 롤스의 주장에 따르면, 우리는 "일반적 이기주의를 어떤 합의점도 없는 것(the no-agreement point)으로 해석해야만 한다. 그것은 당사자들이 어떤 이해에 도달할 수 없을 경우 억지로 떠맡게 되는 그런 입장일 뿐이다."[139]

우리는 일반적 이기주의가 자유지상주의(libertarianism)와 전혀 동일한 것이 아니라는 점을 지적해야만 한다. 자유지상주의는 완벽한 자유 시장의 규칙들과 더불어 개인들의 자유 목록을 존중하고 강조하는 적극적인 동의를 포함하게 될 것이다. 다시 말하면, 자유지상주의는 정의의 제2원칙의 ('민주주의적 평등' 보다는) '자연적 자유 체계' 라는 해석에 근거하고 있는 공정으로서의 정의와 동등한 것이다. 자유지상주의는 대안들에 관한 롤스의 공식적인 목록에 등장하지 않지만 반드시 포함되어야만 한다. 왜냐하면 그것의 부재는 공리주의를 반박하는 데 그가 관심을 집중한 것에 의해서 가장 잘 설명될 수 있기 때문이다. 그러나 롤스가 나중에 자유지상주의를 반박하는 데 효과를 발휘하게 될 논증들을 제시할 때까지, 자유지상주의가 목록에 포함된 것은 해가 되

---

138 J. 롤스, 『정의론』, p.136 ; 개정판 p.117.
139 J. 롤스, 『정의론』, p.136 ; 개정판 p.118.

지 않을 것이다.

원초적 상황의 당사자들에게 제시된 공식적인 대안 목록을 완성하기 위해서, 우리는 오직 두 가지 추가적인 사항들만을 필요로 하게 된다. 첫 번째는 완전주의(perfectionism)이다. 우리의 앞선 논의로부터(3.2절) 목적론적인 정의론은 좋음을 옳음과 무관하게 정의하며 그리고 옳음을 좋음의 극대화로 정의하는 이론이라는 점을 상기해 보자. 공리주의는 목적론적 이론으로 그것에 따르면 좋음은 행복으로 정의된다. 그러나 만일 우리가 좋음을 특수한 형식의 인간적 탁월성(excellence, 예술적 성취, 신의 뜻을 실행함 등등)을 실현하는 것으로 정의한다면, 우리는 다른 어떤 것을 얻게 된다(목적론적인 완전주의적 사회정의론). 롤스는 공리주의와 함께 이런 제목 아래에 모든 완전주의 이론들을 묶고 있다. 그러나 이것은 엄격하게 옳은 것이 아니다. 왜냐하면 어떤 완전주의 이론들은 극대화 원칙(maximization principle)을 거부할 수 있기 때문이다. 예를 들어, 전통적인 신학적 개념은 사회정의를 명시된 종교적 율법들의 엄격한 준수를 통해서 신의 뜻을 영화롭게 하는 것으로 정의할 수 있기 때문이다. 이것은 우리에게 완전주의적 개념을 제시하지만 비목적론적(즉 의무론적) 개념을 제시하고 있다. 그러나 완전주의를 반박하는 앞으로 등장하는 롤스의 논증들은 이 논점에 의존하고 있지 않다.

우리의 목록에 덧붙여지는 마지막 추가사항은 롤스가 '절충적 개념'(mixed conception)이라고 부르는 것의 집단을 포함하고 있다.[140] 이것들은 이미 논의된 이론들로부터 제기된 다양한 요소들을 짜 맞춘(mix-and-match) 개념들이다. 분명히 우리는 수많은 그러한 혼합물들을 상상해 볼 수 있다. 그러나 오직 한 가지 절충적 개념이 다음에 나오는 논

---

140 J. 롤스, 『정의론』, p.124: 개정판 p.107.

증의 중요 노선에서 중요한 것으로 판명된다. 이것은 우리가 공정으로서의 정의의 제2원칙 대신 유용성(utility)의 원칙을 사용하게 되는 절충적 개념이다. 다시 말하면, 이 절충적 개념에서는 사회 기본 구조가 각 사람은 평등한 기본적 자유의 가장 적합한 체계와 동등한 권리를 가져야 한다는 제1원칙의 요구에 맞춰 행복의 총합을 극대화하기 위해서 사회적 불평등과 경제적 불평등을 조정해야만 한다.

그러므로 원초적 상황의 당사자들에게 제시된 대안적 개념들 중에 우리의 최종적이며 공식적인 목록은 다음과 같은 것으로 보인다.

1. 제2원칙에 관한 민주주의적 평등이란 해석에 의존하고 있는 공정으로서의 정의.
2. 자유지상주의(즉, 제2원칙에 관한 자연적 자유 체계라는 해석에 의존하고 있는 공정으로서의 정의).
3. 공리주의.
4. 완전주의(목적론적 완전주의 또는 다른 완전주의).
5. 공정으로서의 정의의 제1원칙과 제2원칙의 자리에 유용성의 극대화라는 원칙을 덧붙인 절충적 개념을 포함한 절충적 개념들.

만일 당사자들이 이 대안들 중에 어느 하나에 합의할 수 없다면, 그들에게는 일반적인 이기주의만 남게 될 것이다. 이제 롤스가 직면하는 부담은 원초적 상황의 무지의 베일에 가려진 상호 무관심한 합리적인 사람들이 다른 것보다 첫 번째 선택지를 선택할 것이라는 점을 증명해야 하는 것이다.

한 가지 추가적인 견해가 존재한다. 이 대안들 중에 "그 각각은 무조건으로(unconditionally), 즉 그 여건이나 사회의 상태가 어떠하든 타당하다. 그 어떤 원칙도 어떤 사회적 조건이나 다른 조건들에 좌우되지 않는다."[141] 다시 말하면, 우리는 다음과 같은 제안된 개념들을 찾을 수 없다. "만일 우리 사회가 경제적으로 발전된 사회라면 공정으로서의 정의를 받아들이고, 그렇지 않으면 공리주의를 받아들인다" 또는 "만일 우리 사회가 개신교 사회라면 공정으로서의 정의를 받아들이고, 만일 가톨릭교 사회라면 완전주의를 받아들이지만, 다른 경우라면 공리주의를 받아들인다." 왜 우리는 이와 같은 조건적 개념들을 허용할 수 없을까? 한 가지 분명한 이유는 그런 가능성들을 배제하는 것이 논의를 합리적으로 단순하게 유지하기 위해서 필수적인 것이라고 롤스가 지적하고 있기 때문이다. 그러나 더 큰 이유는 조건적 개념이 실제로는 위장된 절대적 개념이기 때문이다. 우리가 왜 공정으로서의 정의가 경제가 발전되지 못한 사회들에서는 적절한 것이 아니고 경제가 발전된 사회에서 적절한 것이 되는지 물어본다고 가정해 보자. 아마도 만일 조건적 개념이 어떤 확실한 기초를 가지고 있다면, 고도의 일반성을 갖춘 답변이 반드시 존재해야만 할 것이다. 예를 들어, 그렇게 될 수 있는 이유는 정말로 문제가 되는 것이 개인의 기본적 이익들이며 그리고 이것들은 어떤 상황에서는 공정으로서의 정의를 통해서 그리고 다른 상황에서는 공리주의를 통해서 가장 훌륭하게 달성되기 때문이다. 그러나 그것 자체가 실제로는 절대적인 개념이기 때문에 다른 개념들과 함께 우리의 목록에 추가되어야만 한다. 따라서 우연성들의 집합으로서 표현된 개념들이 갖는 난제는 그것들이 "그 자체의 고유한 근거(basis)를 숨기고 있다"는 점이다.[142] 목록에 포함되는 것은 그 자체로 직접적이며 절대적

---

141 J. 롤스, 『정의론』, p.125; 개정판 p.108.
142 J. 롤스, 『정의론』, p.125; 개정판 p.108.

인 형식으로 명시된 개념들이다.

연구를 위한 물음들

1. 유효성과 최종성에 근거해서 직관주의를 배제하는 것이 공정한 일일 까? 직관주의의 어떤 수정된 주장이 실행 가능한 사회정의 개념으로 사용될 수 있지 않을까?
2. 대안들의 목록은 상당하게 완벽한 것일까? 어떤 다른 중요한 정의 개념들이 당사자들에 의해서 숙고되어야만 할까?

3.8 공정으로서의 정의에 관한 논증 (§§ 26-30, 33)

마침내 우리는 본문의 본론(즉 공정으로서의 정의의 두 원칙들에 대한 공식적인 논증)에 도달했다. 롤스는 § 26의 서두에서 공정으로서의 정의를 향해 우리를 자연스럽게 인도해 줄 수 있는 일련의 간략한 비형식적 추론과 더불어 출발하고 있다. 이것은 다음에 나올 정밀한 증명을 위한 예비단계이다.

원초적 상황에서 무지의 베일에 가려진 합리적인 사람을 상상해 보자. 만일 그가 자신이 살아갈 사회에서 어떤 역할을 담당할지 모른다면, 그는 자신이 살아갈 사회로 어떤 종류의 사회를 선택할까? 우리의 첫 번째 예감은 그가 반드시 완벽하게 평등주의적인 사회를 확실하게 선택할 것이라는 점이 될 수 있다. 그의 입장은 제2장에서 제시된 고인이 된 목장 주인의 큰아들의 입장과 유사하다(그 아들은 자신의 아버지의 소 떼들을 두 몫으로 나누라는 지시를 받았다). 만일 나눠진 몫들이 현격하게 차이가 난다면, 작은 아들은 단순하게 더 좋은 몫을 선택할 것이기 때문에, 큰아들은 그 몫들을 똑같이 좋은 것으로 만듦으로써 자신의 입장을 유리하게 형성한다. 이와 마찬가지로 원초적 상황에 있는 사람이 사회에서 자신의 역할이 무엇이 될지를 모른다면, 그는 필연적으로 이익들의 "분배에서 동등한 몫 이상을 기대할 수 없다." 또한 동등한 몫보다 "적은 것에 동의한다는 것도 불합리한" 까닭에, 분명하게 그가 택할 수 있는 "현명한 길은 평등한 분배를 요구하는 원칙을 정의의 제1원칙으로 인정하는 일이다."[143] 그러나 도표 3.7을 살펴보자.

시민:	대안적 사회 기본 구조				
	I	II	III	IV	V
집단 A	10	21	28	36	39
집단 B	10	17	22	25	21
집단 C	10	14	15	14	10
집단 D	10	12	13	11	8
집단 E	10	11	12	9	5

도표 3.7

각 단에 있는 숫자들은 시민들의 각 집단에 속한 평균적인 구성원이 몇몇 대안적인 사회 기본 구조들 아래에서 얻는다고 기대할 수 있는 기본

143 J. 롤스, 『정의론』, p.150; 개정판 p.130. 물론 엄격하게 말하면 오직 만일(고인이 된 목장 주인의 큰아들의 경우와 마찬가지로) 그가 **마지막** (따라서 아마도 가장 안 좋은) 몫을 받게 될 것이라는 점을 가정할 때만 이 결론이 도출된다. 롤스가 기술한 무지의 베일은 이 가정을 실제로 보증하고 있는 것은 아니다. 왜냐하면 무지의 베일은 원초적 상황의 사람들이 오직 **어떤** 몫이 자신들의 것이 될 것인지를 알지 못하도록 만들기 때문이다. 이 논점에 대한 더 자세한 사항이 앞으로 다뤄질 것이다.

적 가치들의 묶음을 나타낸다. 논증의 편의를 위해서 우리는 5개의 집단들이 대략적으로 동등한 규모의 사회적 계층들을 대표한다고 가정해 볼 수 있다. 필자가 묘사하는 사회 기본 구조는 아마도 완벽한 평등주의적, 사회주의적 사회일 수도 있다. 원초적 상황에서 누군가는 다른 모든 선택지들보다 기본 구조 I을 선호하게 될까? 아마도 그렇지 않을 것이다. 이 선택지를 아마도 대체로 사회주의적인 사회를 나타내면서 어떤 시장 기반적인 개혁안들이 도입된 기본 구조 II와 비교해 보자. 이 개혁안들은 기업가적인 활동을 북돋아 주고 있다. 그 결과로 비록 이제 기본적 가치들의 분배에서 몇 가지 불평등들이 존재할지라도 대부분의 개인들은 완전하게 평등주의적 사회와 비교해 볼 때 대체적으로 더 큰 묶음의 기본적 가치들을 기대하게 된다. 따라서 원초적 상황에서 무지의 베일에 가려진 엄격하게 합리적인 사람(예를 들어, 시기심에 시달리지 않는 사람)은 기본 구조 I보다는 기본 구조 II를 선호할 것이다. 왜냐하면 그가 어떤 집단에 속하게 되는지, 그가 기대하는 기본적 가치들의 묶음이 전체적으로 좀 더 클 것이기 때문이다. "만일 불평등들이 존재하고 그것들이 최초의 평등이라는 기준과 비교해서 모든 사람의 처지를 향상시키도록 작용한다면, 왜 이러한 불평등을 허용하지 말아야 하는가?"라고 롤스는 묻고 있다.[144] 동일한 추론이 기본 구조 II나 I보다 기본 구조 III을 선호하도록 원초적 상황의 합리적인 사람들을 이끌어 갈 것이라는 점은 쉽게 이해될 수 있다. 기본 구조 III은 아마도 매우 건전한 사회 복지 프로그램과 누진세(progressive tax) 구조를 갖추고 있는 절충적인 자본주의 사회를 나타내고 있다고 할 수 있을 것이다.

다음으로 어떤 사회 복지 프로그램이나 누진세가 없는 순수 자본주

---

144 J. 롤스, 『정의론』, p.151 ; 개정판 p.130-131.

의적 사회를 나타내고 있는 기본 구조 IV를 고찰해 보자. 우리에게 친
숙한 표준적인 경제이론들에 따르면 순수 자본주의 사회는 대체로 경
제적으로 가장 생산적이며 또한 번영한 사회가 될 것이다. 따라서 네 번
째 행의 기본적 가치들의 총합은 다른 행들의 기본적 가치들의 총합보
다 더 큰 것이 된다(기본 구조 V는 아마도 정치적 제도들과 사회적 제
도들이 가능하면 유복한 자들을 선호하는 금권정치 사회를 반영하고
있을 것이다. 이 사회는 최대 수혜자의 입장을 좀 더 증진시키고 있지만
순수 자본주의보다 대체적으로 생산성은 떨어진다). 만일 우리의 목표
가 단순히 사회에서 산출되는 기본적인 가치들의 총합을 극대화하는
것이라면, 우리는 기본 구조 III보다 IV를 선택하게 될 것이다. 그러나
이것이 원초적 상황이라는 유리한 관점에서 사람들이 채용하게 될 목
표가 될 수 있을까? 롤스에 따르면 그렇게 될 수 없다. 비록 그런 사회
에서는 대체로 더 많은 가치들이 산출될 수 있을지라도, 최소 수혜자는
오히려 가난하게 될 것이다. 실제로 사회의 밑바닥 3/5은 기본 구조 III
아래에서보다 기본 구조 IV 아래에서 덜 성공하게 될 것이다. 따라서
롤스는 원초적 상황에서 기본 구조 III(즉 최소 수혜자 집단의 전망을
극대화하는 사회 기본 구조)을 선택하는 것이 가장 현명한 길이라고 믿
고 있다. 이 점은 (매우 대략적으로) 공정으로서의 정의의 장점과 일치
하고 있다.

　이 일상적 주장들은, 롤스에 따르면, 단지 "적어도 두 원칙은 실현 가
능성이 있는 정의 개념이다. 그런데 문제는 우리가 그러한 원칙들에 대
해서 어떻게 하면 좀 더 체계적으로 논증할 수 있는가이다"라고 제안할
뿐이다.[145] 이것은 제3장 §§ 26-30의 후반부에서 다뤄지는 부담이다. 이

---

145 J. 롤스, 『정의론』, p.152 ; 개정판 p.132.

절들은 이 책 전체에서 가장 중요하고 아마도 가장 어려운 부분이 될 것이다. 난제의 한 부분은, 비록 이 점이 본문에서 명확하게 진술되지 않았지만, 논증의 주요 노선이 실제로 독자가 스스로 엉켜 있는 것을 잘 풀어야만 이해할 수 있는 2개의 다른 국면들을 가지고 있다는 사실에 기인하고 있다. 또 다른 난제는 롤스가 '평균적'(average) 공리주의 해석이라고 부른 것과 '고전적'(classical) 공리주의 해석이라고 부른 것 사이의 선택에 관한 산만한 부속 논증(side discussion)이 논증의 중요 노선과 섞여 있다는 사실에 기인하고 있다. 이 부속 논증은 롤스가 생각했던 것보다 훨씬 덜 중요하다는 점이 밝혀진다. 다음에 나오는 재구성은 가장 설득력 있고 매력적인 입장에서 롤스의 추론의 주요 노선을 제시하기 위해서 이런 혼돈들을 제거하려고 시도할 것이다.

3.8.1 기본적 자유에서 야기되는 논증

롤스의 논증에 대해서 생각하는 한 가지 방식은 한편으로는 공정으로서의 정의와 다른 한편으로는 그것의 경쟁적 개념들(앞에서 논의된 대안들의 목록으로부터) 사이에 일련의 쌍별 비교(pairwise comparisons)를 상상해 보는 것이다. 만일 우리가 목록에 있는 각각의 가능한 한 쌍을 재빨리 살펴보았을 때, 공정으로서의 정의가 매번 승자로 떠오른다면, 우리의 논증은 완성될 것이며 공정으로서의 정의는 그날로 완전한 승리를 얻게 될 것이다. 가장 중요한 쌍별 비교는 물론 공정으로서의 정의와 공리주의 사이에 존재하게 될 것이다. 따라서 롤스는 이 부분에서부터 출발하고 있다.

이 첫 번째 쌍별 비교는 대부분 롤스가 '기본적 자유'(basic liberties)라고 부른 것의 가치에 의존하고 있다. 기본적 자유는 언론과 집회의 자유, 종교의 자유, 양심의 자유, 신체의 자유 등등과 같은 것들을 포함하는 목록에 명시된 것이라고 생각된다는 점을 우리는 상기해 볼 수 있다. 공정으로서의 정의는 제1원칙에 명시된 것처럼 모든 사람에게 무조건적으로 평등한 기본적 자유를 수여하게 될 것이다. 반대로 공리주의는 무조건적으로 그것을 수여하지 않을 것이다. 이것은 공리주의에 의해서 지배되고 있는 사회에서는 그러한 권리들 또는 자유들이 존재하지 않을 것이라는 점을 주장하려는 것이 아니다. 오히려 그것은 오직 우리의 권리들과 자유들이 우리 사회의 특수한 사회적 상황과 역사적 상황에 따라 조건적으로 주어질 것이라는 점만을 주장하고 있는 것이다. 예를 들어, 어떤 상황 아래서는 노예가 되는 불행이 노예를 소유하는 행복보다 더 큰 것이 될 수도 있을 것이다. 만일 그렇게 된다면, 공리주의 제도들은 노예제로부터 우리의 자유를 보호해 줄 것이다. 또한 다른 상황 아래에서는 어떤 사람들이 소수 종교를 압제함으로써 얻는 쾌락이 압제당하고 있는 소수자들의 불행을 보상할 수 있을 정도로 단순하게 큰 것이 아닌 현상이 벌어질 수도 있다. 만일 그렇게 된다면, 공리주의 제도들은 종교의 자유를 보호해 줄 것이다. 기타 등등. 공리주의가 지배하는 사회에서 시민들은 특수한 권리들과 자유들의 제도화(institutional-ization)가, 그 사회의 특수한 사회적 상황과 역사적 상황을 고려해 볼 때, 다른 방식이 아니라 오직 행복의 총량을 극대화한다고 기대될 수 있는 한도 내에서만 그것들을 향유하게 될 것이다.

그렇다면 우리 앞에 놓인 물음은 다음과 같이 매우 명확하게 진술될 수 있을 것이다. 무지의 베일에 가려진 원초적 상황이라는 유리한 위치에서 엄격하게 합리적인 사람은 어떤 정의 원칙들을 선호하게 될까? 그는 무조건적으로 평등한 기본적 자유를 보장하는 원칙들(공정으로서의 정의)을 선택할까, 아니면 그렇게 행동하는 것이 행복의 총량을 극대화한다고 기대되는 한도 내에서만 기본적 자유를 제공하는 원칙들(공리주의)을 선택할까?

무지의 베일에 가려진 원초적 상황에 있는 사람들은 자신들의 사회의 특정한 상황들이나 그 사회에서 자신들의 지위를 모르고 있기 때문에, 그들은 이 점을 불확실성에 처한 선택의 문제로 간주해야만 한다. 일반적으로 불확실성을 다루는 합리적인 방법은 기대 이득과 손실을 계산해 보고 가장 큰 기대 이득을 가진 대안을 선택하는 것이다. 예를 들어, 우리가 확실한 10달러와 개연성 P 이외에는 다른 것을 갖지 않는 1000달러 사이에 하나를 선택한다고 가정해 보자. 이 경우에 P가 10/1000, 또는 0.01보다 크다면 모험을 해 보는 것이 합리적인 것이 될 것이다. 그러나 이것이 항상 가장 좋은 방법이라고는 할 수 없다. 특별히 롤스는 어떤 특별한 종류의 불확실성을 다루는 좀 더 합리적인 방법은 최소(minimum)를 극대화하는(maximize) 것이라고 주장한다. 다시 말하면 대안 P의 최악의 결과(최소)가 대안 Q와 R이 갖는 최악의 결과보다 매우 우월할 경우(극대화)에 대안 P를 채택하는 것이다. 이 방법들의 차이는 도표 3.8에 의해서 예시될 수 있다.

	가능한 결과들($)		
대안 A	-10	14	50
대안 B	15	8	10
대안 C	9	10	10

도표 3.8

우리는 자신들이 선택하는 대안과 무관하게 각각의 가능한 결과가 똑같이 있음직한 것이 될 것이라고 기대한다고 가정해 보자. 불확실성을 다루는 일반적인 방법에 따라 대안 A는 가장 훌륭한 선택인 것처럼 보일 것이다. 왜냐하면 그것의 기대 이득(50 + 14 - 10)/3 = $18은 다른 대안들보다 더 큰 값이기 때문이다. 그러나 최소 극대화(maximin) 방법은 우리로 하여금 대안 C를 선택하도록 지시할 것이다. 왜냐하면 그것의 최악의 결과가($9로 평가된다) 대안 A의 최악의 결과(-$10으로 평가된다)보다 또는 대안 B의 최악의 결과($8로 평가된다)보다 낮기 때문이다. 본질적으로 최소 극대화는 불확실성에 대한 **위험을 극소화하는**(risk minimizing) 접근방식이다.

언제 우리는 일반적인 방법보다 이 방법을 사용해야만 할까? 롤스는 최소 극대화 방법이 좀 더 합리적인 접근 방식이 될 수 있는 각본들의 세 가지 특성들 또는 조건들을 언급하고 있다. 첫째, 우리가 다양한 결과들과 연관된 개연성들을 평가할 수 있는 근거를 거의 갖지 못하거나 아니면 전혀 갖지 못할 때. 둘째, 우리가 보증할 수 있는 가장 나은 최저치(the best minimum outcome) 이상으로 얻은 이득에 관해서 아무런 가치를 부여하지 못하거나 가치를 조금만 부여할 수밖에 없을 때. 셋째, 몇 가지 가능한 안 좋은 결과들이 받아들이기 어려울 정도로도 나쁜 것일 때. 롤스는 모든 또는 심지어 대부분의 불확실성의 상황들이 이런 특수한 특성을 가지고 있다고 생각하지는 않는다. 그러나 그는 §26에서 "원초적 상황이 이러한 특성들을 그 극단적인 한계에까지(to the fullest possible degree) 확대하여 표현하고 있다"라고 주장한다.[146]

---

146 J. 롤스, 『정의론』, p.153; 개정판 p.133. 그는 개정판에서 이를 "a very high degree"라고 완화하고 있다. 다음에 나오는 논증이 타당하다는 한도 내에서 원초적 상황에 있는 사람은 마치 "자신의 최초의 사회적 지위를 악의를 가진 적대자가 결정해 주는 사회를 위해서" 원칙들을 선택한다고 말해질 수 있다. J. 롤스, 『정의론』, p.152; 개정판 p.133. 적절한 선택(relevant choice)이라는 각본에 대한 이런 특성묘사는, 그의 이론의 초기 해석들에서 좀 더 두드러지며(예를 들어, J. 롤스, "Justice as Fairness", 1958; reprint-

첫 번째 조건과 관련해서, 고찰해야 될 두 종류의 불확실성이 존재한다. 첫 번째 불확실성은 여러분의 사회의 특수한 상황들과 관련되어 있다. 예를 들어, 비록 확실한 것은 아닐지라도 여러분의 사회는 노예제도가 실제적으로 행복의 총량을 증가시키지 않는 사회가 될 수도 있다. 두 번째 불확실성은 그 사회에서 여러분의 특수한 지위와 관련되어 있다. 만일 노예제도가 생겨난다면, 여러분이 노예가 될 개연성이 존재하며 또한 여러분이 노예가 되지 않을 개연성도 존재한다. 이제 롤스에 따르면 "무지의 베일은 가능성(likelihoods)에 대한 모든 지식을 배제한다. 따라서 당사자들은 그들 사회의 개연적 성격이나 그 사회 속에서의 자신들의 위치를 결정할 수 있는 아무런 근거를 갖고 있지 않다."[147] 불행하게도 이 진술은 단순히 롤스가 무엇을 증명해야 될 것인가를 주장하고 있을 뿐이며 §26에 이 증명이 포함되어 있지는 않은 것으로 보인다. 원초적 상황에 있는 사람들에게 허용된 일반적인 사회 과학적 지식을 고려해 볼 때, 왜 당사자들은 관련된 개연성들을 평가할 수 없을까?

나중에 §28에서 롤스는 몇 가지 의견들을 제공하고 있지만 그것들은 그의 의도를 지지해 주기에는 역부족이다. 첫째로, 그는 여러분이 사회의 상황들에 대한 특수한 지식이 부재할 때 모든 가능성들에 동등한 개연성을 부여하는 것이 가장 합리적이라고 제안하고 있다.[148] 그러나 이것은 우리에게 최소 극대화 방법의 차용의 필요성에 관한 이유를 제공해 주기는커녕 그보다는 좀 더 세부적인 정보가 부재할 때 기대 이득과 손실을 계산하는 일반적인 방법을 지속할 수단을 우리에게 제공해 준

---

ed in *Collected Papers*, ed., Samuel Freeman, Harvard University Press, 1999, p.54), 『정의론』에서는 경시되고 있다.

147 J. 롤스, 『정의론』, p.155; 개정판 p.134. 개정판은 약간 수정됨.

148 J. 롤스, 『정의론』, p.168-169; 개정판 p.145-146.

다. 게다가 오직 최악적인 결과들(노예로 전락하게 됨)의 개연성이 실제로 모든 개연성들이 제시한 동일한 가중치(weighting)보다 훨씬 더 적은 것이 될 때만 그것은 공정으로서의 정의의 장점에 기여하게 될 것이다. 둘째로, 롤스는 원초적 상황의 당사자들이 자신들의 특수한 선 개념들을 알지 못하기 때문에, 그들이 예를 들어 노예가 되지 않음으로써 얻는 자신들의 행복과 관련하여 노예가 됨으로써 얻는 자신들의 불행을 어떻게 비교하여 평가할 것인지 말할 수 없을 것이라는 점을 지적하고 있다. 따라서 고찰되어야 할 다양한 결과들의 기대 가치들은 정의될 수 없다.[149] 그러나 이 제안도 역시 당혹스러운 것이다. 왜냐하면 기대 이득과 손실은 기본적 가치를 통해서 확실하게 계산될 수 있기 때문이다. 기본적 가치는 바로 우리의 특수한 선 개념에 대한 지식이 허용되지 않는 원초적 상황을 위해서 도입되었다.

그렇다면 첫 번째 조건과 관련해서 롤스는 자신의 가장 강력한 근거를 찾지 못하고 있는 것이다. 따라서 두 번째 조건과 세 번째 조건이 연속적으로 제시된 논증들에서 좀 더 두드러진 역할을 하게 된다는 점은 그리 놀랄 만한 일이 아닐 것이다.[150] 『정의론』에서 후자의 두 가지 특성들에 의존하고 있는 논증은 §26에서 단지 모호하게 제시되어 있을 뿐이다. 좀 더 명확한 논증은 §33에 제시된 논의이다. 우리는 여기서 이 논의를 그의 근본적인 직관을 명료화하기 위해서 사용할 수 있다. 두 번째 조건은 우리가 확실하게 성취할 수 있는 가장 최상의 결과를 넘어선 이득에 가치를 거의 부여할 수 없거나 전혀 부여할 수 없을 때 통용된다는 점을 상기해 보자. 세 번째 조건은 몇 가지 가능한 안 좋은 결과들이

149 J. 롤스, 『정의론』, p.173-175; 개정판 p.150-152.
150 예를 들어, J. 롤스, *Justice as Fairness: A Restatement*, Belknap Press, Cambridge, MA, 2001, pp.97-104.

받아들일 수 없을 정도로 나쁜 것일 때 발생한다. 두 번째 조건과 관련해서, 공정으로서의 정의는 사회의 특수한 상황들과는 무관하게 제1원칙에 따라서 모든 사람들에게 무조건적으로 동등한 기본적 자유를 확보해 준다. 우리는 이것이 전혀 나쁜 것이 아니라는 점을 합리적으로 생각해 볼 수 있다. 물론 어떤 사람들의 기본적 자유를 희생시킴으로써 우리는 타인들을 위한 추가적인 유익들(기본적 자유들에 덧붙여)을 확보할 수도 있다. 그러나 이 추가적인 유익들이 기본적 자유 그 자체가 갖는 중요성과 비교해 볼 때 더 많은 가치를 제공할 수 있는가라는 점은 명확하지 않다. 그러나 공리주의를 선택하는 것과 관련된 엄청난 위험들이 심지어 더 적절한 주제가 될 것이다(이제 이 점은 세 번째 조건을 강조해 준다). 노예가 된다는 끔찍한 전망을 제외하고 원초적 상황에 있는 당사자들은 자신들이 특수한 선 개념들을 지지하고 있다는 점을 알고 있다는 점을 상기해 보자. 즉 당사자들은 "스스로 위험에 빠뜨릴 수 없는 도덕적, 종교적, 철학적 관심들을 가지고 있다." 그러나 그들은 자신들의 특수한 선 개념이 무엇인지 모르고 또한 자신들의 사회에서 그런 개념들의 분포를 알고 있지 못하다("당사자들은 자신들의 종교적, 도덕적 견해가 그 사회에서 어떠한 처지에 있는지, 예를 들어 다수의 입장인지 소수의 입장인지를 모른다").[151] 우리가 엄청난 이교도 사회에서 기독교인이 된다고 가정해 보자. 선호도 수지(balance of preferences)가 예를 들어 기독교인들의 탄압에 찬성하는 것이 될 수 있다(공리주의적 근거에 따라서). 물론 그 일은 우리들에게 재앙이 될 것이다. 우리가 대안으로서 공정으로서의 정의에 의해서 제공된 방어막을 가지고 있다는 점을 고려한다면 왜 이런 위험을 가정해야만 할까? 롤스에 따르면,

---

151 J. 롤스, 『정의론』, p.206; 개정판 p.180-181.

"그런 식으로 도박을 건다는 것은 우리가 자신들의 종교적 또는 도덕적 신념을 신중하게 다루지 않았음을 나타내는 것이다."[152]

그러나 원초적 상황에 있는 한 사람이 아마 그가 다수 집단에 속하게 될 것이라는 가정하에서 이 위험을 감수하기로 준비되어 있다고 가정해 보자. 그다음에 그는 사회의 선호도 관심(preference profile)이 시간이 지남에 따라 변화할 수 있다는 사실을 고려해야만 할 것이다. 이런 측면에서 당사자들이 자신들의 이익만이 아니라 자신들의 후손들의 이익도 돌봐야 한다고 가정된다는 점을 상기해 보자. 따라서 "어떤 원칙 선택이 원초적 상황에서 이루어질 그 선택에 따라 그 권리가 크게 영향을 받게 될 자신들의 후손들에게도 타당한 것으로 보여져야만 한다."[153] 비록 우리의 도박꾼이 이교도가 다수인 사회에서 이교도가 된다고 할지라도, 선호도 수지가 나중에 기독교인에게 우호적인 방향으로 바뀌게 될 때 이 사실은 그의 후손들에게 전혀 위로가 되지 않을 것이다. 원초적 상황에 있는 당사자들은 자신의 후손들의 이익들을 위한 수탁인(trustee)으로서 반드시 행동해야만 한다는 점을 상기해 보자. 특별히 우리의 도박꾼이 자신의 자식들과 손자들의 특수한 이익들이 무엇이 될지 확실히 알 수 없다는 점을 고려할 때 그가 "자기 후손들의 권리들을 보장하지 못하는 것은 무책임한" 일이 될 것이다.[154]

공리주의와는 대조적으로 공정으로서의 정의는 현재 사회의 특수한 상황들 또는 미래 사회의 특수한 상황들과는 무관하게 평등한 기본적 자유를 무조건적으로 결정하고 수립한다. 확실히 롤스는 "당사자들은 자신들의 사회의 특수한 상황들에 관련해서 불확실하고 추측에 근거한

---

152 J. 롤스, 『정의론』, p.207; 개정판 p.181.
153 J. 롤스, 『정의론』, p.155; 개정판 p.134.
154 J. 롤스, 『정의론』, p.209; 개정판 p.183.

보험 통계적인 계산에 자신들을 내맡기기보다는 곧바로 자신들의 자유를 확보하는 길을 선호할 것으로" 생각한다. 비록 우리는 사회에서 선호도 수지가 **항상** 실용적인 공리주의적 기초들에 따라서 평등한 기본적 자유를 수여하는 일에 우호적일 것이라고 추측한다고 할지라도, 그럼에도

> 당사자들이 사정이 달라지는 것을 바라지 않는다는 사실을 서로 최종적으로 공표하는 것에 실질적인 유익이 존재한다. 공정으로서의 정의에서 도덕적 개념들은 공적으로 알려져 있는 까닭에 두 원칙에 대한 선택은 결국 이러한 공표를 뜻하게 된다.[155]

다시 말하면 공정으로서의 정의를 선택함으로써 우리는 선호도 수지가 노예제, 소수 종교의 탄압 등등에 호의적인 방향으로 변화되길 결코 **원하지** 않는 사회를 사실상 공표하고 있는 것이다. 이 공적인 공표는 동등한 시민으로서 서로를 영원히 존경하겠다는 당사자들 사이의 합의를 나타낸다.

많은 사람들은 기본적 자유에 의해서 공리주의에 반대하는 논증을 매우 강력한 것으로 간주했다. 만일 우리들도 역시 그렇게 생각한다면, 롤스는 자신의 중요한 임무(즉 공리주의를 넘어서는 공정으로서의 정의의 우월성을 증명하는 일)에 성공한 것이다. §§ 27-28에서 그는 자신의 결과물을 좀 더 확장시키고 뒷받침하려는 목적을 가지고 있다. 비록 그가 '평균적'(average) 공리주의라고 부르는 것과 '고전적'(classical) 공리주의라고 부르는 것 사이의 차이에 관한 혼란스러운 논증을 통해

---

155 J. 롤스, 『정의론』, p.160-161 ; 개정판 p.138-139.

서 그렇게 하고 있지만 말이다. 논의의 이런 측면은 그의 논증에 아무것도 추가하는 것이 없기 때문에, 우리는 그 논의의 중요한 논점들을 간략하게 요약해 볼 수 있다. 대략적으로 롤스는 우리가 대부분 의존하고 있는 공리주의의 전통적인 진술이 어떤 점에서 애매한 것이라고 주장한다. 그는 이 애매성이 원초적 상황에서 강조된다고 생각한다. 논쟁점은 다음과 같다. 우리가 모든 사람들의 행복을 동일한 것으로 간주하면서 행복의 총량을 극대화하려는 목표를 가지고 있을 때, 우리는 아마도 생존하고 있는 모든 사람들의 행복의 총합을 실제로 의미하고 있는 걸까? 예를 들어, 우리가 10명의 사람들이 각자 10개의 행복을 향유하고 있는 사회 기본 구조 I과 20명의 사람들이 각자 6개의 행복을 향유하고 있는 사회 기본 구조 II 중에서 하나를 선택해야 한다고 가정해 보자. 원초적 상황의 시점에서 우리는 확실히 사회 기본 구조 II보다는 I을 선호할 것이라고 롤스는 주장한다. 왜냐하면 10개의 행복은 6개의 행복보다 확실히 더 좋은 것이기 때문이다. 만일 그렇다면, 우리는 실제로 행복의 **총량**(sum total)을 극대화하는 것을 목표로 하고 있지 않다. 행복의 총량은 사회 기본 구조 II 아래에서 더 큰 것이 되겠지만 우리는 오히려 **평균적**(average) 행복을 원하고 있다.

만일 우리가 원초적 상황의 당사자들이 오직 사회 기본 구조 II에서만 살아가게 될 10명 중의 한 사람이 아니라 두 가지 사회 기본 구조 중의 어느 하나에서 살아가게 될 10명 중의 한 사람이라는 점을 확신하고 있다는 가정을 제시하지 않는다면, 그러나 우리는 그렇게 할 이유를 전혀 갖지 못하기 때문에, 공교롭게도 롤스의 추론은 여기서 완벽하게 타당한 것이 되지 못한다. 어떤 근거로 우리는 이 가정을 제시해야만 할까? 그런 물음은 인구 정책과 관련된 복잡한 문제를 불러일으키기 때문에 세대 간 정의(intergenerational justice)에 관한 우리의 나중 논의를 위해서 이를 남겨두는 것이 좋을 것이다. 지금으로서는 이 논쟁점이 실제로 논점을 벗어나고 있다는 점만을 주장하는 것으로 충분하다. 왜냐하면 원초적 상황에서 공정으로서의 정의는 공리주의의 두 가지 가능한 진술들 중 어느 것에 의존하든지 공리주의를 제치고 선택될 것이기 때문이다.

3.8.2 공약의 부담(strains of commitment) 논증

이 지점에서 롤스는 공리주의에 대한 승리를 외칠 수 있는 것처럼 보인다. 결국 이것이 『정의론』을 저술하는 그의 중요 목적이었다. 그러나 몇몇 독자들은 실망했다고 생각할 수 있다. 예를 들어, 지금까지 우리는 차등의 원칙에 대해서 어떤 것도 논의하지 않았다. 정확하게 바로 공정으로서의 정의의 이 측면이 처음에 가장 흥미롭고 논쟁의 여지가 있는 것처럼 보였을 수 있다.

설상가상으로 만일 우리가 § 26에서 제시된 최소 극대화(maximin) 논증을 공정으로서의 정의를 위해서 끌어들이고 특별히 정의의 제2원칙을 위해서 그것을 사용하려고 노력한다면, 우리의 실망은 더 증가하게 될 것이다. 정의의 제2원칙은 기본적 자유와는 다른 사회적 재화와 경제적 재화의 분배를 다루려고 고안되었다는 점을 상기해 보자. 원초적 상황에서 허용된 사회 과학적 지식의 전 영역을 고려해 본다면, 당사자들이 예를 들어 대안적인 경제 체계들의 선택의 결과에 기인하고 있는 장기적인 소득 분배(income distribution)에 관해서 합리적인 평가를 내리고 있다고 상상하는 일은 어려운 것이 아니다. 게다가 기본적 자유의 가치와는 달리 다른 사회적 재화와 경제적 재화의 가치는 중요한 중간 영역(middle range)에 걸쳐 있으며 다소 연속적으로 변화된다. 잉여 재화들은 추가적인 가치를 갖지 않는 반면 결핍된 재화들은 재난을

초래하게 되는 그러한 어떤 특수한 한계 수준(threshold level)이란 존
재하지 않는다. 물론 우리가 엄청나게 많은 부를 가지고 있어서 많은 사
람들이 좀 더 많이 갖는 것에 그렇게 신경 쓸 필요가 없는 상황을 상상
해 볼 수도 있다. 또한 결핍의 수준이 너무 심각해서 많은 사람들이 무
슨 수를 써서라도 그것을 회피하려는 상황을 또한 상상해 볼 수 있다.
그러나 이 두 가지 최극단들 사이에서 원초적 상황에 있는 당사자들은
아마도 더 많은 사회적 재화와 경제적 재화가 부족한 사회적 재화와 경
제적 제화보다 단순하게 훨씬 좋다는 점을 가정할 수 있을 것이다. 이
견해들을 고려해 보면, 만일 아마도 우리가 당사자들은 믿을 수 없을 정
도로 위험 회피적인(risk averse) 사람들이라고 가정하지 않는다면, 정
의의 제2원칙과 관련해서 숙고할 때 당사자들은 최소 극대화라는 선택
방법에 호소할 것이라는 주장은 실제적이지 못하다.[156] 그래서 롤스는
자신의 이론이 그런 심리적인 가정에 의존하고 있다는 점을 명백하게
부정하고 있다.[157]

　이것은 우리를 어디로 이끌고 가는 걸까? 통찰력 있는 독자들은 그
논증이 실패작이라기보다는 단순히 미완성이라는 점을 깨닫게 될 것이
다. 여기서 롤스의 논증에 대한 우리의 앞선 특징묘사는 그것이 몇 가지
독특한 단계들을 가지고 있다는 것과 각 단계는 공정으로서의 정의와

---

[156] Brian Barry, *The Liberal Theory of Justice*, Oxford University Press: Oxford,
1973, pp.87-96. John E. Roemer, *Theories of Distributive Justice*, Harvard University
Press: Cambridge, MA, 1996, pp.175-182.
[157] J. 롤스, 『정의론』, p.172; 개정판 p.149. 기본적 자유 논증에서 롤스는 사람들은 위
험 회피적(risk averse)**이라고** 주장하지 않고 오히려 어떤 특수한 상황 아래에서 사람들
은 **반드시** 위험 회피적이어야만 한다고 주장하고 있다. 그의 주장은 인간 심리에 관한
것이 아니라 합리성이라는 특성에 관한 것이다. 이제 난제는 그 요구된 상황이 제2원칙
과 관련될 때 명백하게 적용되지 않는다는 점이다.

그것의 경쟁이론들 중의 하나 간의 쌍별 비교(pairwise comparison)로 구성되어 있다는 점이다. 이 특징묘사는 우리가 롤스의 논증을 이해하는 데 큰 도움을 주고 있다. 지금까지 우리는 오직 한 가지 비교만을 고찰했다. 그것은 공정으로서의 정의와 공리주의 사이의 비교였다. 논증의 첫 번째 단계가 완료되었기 때문에, 우리는 이제 두 번째 단계로 이동할 수 있다. 이 두 번째 단계는 한편으로 공정으로서의 정의와 다른 한편으로 자유지상주의(libertarianism) 또는 절충 개념 사이의 비교를 통해서 그 특성이 가장 잘 기술된다(특별히 기본적 자유 제한조건과 공리주의로 구성된 절충 개념). 모든 경쟁하는 개념들은 이제 공정으로서의 정의의 제1원칙과 같은 어떤 것을 공유하고 있다는 점을 주목해 보자. 따라서 모든 것들은 평등한 기본적 자유를 무조건으로 보장하고 있다. 이로써 논증의 첫 번째 단계에서 제시된 모든 고려사항들은 두 번째 단계와 아무런 관련이 없다는 결론이 도출된다. 그 반대로 두 번째 단계의 논증은 필연적으로 공정으로서의 정의의 제2원칙의 특수한 장점들에 의존하고 있다. 제2원칙에 대한 별개의 논증은 § 29에 최초로 등장한다. 거기서 롤스는 앞에서 의존하고 있는 최소 극대화 논증(maximin argument)에 대해서 아무런 언급을 하고 있지 않다.

많은 독자들이 롤스의 논증 구조와 관련해서 잘못 이해하고 있다는 점은 그리 놀랄 만한 일이 아니다. 첫째로, 주된 논증이 정말로 2개의 다른 단계들로 분리된다는 점은 본문에서 전혀 명확하지 않다. (후기 작품들에서, 그리고 참으로 『정의론』 개정판 서문에서 롤스는 논증이 이런 방식으로 제시되어야 했다는 점을 인정하고 있다.) 게다가 첫 번째 단계에서, 비록 그 초점은 평등한 기본적 자유의 확보가 갖는 중요성에 맞춰져 있을지라도, 그 논의는 결코 이 주제에만 명백하게 제한되어 있지 않다(§ 33을 제외하고). 또한 참으로 진술 방식은 빈번하게 정의의 두 원칙들이 함께 고려되고 있다는 점을 제안하고 있다. 마지막으로 그리고 가장 혼란스러운 것은 한편으로 최소 극대화 선택 방법과 다른 한편으로 차등의 원칙 사이의 형식적 유사성은 (전자는 불확실성에 직면했을 때 가장 나쁜 사례의 각본에 초점을 맞추고 있는 반면, 후자는 사회의 최소 수혜자 구성원들의 전망에 초점을 맞추고 있다) 매우 기민한 독자를 제외하고 모든 독자의 마음속에서 실질적으로 두 가지 요소들이 강력하게 결합될 것이라는 점을 보증하고 있다(개정판에 이 실수에 대한 짧은 경고가 추가되어 있지만 말이다).[158] 롤스는 공정으로서의 정의에 관한 논증을 나중에 제시할 때 이 그릇된 생각들을 수정하려고 노력했다.[159]

　롤스는 공정으로서의 정의의 제2원칙에 관한 자신의 입장을 어떻게 밝히고 있을까? 출발하기에 앞서 우리는 원초적 상황에 있는 당사자들의 합리성에 관한 어떤 초기 가정들을 다시 언급할 필요가 있다. 엄격하게 합리적인 개인들은 단지 자신들의 직접적인 단기 이득이나 손실을 고려할 뿐만 아니라 이런 사회정의 개념보다 저런 사회정의 개념을 채택함으로써 발생하게 될 개연적인 장기적 효과들도 또한 고려할 것이라는 점을 상기해 보자. 이것은 사람들이 무지의 베일이 제거되었을 때 원초적 상황에서 내려진 합의와 시행된 사회정의의 원칙들을 고수할 수 있을지에 대한 고려를 포함하고 있다. 장기적 관점에서 당사자들은 "자신들이 용납할 수 없는 결과를 갖게 될 그러한 사항에 합의할 수 없다. 따라서 그들은 아주 힘들게 준수해야 할 사항들을 피하고자 한다."[160]

---

158 J. 롤스, 『정의론』, 개정판 p.72.
159 예를 들어, J. 롤스, *Justice as Fairness: A Restatement*, Belknap Press: Cambridge, MA, 2001, pp.94-97, 119-120.
160 J. 롤스, 『정의론』, p.176; 개정판 p.153.

롤스는 '공약의 부담'(strains of commitment)으로서 이런 종류의 장기적 고려사항들을 언급하고 있다. 이 관념은 단순하게 당사자들이 대안적인 정의 개념들을 비교할 때 공약의 부담이 너무 크지 않기를 바라게 될 것이라는 점을 나타낸다. 그들은 공약의 부담이 최종적으로 그들의 합의에 대한 전망을 끌어올리고 그리고 실패로 끝나게 될 원초적 상황에서 이뤄진 그들의 힘든 작업을 되살리게 되는 한도 내에서 유지되기를 바라게 될 것이다. 공약의 부담을 평가하면서, 활용 가능한 가장 좋은 사회적 지식과 심리적 지식을 고려해 볼 때, 어떻게 평범한 남자들과 여자들이 자신들의 사회 기본 구조에 주목하게 될지를 상상해 보는 일은 매우 자연스럽다. 우리는 지금 원초적 상황에 있는 이상화된 당사자들을 고려하는 것이 아니라 실제적인 사람들을 (다시 말하면, 폭넓은 결점들, 감정들, 상호 애정들 등을 가진 사람들) 고려하고 있는 것이다.

이 관점으로부터 차등의 원칙을 유용성 극대화(utility-maximizing) 원칙으로 대체하고 있는 사회정의의 절충 개념(a mixed conception)을 또는 차등의 원칙을 자연적 자유의 체계로 대체하고 있는 자유지상주의(libertarianism)를 고찰해 보자. (비록 §29에서 롤스의 논증이 둘 모두를 반박하는 데 효과적인 것이 될지라도, 그 논증은 그 자체로 제시되지 않았다는 점에 주목하자. 공식적으로 절충 개념들은 제5장에 이를 때까지 고찰되지 않았으며 또한 자유지상주의도 전혀 명확하게 고찰되지 않았다.) 잠시 앞으로 돌아가 도표 3.7을 참조하고 이 행들에 있는 숫자들이 사회 기본 구조의 다양한 설정들을(예를 들어 다양한 경제적 체계들) 아래에 있는 사회적 재화와 경제적 재화의 꾸러미들을 나타내고 있다는 점을 생각해 보자. 만일 우리가 행복은 일반적으로 공유된 재화의 선형함수이고, 다른 모든 것이 똑같다고 가정한다면, 공리주의는 행복의 총합이 극대화된 사회 기본 구조 IV를 선택할 것이라는 결론이 도출된다. 그러나 어떤 사람들은 이 체계 아래에서 오히려 가난하게 살게 될 것이라는 점을 주목하자. 우리가 반드시 고려해야 할 사항은 비참하게 살아가는 사람들이 이와 무관하게 여전히 공리주의에 헌신할 것인지 아닌지 하는 문제이다. 롤스는 "사회 체제에 대한 충성(allegiance)은 전체의 좀 더 큰 선을 위해서 일부의 사람들이 자신들의 이득을 보류하도록 요구할 수 있다"고 주장한다.

> 그래서 만일 희생당해야 할 사람들이 자신들의 이익보다 더 큰 이익을 자신과 강력하게 동일시하지 않는다면 그 체계는 안정될 수 없다. 하지만 그러한 일이 생기기란 쉽지 않다. … 정의 원칙들은 사회 체제의 기본 구조에 적용되며 삶의 전망을 결정하는 데 적용된다. 효용의 원칙이 요구하는 것은 정확하게 이러한 전망의 희생이다. 우리는 평생토록 자신의 낮은 전망들에 대한 충분한 이유로서 타인들의 좀 더 큰 이익을 용인해야만 한다. 이는 분명히 지나친 요구이다. 사실상 사회가 그 구성원들의 선을 증진시키기 위해 고안된 협동 체계로 생각될 경우 정치적 원칙을 근거로 해서 일부 시민들이 타인들 때문에 삶에 관한 낮은 전망을 수용해야 한다는 것은 아주 놀라운 것이다.[161]

노골적으로 말하면 공리주의는 사회의 최소 수혜자에 속한 구성원들에게 다음과 같이 말하게 될 것이다. 일이 그대에게 잘 풀리지 못해서 우리는 안타깝게 생각한다. 그러나 그대는 적어도 그대의 불행이 다른 사람들에게는 더 많은 행복을 줄 수 있었고 또한 그들의 행복이 그대의 불행보다 훨씬 크다는 사실에 위안을 받아야만 한다. 우리가 평범한 사람들에 관한 사회 심리학을 알고 있다는 점을 고려한다면, 이것은 아마도

---

161 J. 롤스, 『정의론』, p.177-178; 개정판 p.155.

강매(a hard sell)가 될 것이다. 우리는 여기서 사회 기본 구조와 자연적 재능이라는 운에 의해서 결정되는 전반적인 삶의 전망이라는 측면에서 최소 수혜자에 관해 논의하고 있다는 점을 잊지 말아야 한다. 아마도 잘 못된 삶의 선택을 내림으로써 그 결과로 불행하게 된 사람들에게 나오는 불평들에 고개를 돌리는 일은 비교적 쉬운 것이다. 실제적인 난제는 심지어 자신들이 어떤 삶의 선택들을 내리기도 **전에** 뒤에 처져서 출발해야만 하는 사람들에게 나오는 불평들에 대답하는 일이다. 어떻게 그런 비자발적인 불이익들이 정당화될 수 있을까? 최소 수혜자들은 공리주의 논증에 거의 감동받을 것 같지 않다. 따라서 공약의 부담은, 만일 우리가 원초적 상황에서 공리주의를 선택한다면, 매우 높아질 것이다.

만일 우리가 자유지상주의 사회정의 개념을 채택한다 해도 사태가 좀 더 나아지지 않을 것이다. 비록 롤스가 이 생각을 전개하고 있지 않지만, 많은 독자들은 명확하게 이와 유사한 고려사항들이 적용될 수 있다고 생각한다. 자유지상주의자들도 역시 도표 3.7에서 사회 기본 구조 IV를 선택할 수 있다(그 이유는 그것이 우연하게 행복의 총합을 극대화하기 때문이 아니라 오히려 순수한 자본주의 사회가 자연적 자유의 체계라는 이상에 가장 잘 접근하기 때문이다).[162] 그러나 다시 한 번 우리는 사회의 최소 수혜자에 속하는 구성원들에게 그들이 직면하게 될 비자발적인 불이익들을 정당화해야만 한다. 자유지상주의 사회에서 최소 수혜자들은 자신들의 감소된 삶의 전망이 다른 사람들, 즉 자신들보다 더 운 좋은 사람들에게 자연적 자유 체계 안에서 그들의 자연적 재능들과 다른 구조적인 기회들을 통해서 개인적인 최대 수입을 획득하도록 허용함으로써 빚어진 필연적인 결과라는 사실에서 위로를 받아야 한다

---

162 3.4.2절을 참조하라.

는 말을 듣게 될 것이다. 이 주장은 아마도 똑같이 강매가 될 것이다. 자유지상주의에서 공약의 부담은 공리주의에서 공약의 부담과 마찬가지로 버거운 것이 될 것이다.

그러나 공정으로서의 정의에 관한 영리한 반대자는 공약의 부담이라는 도전에 응수할 수 있는 것처럼 보인다. 사람들을 세뇌시키면 되지 않을까? 예를 들어, 행복의 총합을 극대화하는 가장 효과적인 방식은 공정으로서의 정의의 2원칙들을 유용한 거짓말(a useful fiction)로 제시하는 것이다. 따라서 사회에 있는 모든 사람들은 자신들이 침해할 수 없는 기본 권리들을 갖고 있으며 또한 최소 수혜자의 전망을 극대화하는 것을 목표로 해야 한다는 말을 듣게 될 것이다. 그들은 공정으로서의 정의가 자신들의 사회를 위한 공식적인 사회정의 개념이라는 점을 믿게 될 것이다. 그러나 사실상 그것은 오직 공리주의를 실현하기 위한 장치로서 도입된 것이다. 이와 마찬가지로 우리는 좀 더 불길한 형식의 선전선동(propaganda)을 상상해 볼 수 있다(비록 롤스는 그렇게 하지 않았지만 말이다). 우리는 공리주의 원칙을 수용하면서 동시에 최소 수혜자의 이익을 희생하는 것이 인간 종의 혁명적인 발전을 위해서 필수적인 것이 된다는 이야기를 꾸며 냄으로써 공약의 부담을 감소시킬 수 있다. 또한 우리는 자유지상주의의 원칙을 수용하면서 동시에 신이 주신 자연적인 권리들은 반드시 어떤 희생을 치루더라도 존중되어야만 한다는 이야기를 꾸며 냄으로써 공약의 부담을 감소시킬 수 있다. 다행히도 롤스는 그런 속임수들에 대비하고 있다. 롤스는 "우리가 공지성(publicity)이라는 조건을 외면해서는 안 된다"라는 점을 일깨워 주고 있다.

원초적 상황에 있는 당사자들은 자신들의 사회를 위해서 공적 정의 개념으로 사용될 원칙들을 선택해야 하는 임무를 맡고 있다. 예를 들어 만일 그 누구도 공리주의가 사회 기본 구조에 대한 참된 정당화라는 점을 알지 못한다면, 공리주의는 참된 공적 정의 개념이 아니다. 공적 개념은 논쟁들을 해결하고 공공 정책을 지휘하기 위해서 그 사회에서 실제로 사용되는 개념이다. 만일 "어떤 이유 때문이든지 사회정의에 관한 어떤 개념의 공적 인정"이 공약의 과도한 부담을 불러일으킨다면, "이러한 결함을 피할 길이 없다. 그것은 원초적 상황에서 그 개념을 선택한 행위에 대해서 어차피 치러야 할 어쩔 수 없는 대가이다." 따라서 이에 반대하는 심각한 논증이 존재한다.[163] 사람들은 자신들의 사회의 기본 구조가 왜 그렇게 되어 있는지에 관한 실제적인 이유를 알 권리가 있다.

차등의 원칙을 포함하고 있는 공정으로서의 정의는 공약의 부담과 같은 난제들에 직면하지 않는다. 차등의 원칙에 의해서 권고된 사회 기본 구조 아래에서도 사회적 재화와 경제적 재화의 분배와 관련해서 확실히 불평등들이 존재한다는 점이 사실일지라도, 차등의 원칙은 이 불평등들이 모든 사람들의 유익(특별히 사회의 최소 수혜자들의 이득)을 위해서 작용하고 있다는 점을 보증해 줄 것이다. 따라서 도표 3.7의 집단 E의 관점에서 보면 사회 기본 구조 III은 그들이 기대할 수 있는 가장 최선의 전면적인 삶의 전망을 그들에게 제공해 준다. 원초적 상황에 있는 당사자들은 차등의 원칙을 채용함으로써 실질적으로 사회를 상호성(reciprocity)의 가치에 바탕을 둔 협동 체계로서 간주하는 일에 동의하게 된다. "상호 이익을 위해서 불평등을 안배하고 자연과 사회적 상황의 우연성을 부당하게 이용하지 못하게 함으로써 사람들은 그들 사회 구조 속에서 서로에 대한 존경심을 표현한다." 다시 말하면 공정으로서의 정의는 "서로를 단지 수단으로서가 아니라 목적 그 자체로서 대하려는 욕구를 나타낸다."[164] 이것은 물론 칸트의 인격주의 정식(the Formula of

---

163 J. 롤스, 『정의론』, p.181; 개정판 p.158.

Humanity)을 나타내고 있다. 나중에 롤스는 자신의 이론과 칸트의 도덕 철학을 좀 더 분명하게 연결하고 있다.

이 설명은 공정으로서의 정의에 관한 롤스의 논증의 두 번째 중요한 단계를 완성하고 있다. 물론 설명해야 될 많은 부분들이 여전히 미완으로 남아 있다. 우선 첫째로, 공정으로서의 정의와 완전주의(perfection-ism) 사이에 이뤄진 쌍별 비교가 명확하게 존재하지 않는다. 이 쌍별 비교는 제5장의 말미로 미뤄진다. 아마도 좀 더 중요한 점은 비록 롤스가 각기 검토된 공정으로서의 정의의 두 가지 원칙들 중의 각 원칙에 대한 논증들을 제시했지만, 그는 그것들의 엄격한 축자적 순서(lexical order)의 정당화에 대해서는 단지 간략하게 언급하고 넘어갔다는 점이 될 것이다. 대략적으로 그는 원초적 상황에 있는 당사자들은 무지의 베일이 제거되면 합리적으로 자신들의 근본적인 목적들과 공약들에 대해서 반성하고 수정할 기회들을 보존하길 원할 것이라는 점을 제안하고 있다.[165] 따라서 "오직 사회적 여건이 이러한 권리들의 효과적인 확립을 허용하지 못할 경우에만," 당사자들은 "자신들의 한계를 인정하게 될 것이다." 그리고 또한 이러한 제한은 "자유로운 사회를 위한 길을 마련하기 위해 필요한 정도까지만 인정될 수 있다."[166] 그러나 축자적 순서에 관한 실제적인 논증은 한참 후에나 이뤄진다.[167] 이런 세부사항들이 있지만, 지금

---

[164] J. 롤스, 『정의론』, p.179; 개정판 p.156.

[165] J. 롤스, 『정의론』, 개정판 p.131.

[166] J. 롤스, 『정의론』, p.152; 개정판 p.132. 개정판은 약간 수정되었다. 롤스는 『정의론』 제2부의 다양한 지점들에서 이런 다소 생략된 양보 사항을 자세하게 설명하고 있다. 3.9절과 3.10절을 보라.

[167] 특별히 그 논증은 제9장 § 82에서 이뤄지고 있다. 거기서 그는 원초적 상황에 있는 당사자들은 긴급한 물질적 필요들을 충족시켜야 하는 부담이 경제적 발전과 문화적 발전과 함께 감소되기 때문에, 기본적 자유의 상대적인 가치는 반드시 궁극적으로 지배적

까지 『정의론』에서 가장 중요하고 가장 영향력 있는 측면은 우리가 여기서 재검토한 두 가지 원칙들에 대한 원초적 상황 논증이다.

제3장의 마지막 절에서 롤스는 공리주의 주제로 다시 되돌아온다. 이 반성들은 아마도 사회정의에 관한 두 가지 중요한 경쟁 개념들 사이에 제기된 앞선 차이들을 되살려 보려는 의도에서 이뤄진 것처럼 보인다 (§§ 5-6과 §§ 16-17). 앞에서 살펴본 것처럼 원초적 상황에서 무지의 베일에 가려진 엄격하게 합리적인 사람들은 공리주의를 거부하고 그 대신 공정으로서의 정의를 선택할 것이다. 그렇다면 이것은 공리주의 개념의 본성에 관해서 우리에게 무엇을 말해 주고 있는 것일까? 무엇보다도 그것이 사회정의론으로서 가질 수 있는 어떤 타당성(plausibility)은 완전히 다른 근원으로부터 도출되어야만 한다는 점을 우리에게 말해 주고 있는 것이다. 예를 들어, 그것은 사회에 관한 완전히 다른 관점에 의존하고 있어야만 한다. 공리주의는 사회를 안으로부터 서로를 동등한 존재로 바라보는 시민들 사이의 공정한 상호 협동 체계로서 고찰하기보다는, 외부로부터 공평한 관망자(impartial spectator)로서 고찰하고 있다. 그런 시각에서 보면 한 사람의 좀 더 작은 행복을 다른 사람의 좀 더 큰 행복으로 교체하지 않을 이유가 없다. 참으로 그렇게 하지 않는 것이 비합리적인 것처럼 보일 것이다. 그러나 롤스에 따르면 "공리주의는 개인 간의 차이를 신중히 다루지 못한다."[168] 다시 말하면 공리

인 것이 될 것이라는 점을 제안하고 있다. 그러나 이런 견해는 아쉽게도, 비록 그 주장이 참이라고 할지라도, 원래 목적에 기여하는 바가 아무것도 없다. H. L. A. Hart, "Rawls on Liberty and Its Priority", 1973, reprinted in *Reading Rawls*, ed., Norman Daniels, Stanford University Press, 1975, pp.249-252. 후기 작품들에서 롤스는 우선성에 관한 생략된 논증을 보충하려고 노력하고 있다. 특별히 J. 롤스, *Political Liberalism*, Columbia University Press, 1993, pp.310-340.

168 J. 롤스, 『정의론』, p.187; 개정판 p.163.

주의는 각 개인의 삶이 자신에게 독특한 가치를 갖는다는 사실, 즉 다른 사람들의 이득들이 자신의 이득을 능가할 때마다 아무 생각 없이 자신의 삶이 희생되어서는 안 된다는 사실을 고려하지 않고 있다. 많은 독자들은 이것이 공리주의가 근본적으로 잘못된 것이라는 점에 관한 강력한 표현이라고 생각한다.

연구를 위한 물음들

1. 원초적 상황의 관점에서 동등한 기본적 자유의 원칙 대신에 공리주의를 선택하는 것이 비합리적인 것이 될 수 있을까?
2. 최소 수혜자를 위한 사회 기본 구조를 정당화할 수 없기 때문에 반드시 공약의 부담을 줄이기 위해서 선전선동 또는 유용한 거짓말들에 의존해야만 하는 사회는 잘못된 것일까?

3.9 정의 사회의 제도들 (§§ 31-32, 34-39, 41-43)

『정의론』의 제2부는 표면상으로는 제도들에 관한 것이다. 그것의 목표는 롤스에 따르면 "정의의 원칙들을 만족시키는 기본 구조를 서술하고 그 원칙들로 말미암아 생겨나는 의무와 책무들을 검토함으로써 그 원칙들이 갖는 내용을 예시하는 것이다."[169] 그러나 이것은 우리가 실제로 찾으려고 하는 것에 관한 다소 잘못된 인상을 주게 된다. 예를 들어 (앞으로 우리가 살펴보게 되겠지만) 제6장은 오직 매우 간접적으로만 제도들과 관계되어 있다. 심지어 좀 더 인상적인 것은 제4장의 논의와 제5

---

[169] J. 롤스, 『정의론』, p.195; 개정판 p.171.

장의 논의가 매우 추상적이며 또한 어떤 중요한 관점에서 제도들의 권장과 관련해서 너무 불확실하다는 점이다. 아마도 우리는 어디에서도 우리가 기대했던 것(즉 미합중국과 같은 실제적인 사회의 제도들을 계획하거나 개혁하는 데 필요한 자세한 청사진과 같은 것)을 찾을 수 없을 것이다.

이에 관한 설명은 첫인상들과는 달리 우리가 원초적 상황을 벗어나지 않았다는 사실이다. 비록 공정으로서의 정의에 관한 원초적 상황 논증의 가장 유명한(그리고 가장 중요한) 측면이 『정의론』제3장에서 등장하지만, 그 논증은 제3장에서 완결되지 않았다. 주의 깊은 독자들은, "원초적 상황에 있는 사람들이 인정할 수 있는 유일한 원칙은"[170] 또는 "원초적 상황의 관점으로부터"[171]와 같은 표현들이 제4장에서 다시 수면 위로 떠오를 때, 이 점을 감지하기 시작할 것이다. 자꾸만 드는 의심은 롤스가 공정으로서의 정의의 원칙들을 부활시키고 제5장의 중반부에 그것들에 관한 정의에서 새로운 우선성(priority) 규칙들을 도입하면서 사라지게 된다. 그래서 이 장의 남은 부분은 공정으로서의 정의에 관한 논거를 그것의 중요 경쟁자들에 맞서서 (최종적으로) 완성하는 데 할애되고 있다.

제도들에 관한 롤스의 명확한 논의들이 갖는 의도된 역할(제일 먼저 제4장에서 그리고 제5장의 첫 1/3부분에서)은 다음과 같이 대략적으로 설명될 수 있겠다. 원초적 상황의 당사자들은 엄격하게 합리적인 사람들로 가정된다는 점을 상기해 보자. 다른 무엇보다도 이 가정은 그들 자신이 선택한 사회정의의 원칙들이 실제적으로 구현될 수 있는지 없는

---

170 J. 롤스, 『정의론』, p.207; 개정판 p.181.
171 J. 롤스, 『정의론』, p.217; 개정판 p.191.

지 고려할 것이라는 점을 우리가 추정해야만 한다는 점을 의미한다. 예를 들어, 그들은 이론적으로는 매우 매력적인 것이지만 실제로 전혀 실행 불가능한 원칙들을 거부할 수 있다. 물론 여전히 원초적 상황에서 당사자들은 이 특수한 공공 정책 또는 제도를 선택할 것인지 저 특수한 공공 정책 또는 제도를 선택할 것인지에 대한 결정에 도달하지 못할 수도 있다. 왜냐하면 무지의 베일은 그런 결정에 관련된 그들 사회의 상황들에 대한 수많은 특정한 사실들을 감추고 있기 때문이다. 그들이 할 수 있는 최선의 길은 가능한 다양한 상황들 A, B, C 등등을 고찰하고, 자신들이 결정한 정의의 원칙들의 구현이 자신들의 사회가 A 유형의 상황을 만나게 될 때, 또는 B 유형의 상황 등등을 만나게 될 때 어떠할지를 숙고하는 것이다. 롤스는 심지어 그들이 이 실행 과정을 상상할 때 사용하게 될 사유 도식(framework)을 제시하고 있다. 그는 이것을 '4단계 과정'(the four-stage sequence)이라고 부르고 있다(이것은 잠시 후에 다루어질 것이다). 그러나 우리가 여전히 자신들의 사회의 특정한 사회적 상황과 역사적 상황을 알지 못하는 원초적 상황에 있는 사람들을 상상하고 있다는 사실은 논의가 갖는 대체로 추상적이며 불확실한 본성을 설명해 주고 있다. 그것은 또한 공정으로서의 정의의 원칙들을 수정하는 진행과정을 설명해 준다. 간과되기 쉬운 앞선 구절에서 롤스는 제2부의 목표가 "제도상 그러한 원칙이 갖는 결과들과 … 기본적인 사회 정책에 대한 그러한 원칙의 함의를 우리의 숙고된 판단(our considered judgments)"과 비교함으로써 공정으로서의 정의의 원칙을 시험해 보는 것이며 또한 이 시험은 그 자체로 그 개념에 관한 자신의 논증의 일부분이 된다는 점을 지적하고 있다.[172] 논증의 두 부분이 완성될

---

172 J. 롤스, 『정의론』, p.152 ; 개정판 p.132.

때까지 우리는 최종적으로 반성적 평형(reflective equilibrium)에 도달한 것이 아니다.

앞에서 언급한 것처럼, 롤스는 §31에서 어떻게 사회정의론이 선택되고 구현될 수 있는지를 알아내기 위한 '4단계 과정'을 구상하고 있다. 첫 번째 단계는 원초적 상황 그 자체이다. 이 단계에서 사람들은 자신들의 사회를 위해 사회정의에 관한 공적인 설명으로서 기능하게 될 기본 원칙들을 선택하게 된다. 또한 그들은 자신들의 개인적인 특성들 또는 자신들의 사회의 특정한 상황들에 관한 지식을 차단하고 있는 무지의 베일에 가려진 채 이 선택을 내리게 된다. 두 번째 단계는 사람들이 자신들의 지침으로서 첫 번째 단계에서 선택된 원칙들을 사용하면서 자신들의 사회를 위해서 통치 체계(a system of government)와 헌법(constitutional law)을 설계하는 제헌 위원회(constitutional convention)에 참여하는 것에 해당한다. 롤스에게 이 단계는 대부분 공정으로서의 정의의 첫 번째 원칙(평등한 기본적 자유 원칙)의 구현을 함의하고 있다. 이런 구현이 용이하게 이루어지려면 우리는 무지의 베일이 부분적으로 두 번째 단계에서는 제거되었다고 상상해야만 한다. 비록 제헌 위원회의 대표들이 여전히 자신들에 대한 어떤 개인적인 사실들을 알 수 없지만, 그들은 이제 자신들의 사회의 특정한 상황들을 알 수 있게 된다(그 사회의 경제 개발의 수준, 지정학적 위치와 천연 자원들, 문화와 역사 등등). 실제적인 제헌 위원회가 이와 같지 않다는 점이 사실일지라도 (위원회의 실제적인 참여자들은 물론 자신들과 다른 당사자들과 그들이 대표하고 있는 이익들에 대해서 많은 사실들을 알고 있다), 어떻게 기본적인 정치 형태들과 관련된 선택들이 장기적으로 특정한 이익들에 도움이 될지 아니면 방해가 될지를 예견하는 일은 심지어 가장 현명한 제헌 위원회 설계자에게도 불가능하다. 따라서 두 번째 단계의 구상은 그것이 처음에 나타내는 모습처럼 이상적인 것이 될 수 없다.

통치 체계와 헌법이 정해지면, 우리는 제3단계에 들어가게 된다. 그것은 공공 정책들과 사회 경제적 규정들을 설정하는 과정에 상응한다. 롤스에 따르면 바로 이 과정에서 공정으로서의 정의의 제2원칙(공정한 기회 균등과 차등의 원칙)이 구현될 것이다. 그러나 제2단계에서처럼 입법과정에서 참여자들은 부분적인 무지의 베일에 의해서 구속된다고 가정된다. 일반적인 정책들과 규정들을 결정하게 될 때, 헌법을 설계하는 것과는 달리, 이 가정은 아마도 덜 실제적인 것이 될 것이다. 참으로, 제2단계와 제3단계에서 활용되는 정보들이 동일한 것으로 가정된다는 점을 고려해 본다면, 우리는 그 단계들의 차이점이 무엇이 될지 의아하게 생각할 수 있다. 다시 말하면, 제2단계에서 우리의 목표가 헌법이라는 도구를 통해서 공정으로서의 정의의 제1원칙을 구현하는 것이라면, 왜 제2원칙도 역시 정의로운 사회의 헌법에 포함되어서는 안 되는가? 이를 설명하기 위해서 롤스는 '사회정의의 다양한 문제들을' 다루는 데 필수적인 '노동의 분업'(a division of labor)을 가정하고 있다. 그의 견해에 따르면, 기본권과 기본 자유를 "입법부는 종교의 자유를 제한하는 어떤 법도 제정해서는 안 된다"와 같은 절대적이며 무조건적인 법률들의 형식으로 구현하는 것은 비교적 쉬운 일에 속하는 반면, 예를 들어 차등의 원칙을 구현하는 것은 훨씬 더 어려우며 또한 아마도 복잡한 공공 정책 발의를 통해서 실험과 수정의 진행과정을 요구하게 될 것이다. 게다가 "평등한 자유가 지켜지지 못할 경우가 일반적으로 아주 명백하고 확연하다. 그러나 이러한 사태는 차등의 원칙에 의해 규제되는 사회 및 경제 정책에서는 아주 드물게 나타나는 일이다."[173] 롤스에 따르면

---

173 J. 롤스, 『정의론』, p.199; 개정판 p.174.

정의의 제2원칙은 헌법 속에 사실상 포함될 수 없다. 그것의 구현은 그 자체의 독립된 단계를 요구한다.

마지막 제4단계는 공공 기관(public agencies), 사법 제도 그리고 일반 시민들이 제도들을 존중하고 앞선 두 단계들에서 채용된 정책들을 실행하는 단계이다. 물론 이 단계에서는 무지의 베일이 존재하지 않는다. 왜냐하면 모든 사람들은 자신들이 누구이며 또한 특정한 상황에서 어떤 상황들이 일어날지를 정확하게 알고 있기 때문이다. 롤스는 이 제4단계를 나중에(제6장) 논의하게 될 것이다.

요약하면 다음과 같다. 우리는 롤스가 제도 설계(institutional design)에 관한 일반적인 문제(주요 정치적, 사회적, 경제적 제도들의 설계에 공정으로서의 정의의 적용)를 4단계 과정 중에 2개의 중간 단계에 상응하는 2개의 중요한 부분들로 분리하고 있음을 알 수 있다. 첫 번째 부분은 사회의 통치 형식과 헌법에 관련되어 있다. 두 번째 부분은 그 사회의 사회적 정책과 경제 정책과 관련되어 있다. 각각에 대한 롤스의 주장을 고찰하기 전에, 아마도 구체적인 권고사항들은 종종 제시되지 않는다는 점을 다시 한 번 말해 두는 것이 좋을 것이다. 그 이유는 구현의 과정이 관련된 문제들을 해결하는 데 필수적인 특수한 정보에 스스로 접근할 수 없는 원초적 상황에 있는 사람의 관점에서 여전히 상상되고 있기 때문이다. 다시 말하면, 우리는 무지의 베일에 가려진 사람들이 **상상하는** 것이 그 베일이 벗겨지기 시작하면서 **발생할 것**이라는 점을 고려하고 있다. 이것은 원초적 상황 그 자체에서 그들의 기본 원칙들의 선택에 영향을 미칠 것이다. 어떤 의미에서 우리는 『정의론』에서 실제로 원초적 상황을 결코 떠나지 못할 것이다. 그리고 많은 독자들에게 이 점은 좌절감을 안겨 준다. 그러나 긍정적 측면에서 보면, 이 점은 롤스가 우리가 살아가게 될 종류의 사회에 관해서 주로 불가지론적(agnostic)

입장을 취하고 있음을 의미한다. 왜냐하면 그의 결론들은 예를 들어 20세기 후반의 미국 사회라는 특수한 상황들에 편협하게 연관되어 있지 않기 때문이다.

첫 번째로 헌법의 설계(즉 정의로운 사회의 근본적인 정치적 제도와 법적 제도)에 관한 물음들을 살펴보자. 대략적으로 말해서 롤스에 따르면, 헌법의 설계는 반드시 2가지 고려사항들의 지침에 따라 이루어져야만 한다. 첫 번째로 가장 중요한 사항은 근본적인 정치적 제도와 법적 제도는 반드시 공정으로서의 정의의 제1원칙에 의해서 무조건적으로 보증된 평등한 기본적 자유를 반영해야만 한다는 점이다. 두 번째로 보조적인 고려사항은 우리가 평등한 기본적 자유 원칙을 만족시키는 실현가능한 헌법의 설정들의 집합 중에서 반드시 공정으로서의 정의의 다른 목표들(즉 평등한 기회 균등과 최소 수혜자의 전망을 극대화하는 것)을 증진할 수 있는 공공 정책들을 산출하는 데 가장 신뢰할 만한 것으로 기대될 수 있는 것을 선택해야만 한다는 점이다.[174] 첫 번째 고려사항과 관련해서 롤스는 더 나아가 정치적 제도와 법적 제도의 설정이 다음과 같은 두 가지 방식에서 평등한 기본적 자유 원칙을 반영하는 데 실패할 수 있다는 점을 지적하고 있다. 첫 번째는 어떤 사람들에게 다른 사람들보다 좀 더 많은 기본적 자유를 허용함으로써 실패할 수 있으며, 두 번째는 일반적으로 사람들에게 불충분한 기본적 자유를 허용함으로써 실패할 수 있다.[175] 이런 최초 고려사항들을 염두에 두고서 그는 몇 가지 계별적인 사례들을 계속해서 논의하고 있다.

§§ 34-35에서 논의된 첫 번째 예들은 관용(toleration)의 한계와 관련

174 J. 롤스, 『정의론』, p.221 ; 개정판 p.194.
175 J. 롤스, 『정의론』, p.203-204 ; 개정판 p.178.

되어 있다. 또한 그것은 아마도 우리의 양심의 자유와 표현의 자유와 관련해서 공정으로서의 정의의 제1원칙의 작용을 예시해 주기 위해서 기획되었을 것이다. 다른 무엇보다도 롤스는 그런 자유가 공공질서를 위해서 합법적으로 규제될 수 있는지 아닌지, 그리고 심지어 그런 자유를 다른 사람들에게 허용하지 않는 관용성이 없는 개인들 또는 집단들에게까지도 그런 자유가 반드시 확장되어야만 하는지 아닌지에 대한 영속적인 논쟁점들에 역점을 두어 다루고 있다(그는 이 두 물음들에 모두 '예'라고 답하고 있다). §§ 36-37에서 논의되고 있는 두 번째 예들은 통치 제도들의 설계와 관련되어 있다. 따라서 이것은 정치적 권리와 자유와 관련해서 제1원칙의 작용을 예시해 주고 있다. 여기서 롤스는 예를 들어 정치 선거 운동의 국가 재정 보조(public financing)와 위헌법률심사권(judicial review) 제도를 옹호하고 있다. 그는 또한 공정으로서의 정의가 "시민권의 이상을 정의하지 않는다. 또한 그것은 정치적 문제에 모든 사람들이 능동적으로 참여할 의무를 할당하지도 않는다"는 점을 지적하고 있다.[176] § 38에서 논의되고 있는 세 번째이자 마지막 예들은 법체제의 설계와 관련되어 있다. 따라서 그것은 때때로 우리의 합법적인 또는 적법한 절차에 대한 권리들이라고 불리는 것과 관련해서 제1원칙의 작용을 예시해 주고 있다. 이것들은 법률이 반드시 이행할 수 있는 것이 되어야만 한다, 유사한 사건들은 똑같이 다뤄져야만 한다, 판사들은 반드시 독립적이며 편견을 갖지 말아야 한다와 같은 요건들을 포함하고 있다. 대략적으로 말해서 롤스는 공정으로서의 정의의 제1원칙은, 그것이 법체제에 적용될 때, 법률의 규칙 이상(ideal)과 전통적으로 관련된 요건들을 산출하게 된다고 주장하고 있다. 이 절들은 각각

---

176 J. 롤스, 『정의론』, p.227 : 개정판 p.200.

그 자체로서 흥미로운 것이지만 그것들 역시 비교적 간단한 것이기 때문에 우리는 여기서는 자세한 설명을 곁들일 필요가 없을 것이다.

사회적·경제적 정책들과 규제들을 통해서 공정으로서의 정의의 제2원칙의 구현과 관련된 제도 설계가 지닌 두 번째 일반적인 문제로 넘어가게 되면 우리는 제5장의 첫 절들에서(§§ 41-43) 훨씬 더 간단한 논의를 발견하게 된다. 이것은 의심할 여지없이 그런 물음들이 상당히 복잡하기 때문에 철학자가 기여할 여지가 훨씬 줄어든다는 롤스의 신념에 의거하고 있다. 놀랍게도 그는 심지어 공정으로서의 정의가 실제로 어떤 경제 체계를 추천하고 있는가라는 중요한 기본적 물음을 해결하려고 시도하고 있지 않다. 기본적 생각은 아마도 경제 전문가들과 사회 과학자들에게 제도들과 정책들의 구성을 결정하는 책무를 위탁하는 것이 최소 수혜자의 전망을 가장 잘 극대화할 수 있게 될 것이라는 점이다. 그 대신 롤스가 제시하는 것은 어떻게 그런 조사들이 진행되어야만 하는가를 제안하고 있는 몇 가지 매우 일반적인 주장들이다. 그는 이 주장들을 제시하면서 다른 유명한 정치 경제학자들의 작업들에 크게 의존하고 있다.[177]

대략적으로 말해서 몇몇 사회들이 대부분 생산 수단의 공적 소유라는 특징을 갖는다고 가정해 보자. 이 사회들 중에 몇몇은 중점적으로 경제 활동의 모든 측면 또는 대부분의 측면을 계획한다(얼마나 많은 재화들이 생산될 것인지, 그것들의 가격은 어떻게 결정될 것인지 등등). 반면 다른 사회들은 그런 결정사항들을 시장에 위임한다. 롤스는 이 첫 번째 두 가지 정치 경제 체계를 각각 '명령' 체계(command system)와

---

177 특별히 그의 논의는 J. S. Mill(*Principles of Political Economy*, Oxford, 1848)과 J. E. Meade(*Efficiency, Equality, and the Ownership of Property*, London, 1964)에 크게 빚지고 있다.

'사회주의' 체계(socialist system)라고 부르고 있다. 둘 모두는 개인이
생산 수단을 대부분 소유하고 있는 사회들과 대조를 이룬다. 이 사회들
중에 어떤 것은 순수한 자유 시장 경제가 되는 것을 목표로 하고 있는 반
면, 다른 것들은 기본적 욕구를 위한 공적 규정, 재분배용 과세, 독과점
규제 등등을 통해서 시장의 효과들을 제한하고 있다. 롤스는 이 두 번째
두 가지 정치 경제 체계를 각각 '자본주의' 체계(capitalist system)와
'사유재산적 민주주의' 체계(property owning democratic system)라고
부르고 있다. 그는 이제 명령 체계들은 공정으로서의 정의의 제1원칙에
근거해서 제외된다고 주장한다. 완벽한 중앙 통제 경제는 필연적으로 직
업, 주거 등등의 선택에 관한 우리의 기본적 자유를 제한하게 될 것이다.
따라서 순수 자본주의 체제들도 제2원칙에 근거해서 역시 제외된다. 왜
냐하면 그것들은 사회의 최소 수혜자 구성원들이 처한 상태들을 향상시
킬 수 있는 규정들을 제정할 수 없기 때문이다. 그러나 원칙적 측면에서
롤스는 자유 민주주의적 사회주의 사회(a liberal democratic socialist
society)나 사유재산적 민주주의가 공정으로서의 정의와 양립할 수 있
다고 생각하고 있다. 그 자체의 특정한 역사적 환경 그리고 다른 환경에
직면하고 있는 어떤 주어진 사회에서, 이 두 가지 중에 어떤 것이 최소
수혜자의 전망을 실제로 극대화할 것인가라는 문제는 전문적인 경제학
자들과 사회 과학자들이 해결해야 될 물음이다.

　후기 작품에서 롤스는 정치 경제에 관한 자신의 견해를 더 잘 다듬고
있다는 사실을 우리는 지적해야만 한다. 특별히 그는 사유재산적 민주
주의 체계와 순수 자본주의 체계 사이에 5번째 선택지를 강력하게 도입
하고 싶어 한다. 그는 이것을 '복지국가 자본주의'(welfare-state capi-
talism)라고 부르고 있다.[178] 대략적으로 말하면, 이것은 공공 지출
(public spending)이 사회의 어떤 구성원도 복지의 최저 수준 이하로

떨어지지 않도록 보증해 주는 일반적인 자본주의 사회이다. 본질적으로 이 체계에서 부유한 자는 보조금 지급(side payments)을 통해서 최소 수혜자의 상태를 끌어올려 준다. 이것은 롤스가 염두에 두었던 것이 아니다. 따라서 그런 체계를 순수 사유재산적 민주주의와 구별하려고 노력하고 있다. 순수 사유재산적 민주주의에서는 최소 수혜자가 단순하게 돈으로 매수되는 것이 아니라 실제로 공정한 협동 체계를 받아들이고 그 안으로 편입되는 것이다. 롤스의 염려는 복지국가 자본주의 아래에서 최소 수혜자는(물질적으로는 어떤 한계까지 공급을 받고 있지만) 영원히 최하층 계급을 형성하게 되기 때문에 진정하게 공정한 기회 균등을 누릴 수 없게 될 것이라는 가능성이다. 사유재산적 민주주의는 정책들과 규정들이 특별히 이 가능성이 발생하지 못하도록 확증하기 위해서 설계된 사회가 될 것이다.

다음 주제로 넘어가기 전에 §39에서 롤스가 간략하게 어떤 사회가 공정으로서의 정의를 그것이 처한 환경과 무관하게 완벽하게 실현하는 일이 가능할까라는 물음을 고찰하고 있다는 점을 인지하는 것은 흥미로운 일이다. 특별히 모든 사람들에게 무조건적으로 동등한 기본권을 부여하는 일이 항상 가능할까?(아마도 차등의 원칙이 덜 부담스러운 것이 될 것이다. 왜냐하면 그것은 단지 우리가 최소 수혜자를 위해서 할 수 있는 일에 최선을 다하도록 지시만 하기 때문이다. 그 원칙의 명령들은 심지어 우리가 단지 아주 조금만이라도 실행할 수 있다면 만족될 수 있다.) 정의의 두 원칙들을 축자적으로 서열화함으로써 "당사자들은 유리한 조건들에 적합한 정의개념을 선택하게 되며 또한 정의로운 사회

---

178 J. 롤스, *Justice as Fairness: A Restatement*, Belknap Press: Cambridge, MA, 2001, pp.139–140.

는 적절한 때가 되면(in due course) 성취될 수 있다고 가정하게 될 것
이다"라고 롤스는 주장하고 있다.[179] 그러나 다소 불리한 조건하에서 이
'적절한 때'는 수많은 세대로 확장될 수 있다. 기본적으로 축자적으로
서열화된 두 원칙들은 장기적인 목표를 위해서 투쟁의 대상이 된 이상
(理想)을 대표하는 것으로 간주된다. 원초적 상황의 당사자들은 한 사
회가 완전하게 전개되었을 때 어떤 종류의 사회에서 자신들이 살아가
기를 **원하는지를** 상상하게 된다. 그다음에 사람들은 그(that) 사회에 적
합한 원칙들로서 공정으로서의 정의를 선택한다. 그 사이에 롤스는 다
소 불행한 사회를 "모든 기본적 자유들이 충분히 향유될 수 있는 사회
로 전환시키기 위해" 평등한 기본적 자유의 원칙의 엄격한 구현을 "보
류하는 일이 필수적일 수 있다"는 점을 승인하고 있다.[180] 그러나 자유
의 우선성으로부터 그러한 이탈은 "반드시 좀 더 작은 자유를 가진 그
러한 시민들에게 용인될 수 있는 것이어야만 한다."[181]

연구를 위한 물음들

1. 차등의 원칙의 구현은 완전히 일상적인 정치적 과정들에 위임되어야
   만 하는가 아니면 그것은 (평등한 기본적 자유의 원칙과 같이) 명백
   한 헌법의 규정들에 의해서 지지되어야만 하는가?
2. 복지국가 자본주의 사회는 차등의 원칙과 평등한 기회 균등의 원칙

---

179 J. 롤스, 『정의론』, p.245.
180 J. 롤스, 『정의론』, p.247; 개정판 p.217. 어떤 사람들은 롤스가 이 필연성을 수용함
으로써 공정으로서의 정의의 제1원칙보다 앞서는 사회정의의 제3원칙의 존재를 사실상
암시하고 있다는 점을 발견했다. 이 제3원칙은 사회들이 평등한 기본적 자유를 완전하게
구현하려고 시도하기 전에 최소한의 경제적 발전의 한계 수준(threshold level)을 넘어
서기를 요구한다. B. Barry, 1973, pp.60~76; T. Pogge, 1989, pp.134~148을 참조하라.
181 J. 롤스, 『정의론』, p.250; 개정판 p.220.

의 요구들을 만족시킬 수 있는가?

3.10 논증 완성하기 (§§ 40, 44-50)

어떻게 정의로운 사회의 기본 구조가 정의의 두 원칙들을 반영하게 될
것인가에 대한 논의의 결론을 다소 마무리하면서 롤스는 제5장의 중반
부에서 공정으로서의 정의에 관한 논증을 마침내 갈무리하기 시작한
다. 그러나 이 작업을 실행하기 위해서 롤스는 반드시 제2원칙의 정식
에 나타난 몇 가지 핵심적인 모호한 부분들을 해명해야만 한다. 이 모호
한 부분들 중에 가장 중요한 것은 어떻게 우리가 현 세대의 이익들에 역
행하는 미래 세대들의 이익들을 숙고할 수 있는가라는 점과 관련되어
있다. 아래에서 우리는 이 복잡한 물음에 관한 롤스의 답변을 약간 자세
하게 검토하게 될 것이다.

　그러나 우선 우리는 다른 애매한 부분을 간략하게 지적할 수 있다.
그것은 어떻게 우리가 제2원칙의 두 조항들을 화해시킬 수 있는가라는
문제와 관련되어 있다(즉 공정한 기회 균등의 원칙과 차등의 원칙). 물
론 종종 두 조항들은 완벽하게 양립하게 될 것이다. 그 이유는 공정한
기회 균등에 대한 제한사항들은 일반적으로 사회의 전체적인 경제 생
산성(productivity)을 떨어뜨림으로써 최소 수혜자의 전망을 향상시키
는 데 사용될 수 있는 공동 자원들을 감소시키기 때문이다. 그러나 이
주장은 항상 사실이 아닐 수 있다. 공정한 기회 균등은 사회의 다양한
집단들에 속한 사람들의 전체적인 삶의 전망들이 그들의 인종 환경, 문
화 환경 또는 경제 환경과 같은 요소들에 의해서 심각하게 영향을 받지
않는다는 점을 우리가 보증하고 있다는 사실을 요구한다. 이제 어떤 사

회들에서는 이 일의 성취가 오직 대량의 교육 보조금, 적극적 평등 조치 (affirmative action) 정책들 등등을 통해서만 가능하게 될 것이다. 이런 종류의 정책들과 제도들은 아마도 많은 사회적 비용을 초래하게 될 것이다. 참으로 그것들은 심지어 최소 수혜자의 절대적인 복지(well-being)를 실질적으로 감소시키는 일에도 비용을 지불하게 될 것이다. 이와 같은 상황들에서는 공정한 기회 균등의 원칙과 차등의 원칙을 동시에 만족시키기가 어렵게 될 것이다. 그렇다면 어떤 원칙이 우선성을 가져야만 할까?

롤스는 이 문제를 § 46에서 고찰하면서 공정한 기회 균등 원칙은 반드시 차등의 원칙보다 축자적인 우선권을 가져야만 한다고 답하고 있다. 다시 말하면, 우리는 공정한 기회 균등 원칙이 차등의 원칙의 부수적 제약(a side-constraint)으로서 기능한다고 기술할 수 있다. 정책들과 제도들은 공정한 기회 균등의 원칙을 유지하는 일과 일치하는 한도 내에서 반드시 최소 수혜자의 전망들을 극대화하기 위해서 설계되어야만 한다.[182] 만일 이 점이 과도한 요구처럼 보인다면, 롤스는 완벽한 기회 균등을 실제적으로 획득될 수 있는 것으로 생각하지 않았다는 점을 생각해 보는 일이 가치 있을 것이다(왜냐하면 우리는 사회적 제도로서 가족을 폐지하는 일에 아직 준비가 되어 있지 않기 때문이다). 따라서 적절한 부수적 제약을 만족시키는 일은 분명하게 다만 공정한 기회 균

---

[182] 그것들의 관계를 이런 방식으로 표현하는 일은 『정의론』 전체를 통해서, 심지어 후자의 우선성을 명백하게 강조하고 있는 바로 다음에도, 정의의 제2원칙은 항상 처음에 나오는 차등의 원칙과 함께 기록되고 있다는 이상한 사실에 대한 설명이 될 수 있다. 그것은 또한 이 논의를 §§ 44-45에 나오는 세대 간의 정의에 관한 논의의 한 단편으로서 제시하고 있다. 그것은 이와 마찬가지로 차등의 원칙에 대한 부수적 제약(a side-constraint)을 도입하고 있다. 그렇긴 하지만 후기 작품들에서 롤스는 일반적으로 두 조항들을 그것들의 실제적인 우선성을 반영하고 있는 순서에 따라 제시하고 있다.

등의 어떤 최소 한계의 성취만을 요구하게 될 것이다. 다행히도 "차등의 원칙을 따르는 것은" 롤스의 견해에 따르면 "완전한 기회 균등을 달성해야 한다는 긴박감을 감소시키게 된다는 것이다."[183] 평등한 기본적 자유의 우선성의 경우와 마찬가지로 심지어 공정한 기회 균등의 가장 최소 단계조차도 완벽하게 실현하는 일은 다소 불행한 조건들 아래에서는 불가능하게 될 수 있다는 점을 롤스는 인지하고 있다. 그런 경우에 우리는 반드시 "좀 더 작은 기회를 가진 사람들의 기회를 늘리도록 노력해야만 한다."[184]

불행하게도 무지의 베일에 가려진 원초적 상황에 있는 엄격하게 합리적인 사람들은 실제로 두 조항들의 이러한 축자적인 서열에 동의하게 될 것이라는 점을 증명하고 있는 논증은 존재하지 않는 것처럼 보인다. 확실히 그 논증은 우리가 기대하고 있는 곳, 즉 § 46에서 나타나지 않는다. 다른 곳에서 롤스는 공정한 기회 균등의 우선성이 다소 자존감(self-respect)의 중요성과 연결되어 있다는 점을 어렴풋이 제안하고 있을 뿐이다. 중요한 기회로부터 배제된 개인들은 "사회적 의무를 유능하고 헌신적으로 수행하는 데서 오는 자아실현의 경험을 저지당하게 되는 것이다." 자존감의 사회적 기초는 원초적 상황에서 기본 가치(primary good)로 간주되기 때문에, 그런 개인들은 "인간적인 가치(human good)의 주요 형태 중 하나를 박탈당하게 될 것이다."[185] 그러나 이 주장은 요구된 우선성을 확립하는 데 결코 충분하지 못하다는 점이 불만의 대상이 되어 왔다. 원초적 상황에 있는 엄격하게 합리적인 사람들은 자존감의 가치를 완벽하게 잘 인식하고 가능하다면 그것의 기초를 확보

183 J. 롤스, 『정의론』, p.301 ; 개정판 p.265.
184 J. 롤스, 『정의론』, p.303 ; 개정판 p.266.
185 J. 롤스, 『정의론』, p.84 ; 개정판 p.73.

하는 일을 목표로 설정할 수 있다. 그러나 그들은 또한 단순하게 경제적인 복지(well-being)의 절대적 수준들이 자신들에게 더 중요한 문제가 된다고 생각할 수도 있다.[186] 이 비판은 롤스의 논증에서 해결될 수 없는 결함이 될 수 있을 것이다.

3.10.1 세대들 간의 정의 문제

이제 세대들 간의 정의(intergenerational justice) 문제라는 어려운 주제로 관심을 돌려 보자. 우리는 최소 수혜자의 전망을 극대화하기 위해서 사회 기본 구조를 조직화하도록 우리에게 지시하는 차등의 원칙(공정한 기회 균등이라는 제약에 종속된)을 구현하는 일에 착수하게 되었다고 가정해 보자. 처음에 이 일은 사회에 매우 엄청난 부담을 부과하는 것처럼 보일 수 있다. 그 부담은 아마도 결국에는 유지될 수 없을 것이다. 예를 들어, 넉넉한 사회적 최저치(social minimum)를 공급하기 위해서 우리는 그렇지 않다면 연구와 계발에 투자될 수 있는 경제 자원들을 축소시킬 수 있다. 그러면 차등의 원칙을 만족시키는 일을 목표로 하는 사회는 다른 덜 관대한 사회보다 점점 뒤처지기 시작할 것이며 궁극적으로 최소 수혜자를 돕도록 설계된 프로그램들은 더 이상 경제적으로 유지될 수 없게 될 것이다. 따라서 우리는 미래 세대의 최소 수혜자에게 손해를 입히면서 현세대의 최소 수혜자를 돕게 된다.

　롤스에 따르면 우리는 이것들과 같은 근시안적인 정책들을 요구하는 것으로 차등의 원칙을 이해해서는 안 된다. 오히려 그는 (§45에서) 우리가 미래 세대들의 최소 수혜자 구성원들을 현 세대의 최소 수혜자 구

---

186 T. Pogge, *John Rawls: His Life and Theory of Justice*, Oxford University Press: Oxford, 2007, pp.120-133.

성원들이 갖는 도덕적 가치와 동등한 가치를 가진 존재로 간주해야만 한다고 주장하고 있다. 공리주의적인 관점에서 바라보면, 모든 인간은 동등한 도덕적 가치를 갖는다는 주장은 공리(axiom)로 간주된다. 농부의 행복이 왕의 행복과 동일한 것으로 간주되어야만 하며 또한 여성의 행복이 남성의 행복과 동일한 것으로 간주되어야만 하는 것처럼, 미래에 살게 될 사람의 행복도 역시 현재 살아 있는 사람의 행복과 동일한 것으로 간주되어야만 한다. 이 견해에 따르면 **어느 시점에**(when) 사람이 살고 있는가라는 점은 어떠한 차이도 만들어 내지 않는다. 그러나 공정으로 정의는 공리주의적 관점을 거부하고 있기 때문에, 그것은 어떤 다른 방식으로 다른 세대들의 동등한 도덕적 가치를 확립시켜야만 한다. 물론 공정으로서의 정의는 원초적 상황이라는 장치를 통해서 그것을 확립시키게 된다. 우리는 사회에서 자신의 역할이 무엇이 될지를 모르고 있는 것처럼, 무지의 베일도 역시 우리 사회가 어떤 발전 단계에 도달했는지를(즉 우리가 어떤 특정한 세대에 속하는지를) 우리에게 알려 주지 않는다. 만일 우리가 **어느 시점에** 살아가게 될지를 알지 못한다면, 우리는 자연스럽게 모든 세대의 복지에 동등하게 관심을 갖게 될 것이다.

롤스는 이 관심이 그가 '정의로운 저축의 원칙'(just savings principle)이라고 부르는 것의 채택 속에 반영되게 될 것이라는 점을 가정하고 있다. 그것은 (공정한 기회 균등의 원칙과 매우 유사하게) 차등의 원칙에 부수적 제약으로 기능하게 된다. 다시 말하면, 각 세대는 미래 세대들을 위해 요구된 저축을 먼저 따로 떼어 둔 후에라야 비로소 그 자체 내의 최소 수혜자의 전망들을 극대화할 것을 공정으로서의 정의의 제2원칙에 의해서 요구받게 된다.[187] 그는 "이 저축이 기계와 다른 생산 수단들에 대한 순수 투자로부터 지식과 교육에 대한 투자에 이르기까지 다양한 형태를 취할 수 있다"는 점을 지적하고 있다.[188] 물론 뒤늦게 깨달은 것이지만 세대들 간의 정의 문제의 이런 구성은 다소 이상한 것처럼 보일 수 있다. 그러나 다시 한 번 롤스는 환경 보존 운동이 실제로 서구 사회들에서 주요 현안이 되기 이전에 저술하고 있었던 것이다. 이제 롤스가 제기한 문제가 실제로 매우 일반적인 문제라는 점을 쉽게 이해할 수 있을 것이다. 현 세대의 정책들, 제도들과 관행들이 상당하게 미래 세대들의 복지에 좋든 싫든 영향을 줄 수 있는 무수한 방식들이 존재한다. 그것들은 지구 기후 변화, 균형 잡힌 환경을 위한 생물의 다양성 유지, 화석 연료 · 광산물 따위의 재생 불능 자원의 소비 등등과 같은 현안들에서 명백하게 드러난다. 다행히도 롤스의 논의는 이러한 좀 더 폭넓은 주제들에 쉽게 적용될 수 있다. 그러나 문제들을 단순하게 처리하기 위해서 여기서는 롤스의 논의를 계속 따라가 보자. § 44에서 진술된 핵심적인 물음은 다음과 같다. 사회정의의 문제로서 어떤 수준의 저축이 각 세대로부터 요구되어야만 하는가?

우리는 롤스의 견해에 따라 이 물음에 적절하게 답하기 위해서는 반드시 무지의 베일에 가려진 원초적 상황에 있는 엄격하게 합리적인 사람의 시각에서 그것을 고찰해야만 한다. 이 시각에서 사태들은 어떻게 보일 수 있을까? 원초적 상황에 있는 각각의 사람은 자신이 개인적으로 어떤 세대에 속해 있는지를 알 수 없다고 상상한다고 가정해 보자. 이 경우에 제1세대가 다음 세대를 극빈한 가난에 몰아넣지 않기 위해서 가

---

187 어떤 경제 환경들 아래에서는 정의로운 저축의 원칙이 실제적으로 차등의 원칙을 제한하지 못하게 될 수도 있다. 이 일은 만일 최소 수혜자의 전망들이 사실상 요구된 저축들을 이미 산출하거나 또는 그 이상으로 산출하는 경제적 제도들과 정책들의 구성에 의해서 최적화되어 있는 것으로 밝혀진다면 발생하게 될 것이다.

188 J. 롤스, 『정의론』, p.285 ; 개정판 p.252.

능하다면 모든 것을 소비하지 않을 것이라는 점을 보증하려 하기 위해서는 그가 어떤 종류의 정의로운 저축 원칙에 동의하는 것만이 합리적인 일이 될 것이다. 결국 당신은 왜 그 유복한 제1세대의 구성원이 될 수 있을 것이라는 희박한 가망성에 내기를 거는 걸까? 몇 가지 그런 의견 일치가 원초적 상황에서 이루어졌다고 가정해 보자. 그러면 유일한 난제는 각 세대의 다양한 구성원들이 무지의 베일이 제거될 때까지 자신들의 흥정을 유지하게 될 것이라는 점을 확증하는 데 놓여 있다. 아마도 여기서 우리는 자신들의 후손들의 복지를 염려하는 인간의 자연적 경향성에 의존하고 그것을 강화할 수 있을 것이다.

　그러나 신기하게도 그 논증은 이런 견해를 취하고 있지 않다. 롤스는 명백하게 원초적 상황에 있는 당사자들을 각자가 개인적으로 다른 세대들을 대표하는 사람으로 생각하는 것을 거부하고 있다. 그 대신 그는 비록 무지의 베일은 이 세대가 **어떤**(which) 세대에 속하게 되는지 원초적 상황에 있는 당사자들에게 알려주지 않을지라도 그들은 모두 **동일한** 세대의 구성원들이라고 주장하고 있다. 앞으로 살펴보겠지만 이 조치의 결과들을 고려해 보면, 롤스가 그것에 대한 정당화를 거의 제시하지 않는다는 점은 놀랄 만한 일이다. §44에서 그는 제1부에 진술된 이전 구절로 우리들을 다시 돌려보내고 있다. 그것은 원초적 상황이라는 장치가 "더 이상 직관을 이끌어 줄 자연스러운 지침이 될 수 없는" 지점까지 그 대안이 "공상을 너무 멀리 확장하게 될 것이다"라는 점을 단순하게 진술하고 있을 뿐이다(이전 표현은 "명확한 의미를 결여하게 될 것이다"라는 것으로 바뀌었다).[189] 이 주장은 거의 만족스러운 것이 못 된다. 그러나 롤스가 언급하지 않은 수많은 깊은 염려들은 그런 가정을 유

---

[189] J. 롤스, 『정의론』, p.139; 개정판 p.120.

발할 수 있다. 하나의 난제는 정책들과 제도들이 미래 세대들의 복지에만 영향을 끼칠 뿐만 아니라 그들의 **구성**(composition, 예를 들어 얼마나 많은 사람들이 존재하게 될 것인가?)에도 영향을 끼칠 수 있다는 점이다. 따라서 원초적 상황의 참여자 자격(membership)이 어떻게 결정되어야만 하는가라는 문제는 명확한 것이 아니다. 그것은 우리가 채용한 정책들과는 무관하게 오직 필연적으로 삶을 영위하게 될 사람들만을 포함해야만 하는가? 아니면 그것은 아마도 삶을 영위할 수 있는 모든 사람들을 포함해야만 하는가? 생각을 복잡하게 만드는 이러한 종류의 물음들은 그 물음에 대한 롤스의 구상과는 관련성이 없다.

　불행하게도 원초적 상황에 있는 당사자들은 모두 동일한 세대의 구성원들이라는 가정은 다른 문제들을 불러일으킨다. 그런 당사자들은, 만일 그들이 엄격하게 합리적이라면, 무엇에 동의하게 될까? 물론, 그들은 자신들의 세대가 어떤 세대가 될지를 알지 못한다. 그럼에도 그들은 자신들 모두가 동일한 세대의 구성원들이라는 점을 알고 있기 때문에, 그들은 역시 자신들보다 앞섰다고 간주되는 모든 세대들이 저축할 만한 모든 것을 이미 저축했을 것이라고 생각하게 된다. 따라서 현재 이용 가능한 공유 자원은 이미 고정되어 있기 때문에 원초적 상황에서 결정된 어떤 사항에 의해서 변화될 수 없다. 마찬가지로 원초적 상황에 있는 당사자들은 미래 세대들에 대해서 어떤 것을 희망하거나 두려워하지 않는다. 왜냐하면 그들은 미래 세대들을 돕거나 해할 수 있는 능력을 실질적으로 갖지 못하기 때문이다. 이런 매개 변수들을 고려할 때, 엄격하게 합리적인 사람들은 (합리성은 항상 더 적은 기본적 가치들보다는 더 많은 기본적 가치들을 선택하는 것으로 명확하게 정의된다) 무엇을 하려고 결정할까? 우리는 그들이 자신들을 위해서 가능하면 많은 것을 소비하려는 일을 결정할 것이라는 점을 반드시 인정해야만 하는 것처럼 보인다. 따라서 그들은 미래 세대들의 이익을 위해서 저축해야 한다는 의무를 자신들에게 부과하지 않을 것이다. 물론 무지의 베일이 제거되면, 실제적 인간은 자연스럽게 후손들의 복지를 염려하는 경향을 갖게 될 것이다. 그리고 이것은 미래 세대들을 위한 자선법(charitable provisions)을 제정하도록 그들을 자극할 수 있다. 그러나 그런 법률은 명백하게 사회정의의 문제로서 요구되는 것은 아니다.

이것은 롤스가 도출하고 싶어 하는 결론은 아니다. 그렇다면 그는 이 결론을 어떻게 회피할 수 있을까? 그는 (그 모델에 대한 앞선 논의들에서 지적된 것처럼) 원초적 상황에 있는 당사자들 자신은 (실제적 인간과 매우 유사하게) 후손들의 복지를 염려한다고 가정된다는 점을 단순하게 규정하고 있을 뿐이다. 그는 "한 세대는 그들의 직접적인 후손들에게 관심을 갖는다고 가정되기 때문에 정의로운 저축 원칙은 … 원초적 상황에서 승인될 것이다"라고 기술하고 있다.[190] 이것은 실제로 속임수라는 점이 올바르게 지적되었다. 원초적 상황이란 장치의 전반적인 논점은 비도덕적인 전제들로부터 도덕적인 결론들을 가능한 만큼 도출해 내는 것이다. 따라서 우리가 단지 원초적 상황에 있는 당사자들에게 그 동일한 관심을 귀속시킴으로써만 그 당사자들로부터 미래 세대들에 대한 관심을 끌어낼 수 있다는 점을 발견하는 일은 매우 불만족스러운 것이다.[191] 롤스는 아마도 이 논증의 최초 형식이 만족스럽지 못하다는 점을 파악하고서 『정의론』의 개정판에서 두 번째 고찰을 도입하고 있다. 기본적으로 그는 당사자들에게 별도의 형식적인 제약을 부과하고 있다. 그것은 원초적 상황에서 그들이 어떤 원칙들을 채용하든지 간에,

---

190 J. 롤스, 『정의론』, p.288 ; 개정판에서 이 구절은 생략되어 있다.
191 B. Barry, "Justice between Generations", 1977 ; reprinted in *Democracy, Power, and Justice : Essays in Political Theory*, Clarendon Press : Oxford, 1989, pp.501~506.

그들은 반드시 "모든 이전 세대들이 그 동일한 원칙을 준수했다는 점을 소망하고 있어야만 한다"는 것이다.[192]

　그러나 무엇이 이 별도의 형식적인 제약을 위한 근거로 가정되는가 하는 점은 불분명하다. 근거는 아마도 심지어 이전에 논의된 일반성과 보편성과 같은 형식적 제약들보다 훨씬 더 (3.7절을 보라), 사회정의 원칙들이 이바지한다고 가정되는 독특한 역할로부터 도출될 수 없는 것이다. 또한 당사자들이 모두 동일한 세대의 구성원들이라는 우리의 가정을 고려해 보면 근거는 무지의 베일에 가려진 채로 심사숙고의 단순한 결과로서 재구성될 수 있는 것도 아니다. 그러나 이런 관심들을 무시한다고 하더라도 그 요구조건은 보편법칙의 정식(the Formula of Universal Law)에서 정언명령이라는 칸트식 표현이 실패했던 동일한 이유 때문에 실패하게 될 것이다. 여기서 우리는 반드시 새로운 형식적 요구조건이 당사자들은 반드시 모든 세대들에게 적용가능한 단일한 저축률(saving rate)을 선택해야만 한다는 점을 의미하지 않음을 인지하고 있어야만 한다. 이 가능성은 롤스가 생각하기에 그들이 실제로 채택하게 될(아래를 참조하라) 정의로운 저축 원칙은 다양한 세대들에 다양한 비율을 할당하는 가변적인 것이라는 사실에 의해서 배제된다. 그러나 그들 모두가 단일한 세대(어떤 앞선 세대가 아니라)의 구성원들이라는 점을 알고 있기 때문에, 원초적 상황에 있는 당사자들이 모든 세대들은 다음과 같은 원칙을 따를 것이라는 점을 단순하게 소망하는 일은 가능한 것처럼 보인다. 즉 "현 세대보다 앞선 모든 세대는 자신들에게 가능한 만큼 저축을 하는 반면 모든 다른 세대들은 자신들이 선택한 만큼 소비한다."[193] 요약하면 롤스는 세대들 간의 정의라는 퍼즐을 전혀 해결하지

---

192 J. 롤스, 『정의론』, 개정판 p.111 ; 개정판 p.255와 비교하라.

못했다고 주장해야만 할 것이다.

　이 난제들을 잠시 제쳐 두고서, 롤스가 생각하기에 원초적 상황에 있는 당사자들이 채택하게 될 정의로운 저축 원칙은 무엇일까? 대략적으로 말하면, 그는 그들이 각각의 가능한 세대에 특정한 저축률을 할당하는 저축 일정표(a savings schedule)를 작성할 것이라고 생각한다. 저축률은 앞선 세대들에게 과중한 짐을 지우지 않기 위해서 상대적으로 낮게 시작할 것이다. 이것은 사실상 그들에게 덜 번영된 앞선 시대에 삶을 살아가는 것에 대한 보상이 될 것이다. 사회가 좀 더 부유해지면서 저축의 의무는 꾸준하게 증가하지만, 막연하게 증가하지는 않을 것이다. 어떤 지점에서 사회는 항구적이면서 완벽하게 정의로운 사회적 제도들과 관행들을 성취하게 될 것이다. (앞선 주장들로부터 우리는 이것이 기본적으로 그 사회가 평등한 기본적 자유와 공정한 기회 균등을 모두 완전하게 구현할 정도로 번영하게 되었고 그리고 정말로 그렇게 실행했음을 의미한다는 사실을 추론할 수 있다.) 이 지점에서 번영의 수준을 유지하기 위해서 필요한 것 이상으로 저축해야 하는 의무는 중단된다. 다시 말하면, 비록 이 목적 또는 다른 목적을 위해서 저축이 항상 허용되고 그리고 다른 근거들에 의해서 지탱될 수 있지만, **사회정의의 문제로서 미래 세대들을 그 자체로 좀 더 번영된 것으로 만들어야 할 의무는**

---

193 병행하는 방식을 통해서, 원초적 상황에 있는 당사자들이 한 사회에 두 집단, 즉 A집단과 B집단이 존재한다는 사실과 또한 그들 모두가 우연하게 B집단의 구성원들이 되었다는 사실을 알고 있다고 상상해 보자. 만일 그들이 엄격하게 합리적인 존재라면, 그들은 A집단의 모든 사람들이 B집단의 이익들에 이바지하도록 의무를 부과하는 규칙을 채택할 수 있다. 두 집단들의 상대적인 크기를 숨기는 것은 그 결과를 바꾸는 데 아무런 도움이 되지 않는다는 점에 주목하라. 이와 마찬가지로 그 당사자들이 어떤 세대에 속하는지를 숨기는 것은 수많은 세대들이 존재했지만 각자가 이전 세대들 중의 하나의 구성원이 아니라는 점을 알고 있는 한도 내에서 아무것도 바꿀 수가 없다.

존재하지 않게 될 것이다.[194] 앞선 주장을 다시 반복하면 정의로운 저축
원칙은 차등의 원칙에서 부수적인 제약으로서 기능한다. 각 세대는 자
신의 최소 수혜자의 전망들을 극대화한다고 가정된다. 그러나 각 세대
는 원초적 상황에서 동의된 일정표에 의해서 자신에게 요구되는 저축
을 고려할 필요 없이 오직 그 극대화가 첫 번째 환경과 일치하는 정도에
서만 그것들을 극대화한다. 이렇게 함으로써 우리는 미래 세대들에 대
한 우리의 정의의 의무를 만족시키게 된다.

3.10.2 최종적인 논증
§46에서 두 원칙들에 대한 최종적인 견해를 그것들의 모든 다양한 특
수한 우선성과 부수적 제약들을 통해서 제시한 후에 롤스는 『정의론』
제5장의 남은 부분을 공정으로서의 정의에 관한 논증을 마무리하는 데
할애하고 있다. 이상하게도 그는 아마 많은 독자들에게서는 전혀 제기
되지 않을 일련의 반론들에 대한 광범위한 답변으로부터 시작하고 있
다. 도대체 여기서 어떤 일이 벌어지고 있는지를 이해하기 위해서는 반
성적 평형(reflective equilibrium)이란 방법과 관련된 우리의 앞선 논의
(3.3절)를 다시 언급하는 것이 도움이 될 것이다. 이 방법을 사용할 때
우리는 어떤 개념(사회정의)에 대한 숙고된 판단들을 가지고 출발하며
또한 그런 다음에 어떤 체계적인 방식으로 그 판단들을 설명하는 이론
을 구성하려고 노력한다고 가정된다. 그러나 우리는 단일 이론을 통해
서 자신의 모든 최초 직관들(initial intuitions)을 포착할 수 없기 때문
에, 우리는 마침내 반드시 이것들 중의 어떤 것을 지키고 어떤 것을 포
기해야 하는지를 결정해야만 한다. 예를 들어, 롤스는 공정으로서의 정

---

194 J. 롤스, 『정의론』, p.287-288; 개정판 p.255.

의 이론을 구성하면서 정의는 효율(efficiency)보다 더 중요하다, 종교
적 불관용과 인종차별은 부정의한 것이다, 등등의 최초 직관들을 가지
고 출발하고 있다. 설명과 수정의 오랜 과정을 거쳐서 우리는 이제 최종
적으로 꽤나 우리를 행복하게 만들어 준 이론의 결론에 도달했다. 예상
한 대로 그것은 이런 최초 직관들을 강력하고 체계적인 방식으로 깔끔
하게 포착하고 있다.

　그러나 공정으로서의 정의 이론이 포착하지 못하는 사회정의에 관한
다른 그럴듯한 직관들이 존재할 수 있을까? 참으로 그것들은 존재할 수
있다. 그래서 §§ 47-48에서 롤스는 최종적으로 그것들 중의 몇 가지에
관심을 갖게 된다. 예를 들어 "상식적 경향은 소득이나 부 그리고 삶에
서 일반적으로 좋은 것은 도덕적 공적(moral desert)에 따라 분배되어
야 한다고 생각한다"는 점을 고찰해 보자.[195] 우리의 최초 직관은 재화
들의 분배가 사람들의 상대적인 도덕적 가치를 반영하지 않을 때 부정
의하다는 것이 될 수 있다. 왜냐하면 좀 더 유덕한 사람은 더 많은 것을
받을 자격이 있기 때문이다. 그러나 공정으로서의 정의는 그런 직관들을
포착하지도 않고 완벽하게 포착할 수도 없다. 그 이유는 롤스가 우리에
게 깨닫게 해 주는 것처럼 "그것은 순수 절차적 정의의 대부분의 요소
를 내포하고 있기 때문이다."[196] 다시 말하면, 사회 기본 구조가 두 원칙
들에 따라서 정의로운 것이라면, 자기 자신들의 특정한 선 개념에 따라
서 어떻게 자신들의 삶을 영위할지를 결정하는 것은 개인들에게 달려
있다. 그러므로 게임 규칙들에 따라서 사람들이 결과적으로 갖게 되는
재화의 몫들은 그들이 갖는 윤리적인 덕에 관한 독자적인 평가(mea-

195 J. 롤스, 『정의론』, p.310; 개정판 p.273.
196 J. 롤스, 『정의론』, p.304; 개정판 p.267.

sure)를 반영할 것이라는 점을 보증해 주는 그 어떤 것도 존재하지 않는다. 게다가 그런 원칙은 결코 정의로운 사회에서 부과되지 않을 것이다. 왜냐하면 무지의 베일에 가려진 원초적 상황에 있는 당사자들은 그런 원칙에 결코 동의하지 않을 것이기 때문이다. 무지의 베일이 사람들로 하여금 자신들의 특정한 도덕적 가치들을 알 수 없도록 만든다는 점을 고려하면, 그들은 그렇게 할 수 없을 것이다. 그런 정보 없이 그들은 도덕적 공적 중에 어떤 평가를 채택해야만 하는지를 알 수 있을까? 공정으로서의 정의는 도덕적 공적의 개념 자리에 합법적 기대치(legitimate expectations)를 사용한다. 만일 어떤 사람이 정의로운 사회의 규칙을 따른다면, 그는 그런 규칙들에 의해서 정의된 체계 내에 참여함으로써 그가 확보한 재화의 몫은 무엇이든 그것을 합법적으로 받을 권리가 있다. 다시 말하면 합법적 권리(entitlements)는 단순히 그 체계의 결과이지 그것을 평가하는 기준이 아니다.

공정으로서의 정의가 사회정의와 관련해서 우리의 모든 최초 직관들을 설명할 수 없다는 점이 그것에 대한 반론이 될 수 있을까? 그렇지 않다. 우리가 직관주의에 관한 논의에서 살펴본 것처럼, 갈등들을 판단하는 좀 더 체계적인 이론을 발전시키지 않고서는 그 갈등을 해결할 수 있는 방식은 존재하지 않는다. 이것은 정확하게 공정으로서의 정의가 하고 있는 일이다. 그런 판단들에서 우리의 갈등하는 몇 가지 직관들은 반드시 다른 직관들로 대체되어야만 한다는 점에 불만을 제기하는 일은 아무런 목적에도 도움이 되지 않는다. 다른 대안은 더 좋은 이론을 구성하는 것이다.

그러한 반론들을 제쳐 두고 롤스는 공정으로서의 정의와 대안들의 목록에 수록된 그것의 경쟁자들에 관한 쌍별 비교(pairwise comparisons)를 힘들게 수행하는 임무로 다시 돌아가고 있다(3.8절을 보라). 다음에

는 혼합된 개념들이 등장한다. 그러나 롤스가 명백하게 오직 자신의 후
기 작품들에서 인정하고 있듯이 이것들은 이미 공약의 부담(the strains
of commitment) 논증에서 제시되었다. 그 결과로 §49에 나오는 실제
적인 논의는 완전히 용두사미가 되고 만다. 그것은 단지 그런 이론들에
맞서 제기될 수 있는 몇 가지 **부가적인** 반론들을 급하게 살펴보고 있다.
여기서 그 반론들은 그 자체로 고려해 볼 때(즉 앞에서 검토된 공약의
부담이라는 강력한 논증과 별개로) 거의 결정적인 것이 되지 못하는 것
처럼 보인다는 점을 받아들여야만 할 것이다. 대부분 이 반론들은 차등
의 원칙 대신에 공리주의 원칙을 구현하려고 시도하면서 직면하게 될
실천적인 난제들과 관련되어 있다. 윤리학자들과 정치 철학자들은 그
런 실천적인 반론들을 오랫동안 인지하고 있었다. 그러나 롤스의 논의
는 다른 학자들의 훌륭한 주장들에 대해서 덧붙인 것이 거의 없다.

　다음 절(§50)로 넘어가면서 롤스는 마침내 완전주의 이론들에 관한
논의까지 다루고 있다. 이 논증도 또한 용두사미가 되고 만다. 그 이유
는 기본적 자유 논증이(순수한 공리주의 이론들에 맞서 전개된) 똑같이
완전주의(perfectionism)에 맞서 결정적인 것이 될 것이라는 점이 명백
하기 때문이다. 완전주의 이론들은 인간의 탁월성의 어떤 특수한 형식
으로서(예를 들어 예술의 성취나 문화의 성취 또는 종교적 신앙) 선의
개념으로부터 출발한다는 점을 상기해 보자. 그렇다면 그것들은 이런
선을 이행하거나 또는 증진하는 것을 정의(justice)라고 정의하게 된다.
이제 원초적 상황에 있는 당사자들은 다음과 같은 신조에 동의할 것이
라고 생각하는 일은 단순하게 있을 수 없는 것이다. "이러한 기준을 인
정하는 것은 결국 자유를 모두 상실하지는 않을지라도 종교적 자유 혹
은 다른 자유를 줄어들게 할 수 있는 원리를 받아들이는 것이다."[197] 무
지의 베일이 당사자들에게서 그들의 특정한 도덕적 공약과 다른 공약

에 관한 모든 지식을 감추고 있다는 점을 고려하면, 그들은 분명하게 그
런 제한사항들에 동의하지 않을 것이다.

　이것으로 제5장, 그리고 공정으로서의 정의에 관한 원초적 상황 논증
이 끝을 맺게 된다. 그러나 이것은 거의 감동적인 결론이 되지 못했다.
이와 관련해서 공정으로서의 정의와 칸트의 도덕 철학의 깊은 관련성
들을 명백하게 반영하고 있는 제4장의 끝맺음 절이 훨씬 더 훌륭하다고
할 수 있다. 이런 숙고사항들을 고려하면서 우리는 『정의론』에 숨겨진
최초 동기로 되돌아간다는 의미에서 그 논의를 다시 한 바퀴 돌려놓게
된다. 롤스의 가장 중요한 목표가 공리주의에 맞선 실행 가능한 대안이
될 수 있는 사회정의론을 전개하는 것이라는 점을 상기해 보자. 그가 깨
달은 것은 사회계약 전통과 칸트의 도덕 철학에 그런 대안이 형성될 수
있는 핵심적인 통찰들이 싹틔워져 있었다는 점이다.

　롤스의 사회정의론과 칸트의 도덕 철학 사이에는 수많은 의미 있는
연결점들이 존재한다. 그러나 특별하게 중요한 한 가지는 (칸트에 따르
면) 정언명령에 따라 행동하면서 우리는 어떤 의미에서 자율적으로 행
동한다는 관념이다(즉 우리는 우리 자신에게 부여하는 규칙들에 따라
행동하고 있다). 롤스에 따르면 도덕은 '합리적 선택의 대상'이다.[198] 예
를 들어 이 생각은 칸트의 보편법칙의 정식(the Formula of Universal
Law)으로 표현된다. 그 법칙은 우리가 모든 사람들에게 적용되는 준칙
(maxim)이 되기를 바라는 그런 준칙에 따라 행동할 것을 우리에게 지
시한다. 그러나 우리는 앞에서 보편법칙의 정식에 심각한 결함이 명백
하게 존재한다는 점을 살펴보았다. 어떤 선입견을 가진 사람은 모든 사

---

197 J. 롤스, 『정의론』, p.327 ; 개정판 p.288.
198 J. 롤스, 『정의론』, p.251 ; 개정판 p.221.

람들이 "항상 소수자들을 차별하라"라는 준칙을 따라야 한다는 직관을
추구하는 일이 완벽하게 가능한 것처럼 보인다. 왜냐하면 예를 들어 그
는 자신이 소수자 집단에 속하지 않는다는 점을 알고 있기 때문이다. 다
행히도 롤스는 이런 "결함이 원초적 상황이라는 개념을 통해서 교정될
수 있다"고 주장한다.[199] 무지의 베일은 원초적 상황에 있는 당사자들이
자신들의 개별적 특성들을 알지 못하도록 가로막고 있다. 이것은 당사
자들로 하여금 자신들의 욕구들을 올바른 방향으로 보편적인 것이 되
도록 효과적으로 강제하고 있다. 그들은 자신들이 다수자가 될지 소수
자가 될지 알지 못하기 때문에 어쩔 수 없이 모든 사람들에게 적용되는
공정한 원칙들을 채택하게 된다.

그러므로 이 결함을 막기 위해서 롤스는 자율성(autonomy)이 우리
가 우리 자신에게 부과하는 규칙에 따라서 행동하는 것을 의미한다는
근원적인 통찰을 기반으로 삼고 있다. 그 동일한 생각이 정의로운 사회
란 사회 기본 구조가 시민들이 공정한 조건들하에서 자신들을 위해서
선택하게 될 사회정의의 원칙들을 반영하고 있는 사회라는 관념으로서
롤스의 이론 중에 표현되어 있다. 그런 사회는, 이것이 현실적으로 가능
한 한도 내에서, 상호 협동이라는 자발적인 체계를 형성하게 될 것이다.
공정한 조건들 속에서 상의했기 때문에(즉 원초적 상황에서), 시민들
자신은 결코 공리주의의 원칙을 수용하지 않을 것이다. 왜냐하면 공리
주의는 종종 단순히 어떤 사람들의 이득을 위해서 다른 사람들의 이익
을 희생시키는 일을 수반할 수 있기 때문이다. 그런 원칙들은 칸트의 인
격주의 정식(the Formula of Humanity)을 위반하게 될 것이다. 그것은
다른 사람들을 단순하게 수단으로서 대우해서는 결코 안 된다고 우리

---

199 J. 롤스, 『정의론』, p.255; 개정판 p.224.

에게 명령하고 있다. 그 대신 롤스에 따르면 그들은 공정으로서의 정의의 원칙을 채택하게 될 것이다.

연구를 위한 물음들

1. 어떻게 원초적 상황 논증은 세대 간의 정의 문제를 해결하는 데 성공할 수 있을까?
2. 롤스는 원초적 상황에 있는 당사자들이 대안들의 목록에 있는 모든 경쟁이론들을 물리치고 공정으로서의 정의를 선택할 것이라는 점을 증명하는 일에 성공한 것일까?

3.11 정의와 개인 (§§ 18-19, 51-59)

비록 『정의론』 제2부에 '제도론'(Institutions)이라는 부제가 붙어 있지만, 제2부의 마지막 장(제6장)은 제도들과 직접으로 관련되어 있는 것처럼 보이지 않는다. 반대로 그것은 정의와 관련되어 있는 개인들의 의무들(obligations)과 책무들(duties)을 논의하고 있다. 이것은 사회정의 문제에 초점이 맞춰진 롤스의 저술이 갖는 중요 프로그램을 우회하고 있는 것처럼 보인다. 사회정의 문제는 어떤 정치 사회적 제도들과 관행들이 가장 정의로운 것이 될 것인지를 결정하는 것이다. 그러나 왜 이런 우회가 제도들에 관해 논의하고 있는 『정의론』 제2부에 등장하고 있는 것일까?

 롤스는 실제로 이 장을 쓸 때까지 두 주제들의 관련성을 명확하게 설명하는 일에 관심을 기울이지 않는다. 아마도 그것은 롤스에게 특별한 관심이 되는 한 사례에 의해서 가장 잘 예시되고 있다. 그 사례는 시민 불복종(civil disobedience)이다. 롤스가 『정의론』을 집필하기 시작할 때, 시민권 운동은 몇 가지 위대한 승리들을 쟁취하고 있었다. 그리고 그가 이 책의 집필을 마칠 때쯤 베트남 전쟁에 대한 항의 시위가 전국적으로 벌어지고 있었다. 따라서 시민 불복종이라는 쟁점은 보통의 미국인들에게 그리고 개인적으로 롤스에게도 역시 가장 생생한 관심사가 되었다(그가 전쟁에 반대했다는 점과 하버드 대학에서 자신의 학생들의 징병 유예 신분(the draft deferment status)에 영향을 줄 수 있는 직위에 있었다는 사실을 고려해 본다면). 어느 정도까지 우리는 정의 문제로서 우리 사회의 제도들과 정책들에 의해서 자신에게 부과되는 요구들에 순응해야 할 의무를 갖는 것일까? 이것들은 매우 중요한 물음들이며 롤스가 집필하던 시기에 회피할 수 없었던 물음들이다. 따라서 사회정의의 원칙들과 정의로운 사회의 제도들과 정책들이 어떻게 서로 관련되는가에 관한 논의를 끝맺음 한 바로 다음에 그 물음들을 다루려고 시도하는 일은 타당해 보인다.

특별히 롤스는 이상론(ideal theory)이라는 렌즈를 통해서 그 관련된 논쟁들에 엄격한 방식으로 접근하고 있다. 원초적 상황에 있는 당사자들이 대략적으로 공정으로서의 정의와 같은 정의의 개념을 최초로 수립했다고 가정해 보자. 앞에서 살펴본 것처럼 그들의 다음 작업은 어떤 종류의 기본적 사회적 제도와 정치적 제도가 그 개념의 원칙들을 가장 잘 반영할 것인지 생각해 내는 것이다. '4단계 과정'(the four-stage sequence)이 그런 작업을 하는 절차를 제시해 주고 있다. 그 과정의 제2단계와 제3단계에서 공정으로서의 정의 원칙은 정치적 제도의 설계와 사회 정책의 설계에 각각 적용된다. 그러나 상당한 정도로 정의로운 제도들과 정책들이 마련되면, 그런 제도들과 정책들을 구현하는 일은 공공 관료들과 시민들에게 맡겨진다. 이것이 4단계 과정에서 제4단계에 해당한다. 제4단계에서 개인들은 자신들의 개인적인 행위의 지침이 될 부가적인 원칙들을 요구하게 될 것이다. 매우 대략적으로 우리는 사람들이 제도들과 정책들은 다른 이유에 근거할 필요 없이 정의로운 것으로 간주되는 한(즉 그것들이 공정으로서의 정의의 두 원칙들에 순응하고 있다는 측면에서) 그것들을 존중해야만 하는 일종의 의무 또는 책무를 갖는다고 주장할 수 있다. 물론 이것은 제도들 또는 정책들이 정의롭지 못한 것이 되는 경우에 시민 불복종이 발생할 가능성을 열어 두고 있다. 그러나 그 주제를 다루기 전에 우리가 반드시 다뤄야 할 몇 가지 복잡한 문제들이 있다.

이 복잡한 문제들은 개인들의 의무들과 책무들의 **근원**(source)과 관련되어 있다. 여기서 그런 근원에 이르는 어떤 특별하게 명백한 노선은 롤스에게서 찾아볼 수 없다는 점을 주목하는 일이 필요하다. 전통적 사회계약론에 따르면, 정치권력에 복종해야 할 우리의 책무는 사회계약의 조건들에 대한 우리의 명백한 또는 암묵적인 동의로부터 발생한다. 다시 말하면 우리들은(사람들) 그들이(공공 관료들) 우리들의 권리를 존중한다면 정치권력을 따르는 일에 동의하게 되며 그 역도 마찬가지이다. 따라서 사회계약은 일반적인 계약이 법적 구속력을 갖는 동일한 이유에 따라서 법적 구속력을 갖게 된다(왜냐하면 우리는 옳다는 신념을 통해서 제기한 약속들을 준수할 도덕적 책무를 가지고 있기 때문이다). 이 도덕적 책무는 복종해야 할 우리의 의무의 근원이다. 그러나 롤스는 이 노선을 사용할 수 없다. 왜냐하면 그가 마음속에 그리고 있는 원초적 상황은 엄격하게 가설적인 것이라는 단순한 이유가 존재하기 때문이다. 예를 들어, 우리는 가설적으로 맺은 사업 계약을 실행할 의무를 갖지 않는다. 우리는 오직 **실제로 맺어진**(actually made) 협정만을 준수할 의무를 갖는다.[200] 따라서 정의와 관련된 우리의 개인적인 의무

들과 책무들의 근원은 다른 데서 발견되어야만 한다. 롤스에 따르면, 그
것들은 사회정의의 원칙들이 일반적으로 발견되는 동일한 방식으로 발
견될 수 있다. 즉 원초적 상황이라는 장치를 통해서 발견될 수 있다(이
논증은 §§ 18-19와 §§ 51-52에서 등장한다). 제도들과 관련된 사회정의
의 원칙들을 정한 후에 당사자들은 개인적인 행동에 관한 가능한 원칙
들의 범위를 고찰하게 된다고 상상해 볼 수 있다. 롤스는 그들이 동의하
게 될 다양한 원칙들 중에서 두 가지 원칙들이 특별하게 중요하다고 생
각한다. 그것들은 그가 공정성(fairness)의 책무와 정의의 자연적 의무
(a natural duty)라고 기술하는 것이다.[201]

공정성의 책무는 대략적으로 만약 다음과 같은 조건이 만족되는 경
우에 한 개인이 "제도의 규칙들이 정하는 자신의 역할을 수행하는 것이
다." 즉 그 조건이란 "첫째로 제도는 정의로우며, 둘째로 그 사람은 그
체제(arrangement)의 이익을 자발적으로 받아들이거나 자신의 이익을
늘리기 위해 그것이 제시하는 기회를 이용한다는 것이다."[202] 이 책무는
행위자 관계 책무(an agent-relative obligation)라고 불릴 수 있는 것이
다. 다시 말하면 오직 특정한 개인들이 다른 개인들과 특수한 방식으로
관련되어 있는 한에서 그 개인들에게 부과되는 의무이다. 영희가 도움
에 대한 답례로서 철수에게 만 원을 주기로 약속했다고 가정해 보자. 첫
째, 만일 그녀가 실제적으로 철수의 도움을 사절했지만 그가 그녀의 의

200 R. Dworkin, "The Original Position", 1973, reprinted in *Reading Rawls*, ed.,
Norman Daniels; Stanford University Press, 1975, pp.16-19.
201 롤스는 일반적으로 문헌에서는 잘 사용되지 않는 책무(obligations, 그는 이것을 자
발적인 행위들로부터 일어난 것으로 간주한다)와 의무(duties, 그는 이것을 자발적인 행
위들로부터 일어나지 않은 것으로 간주한다)를 용어론적으로 구분하고 있다. 따라서 여
기서 논의는 이 구분을 재강조하고 있다.
202 J. 롤스, 『정의론』, p.111-112; 개정판 p.96.

사와 무관하게 도움을 베풀었다면, 그녀는 이 책무를 이행할 필요가 없다는 점을 주목하라. 둘째, 그녀가 그 도움을 자발적으로 받아들였다면, 철수에 대한 영희의 책무는 그녀가 미애에게 만 원을 대신 주는 것으로 완결되지 않는다는 점을 주목하라. 따라서 약속을 지켜야 하는 우리의 책무는 오직 실제적인 약속들을 통해서 관계가 형성된 특정한 인간 행위자들 사이에서만 통용된다는 의미에서 행위자와 관련된 것이다 (agent-relative). 롤스에 따르면 공정성의 책무도 이와 마찬가지로 행위자와 관련된 것이다. 만일 어떤 집단이 자신들의 공동 이익을 위해서 일련의 제도들을 채택한다면, 그리고 만일 내가 자발적으로 그 집단의 구성원들과의 협동에 참여하고 그들이 모두 자신들의 제도들이 부과하는 규칙들을 준수하고 있다는 사실로부터 이익을 얻고 있다면, 그렇다면 나는 그 동일한 제도의 규칙들을 준수하고 유지하는 본분을 다해야만 하는 것이 정의로운 것이다. 그의 공정으로서의 정의론의 체계 안에서 이것은 일반적으로 4단계 과정(the four-stage sequence)의 중간 두 단계들에서 수립된 정의로운 기본적 정치 제도와 사회 제도를 준수하고 유지하는 것을 의미한다.

그러나 공정성의 책무는 모든 목적들에 사용되기에 충분한 것이 되지 못할 것이다. 그것은 두 가지 이유에서 그러하다. 롤스가 강조하고 있는 첫 번째 이유는 그것이 오직 사회 기본 구조에 의해서 제공된 기회들로부터 능동적으로 그리고 자발적으로 이익을 취하고 있는 사람들에게만 명백하게 적용될 것이기 때문이다. 그것은 자신들의 사회의 기본 구조에 결코 찬성하지 않았던 개인들에게 또는 아마도 사회의 현 체제에 의해서 개인적으로 자신들이 불이익을 당했다고 주장할 수 있는 개인들에게는 적용될 수 없을 것이다. 따라서 공정성의 책무는 "공직을 담당하는 사람들에게만, 혹은 그 체제 내에서 자신의 목표를 증진해 온 좀 더 나은 처지에 있는 사람들에게만 구속력을 갖는다."[203] 그것의 영향력은 다른 것들과 비교해서 매우 약하거나 또는 거의 무시해도 좋을 만한 것이 될 수도 있다. 롤스가 명백하게 언급하고 있지 않은 두 번째이자 가장 중요한 이유는 공정성의 책무가 공정한 제도들이 단순히 존재하지 않는 상황들에서는 개인들에게 아무런 지침을 제공하지 않는다는 점이다. 우리가 그런 상황들에서는 아무런 정의 책무 또는 의무를 갖지 않는다고 말하는 것은 충분하지 않은 것처럼 보인다.

바로 이런 이유들 때문에 롤스는 정의의 자연적 의무를 도입하고 있다. 공정성의 책무와는 달리, 정의의 자연적 의무는 행위자와 관련된 것이 아니다(그것은 오히려 보편적 의무라고 불릴 수 있는 것이다. 영희가 분수에서 발이 미끄러져 물에 빠져 머리를 부딪쳐서 의식을 잃어버린 어떤 사람을 발견했다고 가정해 보자. 그녀가 도와주지 않는다면 그는 익사하게 될 것이지만 그녀가 도와준다면 그는 쉽게 살아날 수 있을 것이다. 명백하게 영희는 그를 도와줘야 할 의무를 갖는다. 여기서 그녀의 의무는 그녀가 이 특정한 사람과 어떤 특수한 관계를 갖고 있는지 또는 그녀가 다른 사람들을 일반적으로 도와야 할 책임을 받아들이는 일에 이전부터 자원해 왔는지에 달려 있지 않다는 점에 주목하자. 생명을 구하는 의무는 보편적인 의무이다. 롤스에 따르면 정의의 자연적 의무는 이와 유사하다. 우리의 보편적인 의무는 "지금 존재하는 정의로운 제도를 우리가 지지하고 따르는 것이다. 그것은 또한 적어도 우리가 지나치게 희생하지 않아도 가능한 경우에는 아직 확립되지 않은 정의로운 체제를 점진적으로 수립하는 것이다."[204] 이 의무에 따르면 개인들은

203 J. 롤스, 『정의론』, p.116; 개정판 p.100.
204 J. 롤스, 『정의론』, p.115; 개정판 p.99.

정의로운 제도들이 존재하지 않을 때 그것들을 수립하기 위해서 노력해야만 하며 또한 정의로운 제도들이 존재할 때는 그것들을 일반적으로 따라야만 한다. 다시 한 번 그의 이론 체계 내에서 여기 나오는 정의로운 제도들은 4단계 과정 중 두 개의 중간 단계들에서 수립된 기본적인 정치 제도와 사회 제도를 언급하고 있다.

§§ 51-52에서 롤스는 어떤 다른 원칙들보다 개인들을 위한 이 두 가지 원칙들이 무지의 베일에 가려진 원초적 상황에서 합의될 것이라는 점을 보여 주려고 노력하고 있다. 이것이 왜 합의되어야만 하는지를 깨닫는 데는 별로 어려움이 없다. 좀 더 어려운 문제는 어떻게 그들의 합의가 우리의 최초 문제(즉 개별적인 책무들과 의무들이 정의와 연관되어 있을 때 그것들의 근원을 발견하는 문제)를 해결할 수 있는가 하는 것을 파악하는 것이다. 우리가 사회적 정의는 사람들이 (가설적으로) 원초적 상황에서 합의하게 될 것이라는 점을 승인한다고 가정해 보자. 그렇다면 개인들을 더 세부적인 사회적 정의, 즉 그 합의의 내용으로 구속하는 것은 무엇일까? 그것은 정의의 자연적 의무이다. 그렇다면 정의의 자연적 의무는 무엇인가? 분명하게 사람들은 (가설적으로) 원초적 상황에서 바로 이 개인들을 위한 원칙을 합의할 것이다. 그렇다면 개인들이 이 의무, 즉 어떻게 자신들의 (첫 번째) 합의의 내용을 좀 더 좋은 것으로 만들 수 있을까에 관한 그들의 (두 번째) 합의의 내용을 준수하도록 제약하는 것은 무엇일까? 이 논증은 무한 후퇴로 나아가는 것처럼 보이며 롤스는 불행하게도 우리에게 명백한 탈출구를 마련해 주고 있지 못하다.

아마도 가장 너그러운 해결책은 '정의의 자연적 의무'라는 롤스의 표현에서 '자연적'이라는 말을 강조하는 것이다. 여기서 핵심은 우리가 가지고 있는 단순하게 원초적인 몇 가지 도덕적 책무들 또는 의무들(즉 가설적이든 또는 다른 어떤 방식이 되었든 그 자체로 앞선 다른 종류의 자발적 합의로부터 도출될 수 없는 책무들 또는 의무들)이 존재한다는 것이다. 당연히 동의의 논리를 일관되게 유지할 수 없는 대부분 동의에 기초하고 있는 정의론과 다소 어울리지 않는 어떤 부분이 존재하는 것처럼 보인다. 그러나 아마도 이 점은 피할 수 없는 것처럼 보인다. 동의에 기초한 논증(a consent-based argument)을 순조롭게 출발시키기 위해서는 그 자체가 동의로부터 도출되지 않는 어떤 최초의, 언뜻 보기에 도덕적인 공약들을 가정하는 것이 단순하게 필수적인 일이 될 수 있다. 만일 그러하다면, 우리는 정의의 자연적 의무가 정확하게 이런 원초적인 도덕적 공약이라고 말할 수 있을 것이다. 따라서 우리는 롤스의 논증을 원초적 상황에 있는 당사자들이 이미 정의의 자연적 의무와 같은 어떤 것에 의해서 예속되어 있다는 점을 **인식하고** 있음을 보여 주려는 시도로 독해할 수 있다. 원초적 상황에 있는 그들의 직무는 이 자연적 의무가 언급하고 있는 정의로운 제도들과 관행들을 결정하는 것이다(그들이 제정하고, 존중하고, 준행한다고 간주되는 제도들과 관행들).

우리가 롤스의 생각에 동의하고 그래서 정의의 자연적 의무 그리고 공정성의 책무와 같은 어떤 것이 개인들로 하여금 정의로운 제도들과 정책들을 따르도록 제약한다는 점을 받아들인다고 가정해 보자. 그러나 우리는 이것을 통해 이 절의 초반부에서 제시된 물음으로 다시 돌아오게 된다. 그것은 이 의무들과 책무들이 얼마만큼 확대될 수 있는가라는 물음이었다. 공정성의 책무와 관련해서 그는 "정의롭지 못한 제도나 혹은 적어도 참을 수 있는 부정의의 한도를 넘어선 제도는 구속력이 없다"는 점을 지적하고 있다.[205] 아마도 그 동일한 것이 정의의 자연적 의

205 J. 롤스, 『정의론』, p.112; 개정판 p.96.

무와 관련해서 적용될 수 있을 것이다. 개인들은 명백하게 부정의한 제도와 정책에 최소한 비폭력적인 방식의 불복종을 표출할 권리를 가지고 있다는 점이 도출된다. 참으로 심각하게 부정의한 사회들에서 롤스에 따르면 "전투적 행위와 다른 종류의 저항운동은 확실히 정당화된다."[206] 그러나 이 경우들은 철학적으로 그리 흥미로운 것이 아니다. 좀 더 흥미로운 것은 단지 몇 가지 부정의한 제도들 또는 정책들만을 가진 상당히 정의로운 사회의 경우이다. 또한 가장 흥미로운 경우는 공정으로서의 정의의 두 원칙들이 실제 상황들에서 가능한 한 할 수 있는 만큼 주의 깊고 철저하게 구현된 완벽하게 정의로운 사회라는 한계 사건(limit case)이다. 시민 불복종은 그런 거의 또는 완전히 정의로운 사회들에서조차도 일어날 수 있을까? 놀랍게도 그 대답은 아마 그렇다가 될 것이다.

    롤스는 이 대답에 관한 이유들을 §§ 53–54에서 설명하고 있다. 간략하게 설명하면, 이 논쟁은 정치적 제도와 법적 제도를 설계하는 우리의 능력이 갖는 선천적 한계(inherent limitations)로 요약된다. 다시 4단계 과정의 제2단계로 되돌아가서 우리는 기본적인 정치적 제도와 법적 제도가 두 가지 주요한 고려사항들에 따라서 설계되는 제헌 위원회(constitutional convention)를 상상하고 있다고 가정된다는 점을 떠올려 보자. 그 첫 번째 사항은 근본적인 정치적 제도와 법적 제도가 공정으로서의 정의의 제1원칙에 의해서 보장된 평등한 기본적 자유를 반영해야만 한다는 점이다. 그리고 두 번째 사항은 평등한 기본적 자유의 원칙을 만족시키는 일련의 가능한 헌법의 구성들 중에서 우리는 공정으로서의 정의의 다른 목표들을 증진하는 공공 정책들을 산출하는 데 가

---

206 J. 롤스, 『정의론』, p.368 ; 개정판 p.323.

장 신뢰할 만한 것이라고 기대할 수 있는 것을 선택해야만 한다(즉 공정한 기회 균등을 확보하며 또한 최소 수혜자의 전망들을 극대화하는 것)는 점이다. 이제 명백하게 두 번째 고려사항은 롤스가 '불완전한 절차적 정의'(imperfect procedural justice)로서 언급하고 있는 것의 사례를 보여 주고 있다(3.4.4절에 제시된 논의를 보라). 절차를 채택하는 우리의 목표는(예를 들어 다수결 투표 절차) 부정의하기보다는 정의로운 정책들이 마련될 가능성을 극대화하는 것이다. 그러나 불행하게도 "헌법에 따라서 제정된 법이 정의로운 것이기를 보장해 줄 현실적인 정치 과정이 존재하지 않는다." 롤스는 "정치적인 문제에서 완전한 절차적 정의는 달성될 수 없다"고 생각한다.[207] 심지어 완벽하게 정의로운 사회에서조차도 그리고 확실히 다소 덜 완벽하게 정의로운 사회에서 정치 체계는 최소한 몇 가지 부정의한 법률들과 정책들을 산출하게 될 것이라는 결론이 도출된다.

우리는 그런 부정의한 법률들과 정책들에 불복종해야만 하는가? 롤스에 따르면 일반적으로 우리는 불복종해서는 안 된다. 정의의 자연적 의무와 공정성의 책무는 공정으로서의 정의의 두 가지 원칙들에 따라서 대부분 정의로운 정치 체계의 (불완전한) 결과들을 존중하도록 우리를 제약하고 있다. 그러나 시민 불복종이 허용될 수 있고 적절한 것으로 간주된다고 롤스가 생각하고 있는 예외들이 존재한다. 시민 불복종은 "정부 정책들에 관한 법률에 변혁을 가져올 목적으로 일상적으로 행해지는, 공공적이고 비폭력적이며 양심적인 하지만 법에 반하는 정치적 행위라고 정의된다."[208] 여기서 롤스는 명백하게 1950년대와 1960년대 초 미국

---

207 J. 롤스, 『정의론』, p.353; 개정판 p.311.
208 J. 롤스, 『정의론』, p.364; 개정판 p.320.

의 시민권 운동을 자신의 모델로 간주하고 있다. 그렇다면 어떤 상황 아래에서 이런 종류의 불복종이 허용될 수 있으며 적절한 것으로 간주될 수 있을까? 롤스에 따르면 3가지 조건들이 존재한다.[209] 첫 번째 조건은 문제의 부정의가 실질적인 것이며 명확하게 드러나는 경우이다. 두 번째 조건은 일상적인 정치 과정들을 통해서 개혁을 성취하려는 시도들이 옳은 신념을 통해 이루어졌으나 실패한 경우이다. 세 번째 조건은 너무나 많은 집단들이 법의 지배를 침식하면서 동시에 시민 불복종에 모두 참여하지 않을 때이다. 그렇다면 어떤 종류의 부정의가 "실질적이며 명백한 것"(substantial and clear)으로 간주될 수 있을까? 오직 평등한 기본적 자유 원칙의 심각한 위반과 공정한 기회 균등 원칙의 노골적인 위반만이 이에 해당한다. 명백하게 차등의 원칙 아래에서 발생하는 부정의들은 그의 견해에 따르면 결코 충분하게 명백한 것도 실질적인 것이 되지 못할 것이다.[210]

그러므로 롤스는 최소한 어떤 상황들에서는 시민 불복종에 호소하는 일을 방어하면서 계속해서 (§59에서) 그것은 정의로운 사회에서 (불안정 인자가 아니라) 안정 인자(a stabilizing factor)가 될 수 있다고 주장

---

209 J. 롤스, 『정의론』, p.372-375; 개정판 p.326-329.
210 그러나 이 논쟁들을 앞선 절들에 비추어 고찰해 보면, 롤스는 이 조건을 다소 다르게 규정하고 있다. 거기서 그는 "장기적으로 부정의가 주는 부담이 사회의 상이한 집단들 간에 다소 고르게 배분되어야 하며, 부정의한 정책이 주는 압제가 어떤 특정한 경우에도 지나치게 무거운 것이어서는 안 된다"는 점을 지적하고 있다. 그러므로 "오랫동안 부정의로 고통을 당해 온 항구적인 소수자들에게는 부정의한 법에 따를 의무가 의심스럽게 된다"는 결론이 도출된다(J. 롤스, 『정의론』, p.355; 개정판 p.312). 이것은 단순하게 공정한 기회 균등 원칙의 위반이 명백하게 실질적인 것으로 간주되는 이유에 대한 설명이 될 수 있다. 그러나 이것은 또한 차등의 원칙의 위반이 그런 수준에서 일어날 수 있는 조건들을 제시해 줄 수도 있다. 롤스는 이런 방식에 대해서도 저런 방식에 대해서도 전혀 명확하게 설명하고 있지 않다.

한다. 그는 시민 불복종이 "공동체의 정의감에 호소하여 평등한 사람들 사이의 공인된 협동의 원칙들이 침해되었다는 것에 대한 탄원으로 이해될 수 있다"고 주장한다.[211] 정의의 원칙에 호소함으로써 시민 불복종에 참여하는 소수는 다수가 그런 원칙들에 대한 자신들의 공약에 대해서 반성하도록 만들게 될 것이다. 게다가 롤스는 시민 불복종의 가능성은 먼저 부정의한 법률들과 정책들을 채택하는 일에서 탈유인(disincentive)으로 작용한다는 점을 지적하고 있다. 따라서 우리는 시민 불복종이 공정으로서의 정의의 원칙에 따라 대부분 또는 완벽히 정의로운 사회에서조차도 중요한 역할을 수행하고 있다는 점을 알게 된다.

이 논의에 대한 추가사항으로서 롤스는 또한 양심적 거부(conscientious refusal)의 문제를 주로 시민 불복종과의 대조를 통해 고찰하고 있다는 점을 간략하게 지적하는 것은 가치 있는 일이 될 것이다. 그는 양심적 거부를 한 특정한 개인에게 내려진 "대략적으로 직접적인 법률적 금지 명령(injunction) 또는 행정 명령(administrative order)에 대한 불복종"으로 정의하고 있다.[212] 물론 비록 역사적으로 수많은 다른 경우들이 있었지만 그가 저술할 당시 특별하게 중요한 사례는 국민들의 베트남 전쟁 징병 거부였다. 양심적 거부는 공정으로서의 정의론에서 어떤 특별한 역할을 하지 않고, 오히려 우리의 다른 개인적인 도덕적 공약들과 사회정의와 관련된 개인적인 의무들과 책무들의 균형이라는 문제를 제기하기 때문에 롤스는 여기서 그것을 자세하게 다루고 있지 않다. 그의 견해들은 주로 우리가 정의로운 전쟁에 관한 원칙들을 도출할 수 있는 세계 정의(global justice)에 관한 설명을 간략하게 묘사하고 있는 한

---

211 J. 롤스, 『정의론』, p.385; 개정판 p.337.
212 J. 롤스, 『정의론』, p.368; 개정판 p.323.

도 내에서 흥미로운 것이다. 그는 우리의 다른 도덕적 공약들이 어디로부터 발원하는지에 관해서 비종교적 사례를 제시하는 방식으로 이를 묘사하고 있다. 나중에 롤스는 자신의 책 『만민법』(*The Law of Peoples*, 1999b)에서 세계 정의에 관한 설명을 좀 더 자세히 전개하고 있다.

연 구 를 위 한 물 음 들

1. 동의에 기반하고 있는 사회정의론이 동의로부터 도출될 수 없는 어떤 도덕적 의무들과 책무들에 의존하고 있어야만 한다는 그 이론에 대한 반론은 어느 정도까지 유효한가?
2. 시민 불복종의 사용권을 동등한 기본적 자유 원칙들과 공정한 기회 균등의 원칙의 명백한 위반으로 제한하는 것이 적절한 것일까?

3.12 안정성의 탐색 (§§ 60-87)

마침내 우리는 『정의론』의 마지막 제3부에 도착했다. 비록 제3부는 150쪽이 훌쩍 넘어서지만 우리의 논의는 한 절에만 제한될 것이다. 그 이유는 이미 앞에서 설명되었다. 제3부에서 롤스의 목표는 안정성(stability)에 대한 설명을 제시하는 것이다. 다시 말하면 사회 기본 구조가 공정으로서의 정의의 두 원칙들을 반영하고 있는 질서 잡힌 사회에서 시민들은 사회정의에 찬성하고 지지할 것이라는 점을 보여 주는 것이다. 그러나 나중에 롤스는 안정성에 대한 자신의 설명이 매우 많은 결함을 가지고 있다고 생각하고 전체 이론과 내적으로 부정합적인 것으로 간주하게 된다. 따라서 그는 '중첩적 합의'(overlapping consensus)라고 부르는 관념에 의존해서 안정성에 대한 새로운 설명을 전개하고 있다.[213] 이 새로운 설명은 공식적으로 그 이전 설명을 대체하고 있기 때문에 『정의론』의 제3부에 큰 관심을 두지 않는 것이 일반적인 관례이다. 이런 전개 사항들에 비추어 볼 때 이 절의 목표는 안정성에 대한 설명을 제3부에서 제시되는 방식으로 간략하게 소개하는 것이 될 것이다. 또한 롤스가 왜 나중에 이 설명을 불만족스러운 것으로 간주하게 되었는지에 대한 몇 가지 판단을 검토하게 될 것이다.[214]

　『정의론』에서 롤스는 자신이 '합치성의 문제'(the problem of congruence)라고 부르는 것에 대한 본질적인 해결책으로서 안정성에 대한 설명을 제시하고 있다. 기본 구조가 공정으로서의 정의의 두 원칙들을 반영하고 있는 질서 잡힌 사회를 우리가 확립했다고 가정해 보자. 그 사회가 안정을 유지하기 위해서는 롤스의 견해에 따르면 개별적인 각 시민은 정의의 자연적 의무와 같은 것을 자신의 개인적인 선 개념의 핵심적인 부분으로 채택하는 것이 타당해야만 한다. 그렇게 채택함으로써 시민들은 단지 자신들의 행동들을 통해서 정의로운 제도들과 정책들을 준수하고 유지하려고 노력할 뿐만 아니라 더 나아가 그들은 자신들의 개인적인 목적들과 목표들을 사회정의에 대한 공약을 반영하는 방식으로 형성하게 될 것이다. 예를 들어, 그들은 오직 다른 사람들을 자유롭고 동등한 시민들로 간주하는 일과 일치하는 그런 종류의 개인적인 삶의 계획들을 수립할 수 있다. 그 누구도 노예 주인이 되고 싶어 하거나 종교적 불관용을 밀어붙이려고 나서지 않게 될 것이다. 롤스의 주장에

---

213 특별히 J. Rawls, "Justice as Fairness: Political Not Metaphysical", reprinted in *Collected Papers*, ed. Samuel Freeman, Harvard University Press, 1985; *Political Liberalism*, Columbia University Press, 1993.

214 그러나 좀 더 자세한 논의들은 B. Barry, "John Rawls and the Search for Stability", *Ethics* 105, 1995 또는 S. Freeman, *Rawls*, Routledge, 2007, 특별히 제6~9장을 참조하라.

따르면 자신의 개인적인 선 개념의 부분으로서 정의의 자연적 의무와
같은 것을 채택하는 사람은 정의를 '자신들의 삶의 계획의 규제적 요
소'로서(as regulative of their plan of life) 단언하고 있는 것이다.[215] 모
든 또는 거의 모든 시민들이 사회적 정의를 자신들의 개인적인 선 개념
으로 통합시키고 있는 질서 잡힌 사회들은 상당히 명백한 이유들 때문
에 고도로 안정된 사회가 될 것이다. 그런 사회에서는 그 어떤 시민도
그 사회의 제도들과 정책들에 저항하거나 침식시키려는 이유를 갖지
않기 때문에, 전체로서 사회 체계는 특별히 튼튼한 평형(equilibrium)
을 형성하게 될 것이다. 따라서 합치성(congruence) 문제는 공정으로
서의 정의라는 특정한 개념이 사람들의 개인적인 선 개념들 속에 편안
하게 안착될 수 있는지를 보여 주는 문제로 환원된다(사회정의에 관한
이론과 개인의 선에 관한 이론은 어떻게 해서든지 반드시 서로 '합치
된' 것처럼 보여야만 한다).

　롤스는 세 단계를 통해서 합치성 문제를 해결하려고 시도한다. 이 세
단계는 제3부의 세 장과 대략적으로 일대일 대응한다. 첫 번째 단계에
서(제7장) 그는 선에 관한 매우 일반적인 이론 즉 '기초론'(the thin
theory)에 대해 이야기하려고 시도한다. 그는 이것을 합리성으로서의
선(goodness as rationality)이라고 부른다. 기초론은 필요하다. 왜냐하
면 우리가 반복적으로 살펴봤듯이 사람들은 모두가 한 가지 선 개념을
공유하고 있는 것이 아니기 때문이다. 이런 서로 다른 선 개념들은 대규
모의 다양한 사회들에서 서로 다른 사람들이 서로 다른 삶의 계획들을
채택한다는 명백한 사실로부터 발생한다. 어떤 사람들은 재능 있는 의
사가 되는 것을 목표로 하는 반면 다른 사람들은 신실한 기독교인이 되

---

215 J. 롤스, 『정의론』, p.567; 개정판 p.497.

는 것을 목표로 하며, 어떤 사람들은 환경운동 전문가가 되는 것을 목표로 한다. 각 개인들에게 선한 것은 어느 정도까지 필연적으로 자신들의 특정한 삶의 계획이 무엇이 될 것인가에 달려 있다. 그러나 합치성의 문제를 설명해야 되는 목적들 때문에 이 모든 특정한 선 개념들이 공통적으로 가지고 있는 것을 포착할 수 있는 일반적 이론을 갖는 것이 필요하다. 그것들이 공통적으로 가지고 있는 것은 롤스에 따르면 합리성(rationality)이다. 간략하게 합리적인 선 개념들은 반드시 두 가지 조건들을 만족시켜야만 한다. 첫째, 그것들은 반드시 어떤 종류의 내적 정합성(coherence)을 가지고 있어야만 한다. 예를 들어, 신학대학에 입학해서 부자가 되려고 시도하는 것은 비이성적인 일인 반면, 신학대학에 입학함으로써 선한 기독교인이 되려고 시도하는 것은 비이성적인 일이 아니다. 왜냐하면 후자의 계획은 전자의 계획이 결핍하고 있는 것처럼 보이는 내적 정합성을 가지고 있기 때문이다. 둘째, 그것들은 또한 반드시 어떤 체감할 수 있는 정도의 숙고적 반성(deliberative reflection)에 잘 견뎌 낼 수 있어야 한다. 다시 말하면, 만일 선 개념의 타당성이 잘못된 정보에 의존하고 있거나 문제가 되는 사람의 특정한 재능들과 능력들에 그 개념이 얼마나 적합하게 관련되어 있는지에 관한 고찰에 실패하게 된다면, 그것은 비이성적인 것이 될 것이다. 따라서 합리성으로서 선의 기초론은 한 사람이 자신의 특정한 선 개념에 기초하여 이성적인 삶의 계획을 세우는 것이 항상 좋은 것이라는 단순한 견해에 의존하고 있다.

　논의의 제2단계에서(제8장) 롤스는 공정으로서의 정의의 원칙들에 의해서 운영되고 있는 질서 정연한 사회에서 사람들은 종종 그가 '정의감' (a sense of justice)이라고 기술하고 있는 것을 전개하는 경향을 갖게 될 것이라는 점을 보여 주려고 노력하고 있다. 정의감은 대략적으로

사회정의에 어느 정도까지 관심을 갖게 되는 심리적 경향성이다. 어떤
사람이 실질적인 정의감을 가지고 있을 때, 그는 자신의 특정한 삶의 계
획을 형성하고 있는 다양한 목적들 또는 목표들 가운데 사회정의를 증
진하고자 하는 특수한 목적 또는 목표를 포함시키게 될 것이다. 비록 롤
스는 정확하게 이 용어를 사용하고 있지 않지만, 우리는 정의감을 정의
의 자연적 의무가 우리에게 실행하도록 요구하는 것을 실행하려는 욕
구로 간주할 수 있다. 시민들의 측면에서 정의감은 공정으로서의 정의
의 원칙들에 의해서 운영되는 사회들로부터 발생하는 경향을 갖는다는
점을 보여 주기 위해서 롤스는 기초적인 사회 심리학으로부터 도출된
수많은 가정들에 의존하고 있다. 비록 논의의 세부사항들은 매우 복잡
하지만, 그 골자는 그가 정의감을 사람들이 일종의 호혜성 본능(reci-
procity instinct)에 의해서 최소한 어느 정도 움직이게 된다는 '깊은 심
리적 사실'(a deep psychological fact)로 간주하고 있다는 점이다. 다시
말하면 우리는 '종류에 따라 반응하는'(answer in kind) 경향성을 가지
고 있다. 그래서 해악에 대해서는 해악으로 반응하고 유익에 대해서는
유익으로 반응한다.[216] 그의 생각에 따르면 공정한 상호 협동 체계로서
조직화된 사회에서 성장한 대부분의 사람들은 자신들에게 유익을 베푼
체계에 그들 각자가 자신들의 공정한 몫을 기여해야만 한다는 의식을
발전시키는 경향을 갖게 될 것이다. 이상적으로 이 감정은 마침내 실질
적인 정의감으로 성숙하게 변화될 것이다. 비록 개연적인 것일지라도
이 생각은 물론 사회 과학으로부터 도출된 근거 자료들을 요구하는 경
험적인 주장이다. 그러나 논의를 위해서 이 생각이 대략적으로 참된 진
술이라고 가정해 보자.

---

216 J. 롤스, 『정의론』, p.494; 개정판 p.433.

이 생각은 논의의 마지막 단계인 제3단계로(제9장) 넘어간다. 이 제3단계에서 어떤 일이 벌어지고 있는지를 이해하기 위해서 우리는 반드시 실질적인 정의감은 롤스의 목적들에 필연적으로 부합되는 것이 아니라는 점을 주장해야만 한다. 만약 정의에 관한 욕구가 실제적으로 그들의 삶의 계획들을 규제할 수 있을 만큼 강력한 것이 아니라면, 시민들이 단순하게 더 발달된 정의에 관한 욕구를 가지고 있다는 사실만으로는 충분한 것이 못 된다. 질서 정연한 사회의 안정성을 보장하기 위해서는 시민들의 정의감이 반드시 이 안정성을 침해하도록 작동될 수 있는 어떠한 욕구들이나 경향성들을 실제적으로 물리칠 수 있을 정도로 강력한 것이 되어야만 한다. 상황을 더 복잡하게 만들고 있는 것은 롤스가 정의감은 반드시 올바른 방식으로 강력한 것이 되어야만 한다고 주장하고 있다는 점이다. 그는 단지 시민들을 사실상 정의를 애호하는 자동기계(automaton)로 변화시키는 세뇌(indoctrination) 프로그램을 통해서 안정성을 달성하는 것을 원하지 않는다. 문제의 안정성은 반드시 올바른 종류의 안정성이 되어야만 한다. 롤스에게 이것은 기본적으로 사람들이 정의감을 자신들 각자의 선 개념과 통합시키는 것이 **합리적인 것**이라는 점을 증명한다는 사실을 의미한다. 정의감은 한편으로 그들의 다른 특정한 목적들과 목표들과 정합성을 갖게 된다는 의미에서 합리적인 것이며 다른 한편으로 그것의 포함이 숙고적 반성(deliberative reflection)에 견뎌 낼 것이라는 의미에서 합리적인 것이다. 만일 우리가 이 점을 증명할 수 있다면, 공정으로서의 정의론이 합리성으로서의 선의 기초론(the thin theory)과 합치된다는 점을 보여 주게 될 것이다. 제9장에 등장하고 있는 이 증명은 대략적으로 두 가지 측면들을 포함하고 있다. 한편으로 롤스는 공정으로서의 정의의 두 원칙들에 의해서 운영되고 있는 사회에서는 수많은 일상적인 종류의 불안정적인 욕구들과 경향성들이 대단히 완화될 것이라는 점을 보여 주려고 시도하고 있다. 예를 들어, 차등의 원칙을 구현하려고 성실하게 노력하는 사회의 최소 수혜자의 측면에서 우리는 질투가 존재할 어떤 합리적인 근거를 찾아볼 수 없을 것이다. 만일 롤스가 이 점에서 옳다면, 우리의 정의감은 극복해야 될 심리적 저항을 덜 받게 될 것이다. 다른 한편 롤스는 우리가 자신의 특정한 선 개념과 무관하게 공정으로서의 정의 원칙에 의해서 운영되는 공정한 상호 협동 체계를 포용하는 것이 실제적으로 합리적인 것이라는 점을 보여 주려 시도하고 있다. 대략적으로 그 이유는 다음과 같다. 첫째, 우리가 오직 그런 체계에 참여함으로써 충분하게 자신의 다양한 재능들과 능력들을 실현할 수 있기 때문이다. 둘째, 그런 체계를 승인함으로써 우리가 자신에게 부여하는 규칙들에 따라 살아간다는 칸트적 의미에서 우리는 자신의 자율성(autonomy)을 표현하고 있기 때문이다.

개략적으로 이것은 안정성에 관한 설명이 어떻게 『정의론』 제3부에서 제시되고 있는지를 보여 준다. 그런데 어떤 것이 롤스의 생각을 변화시키도록 촉발했을까? 난제는 그가 나중에 '합당한 다원주의'(reasonable pluralism)라고 부르게 될 것에 관한 점증하는 평가에 의해서 유발되었다. 우리는 대규모의 다양한 사회들에서 사람들이 자연적으로 다양한 삶의 계획들에 기초하고 있는 다양한 선 개념들을 형성하는 경향을 갖게 될 것이라는 점을 이미 살펴보았다. 그럼에도 롤스는 모든 사람들이 동일한 근거들에 기초하여 공정으로서의 정의의 개념을 동일하게 확언하는 질서 정연한 사회의 개념을 마음속에 그리고 있다. 각 특정 시민의 선 개념은 롤스가 나중에 '포괄적 교설'(comprehensive doctrine)이라고 부르는 것에 일종의 상호교환 가능한 구성단위로서 연결된다고 가정된다. 문제의 포괄적 교설은 완전한 자발적 사회(voluntaristic society)에 대한 일종의 칸트적인 해석이다. 그것은 공정으로서의 정의에 대한 확언(affirmation)을 통해서 우리가 각자 자신의 개인적인 자율성을 표현하고 또한 다른 사람들을 자신들에게 소중하고 독자적인 목적으로 존중하게 되는 사회이다. 그러나 바로 여기에 모순이 존재한다. 바로 정확하게 공정으로서의 정의의 첫 번째 원칙을 존중하는 자유주의 사회들(liberal societies)에서 사람들은 자연적으로 다양한 선 개념들을 형성하는 경향을 가질 뿐만 아니라 다양한 포괄적 교설들 그 자체를 형성하는 경향을 갖게 될 것이다. 물론 만일 칸트의 포괄적 교설이 단순하게 옳고 다른 것들은 틀렸다면 이것은 문제가 되지 않을 것이다(최소한 철학적으로). 그 경우에 우리는 단순하게 무지의 결과로서 좀 더 많은 종류의 다양성을 묵살할 수 있다. 그러나 불행하게도 우리는 그렇게 할 수 없다. 우리는 칸트의 포괄적 교설이 참이고 다른 것들은 거짓이라는 점을 확실하게 주장할 수 없다. 심지어 우리가 명백하게 추론상의 잘못된 전제들 또는 오류들에 의존하고 있는 포괄적 교설들을 묵살한다 해도, 모두 다 합당한 것처럼 보이는 몇 종류의 포괄적 교설들이 남게 될 것이다. 이것이 합당한 다원주의가 갖는 사실이다.

합당한 다원주의가 갖는 사실은 안정성에 대한 전체적으로 새로운 설명을 요구한다. 세부사항들을 논하지 않으면서 롤스가 자신의 후기 작품들에서 제안하고 있는 것은 우리가 공정으로서의 정의에 대한 좀 더 온건한 입장을 채택한다는 것이다. 공정으로서의 정의를 칸트의 특수한 포괄적 교설의 일부분이나 한 꾸러미(parcel)로 간주하는 대신, 우리는 후자가 오직 몇 가지 동등하게 합당한 포괄적 교설들 중의 하나에 불과하다는 가정과 더불어 출발하게 된다. 수많은 다양한 선 개념들이 구성요소로서 특정한 포괄적 교설 안에 들어맞을 수 있는 것처럼 다양한 사회정의 개념들도 그렇게 될 수 있다. 그러나 사회가 선 개념들의 내적 다양성으로부터 유익을 얻기 때문에, 그것은 사회 기본 구조의 설정과 관련된 논쟁들을 해결하기 위해서는 폭넓게 공유된 사회정의에 관한 공적 개념을 가지고 있어야만 한다. 그렇다면 요구된 기술은 모든 합당한 포괄적 교설들 안에 구성요소로서 들어맞을 수 있는 사회정의에 관한 단일한 개념을 발견하는 것이다. 롤스는 자신의 후기 작품들에서 공정으로서의 정의가 이를 수행할 수 있다는 점을 보여 주기 위해서 노력하고 있다(즉 공정으로서의 정의는 그가 합당한 포괄적 교설들의 '중첩적 합의'(overlapping consensus)라고 부르는 것의 초점으로서 기능할 수 있다는 점).[217] 이것은 공정으로서의 정의에 수많은 변화들을 불러일으키게 된다. 무엇보다도 공정으로서의 정의는 반드시 특별히 칸트의 포괄적 교설에 대한 어떤 잔여 의존성(residual dependencies)을 단절해야만 그 결과로서 롤스가 지적하듯이 그것은 '독립적인 것' (freestanding)이 될 수 있다. 독립적인 사회정의 개념은 특정하게 어떤 하나의 포괄적인 교설의 진리성에 의존하지 않는다. 따라서 그것은 수없이 다양한 포괄적 교설들 안에 구성요소로서 좀 더 쉽게 들어맞을 수 있다. 롤스는 자신의 개념을 독립적인 것으로 만들기 위해서, 예를 들어 기본적 가치에 관한 설명과 정의의 두 원칙들의 축자적 순서에 관한 논증을 수정하고 있다. 그러나 이 변화들에 관한 자세한 논의는 이 안내서의 범위를 벗어나게 될 것이다.

『정의론』은 어떤 특별한 결론을 갖지 않는다. 제9장의 마지막 절(§87)이 대략적으로 결론의 역할을 수행하고 있다. 거기서 롤스는 공정으로서의 정의의 개념에 관한 논증의 본성을 개관하고 있다. 우리가 반성

---

217 특별히 J. Rawls, "Justice as Fairness: Political Not Metaphysical", reprinted in *Collected Papers*, ed. Samuel Freeman, Harvard University Press, 1985; *Political Liberalism*, Columbia University Press, 1993.

적 평형상태에 관한 논의에서 살펴본 것처럼(3.3절), 이 논증은 토대주의에 속하는 것도 아니고 자연주의에 속하는 것도 아니다. 토대주의 논증은 자명하게 참이라고 간주되는 일련의 제1원칙들과 더불어 시작해서 그 기초 위에서 정의론을 도출하려고 노력하게 될 것이다. 자연주의 논증은 도덕적인 명제들을 비도덕적인 명제들과 연관시키려고 노력하면서 후자가 참이라는 경험적 증거에 대한 탐색으로 나아가게 될 것이다. 그에 반해서 반성적 평형상태 방법은 우리의 고찰된 도덕적 견해와 비도덕적 견해 사이에 폭넓은 종류의 정합성(coherence)을 찾으려고 노력한다. 따라서 『정의론』의 논증은 공정으로서의 정의가 공리주의 또는 다른 경쟁하는 사회정의 개념들보다 우리가 이미 가장 강력하게 헌신한 가치들과 신념들에 더 훌륭하게 잘 들어맞으며 그리고 그것들을 더 잘 설명해 주고 있다는 점을 가정하고 있다. 이런 좀 더 강력한 공약들은 예를 들어 노예제도의 그릇됨에 대한 우리의 신념과 정의가 사회제도들 중에서 가장 첫 번째 가치라는 점에 대한 우리의 확신을 포함하게 된다. 감격적인 마지막 문단에서 롤스는 원초적 상황이라는 장치가 독특하게 우리로 하여금 "모든 개인적 관점들을 하나의 틀 안에 모을 수 있게 만들며, 각자는 자신의 견해를 지닌 채 모든 사람들에 의해서 확인될 수 있는 규제적 원리에 도달하게 될 것이다"라는 점을 제안하고 있다.[218] 그는 오직 이런 방식으로 우리는 공평한 관점으로부터 사회를 바라볼 수 있으며 동시에 각각의 독립된 인간 삶의 독특성을 존중할 수 있게 된다.

---

218 J. 롤스, 『정의론』, p.587; 개정판 p.514.

연 구 를 위 한 물 음 들

1. 『정의론』의 논증이, 만약에 있다면, 어느 정도까지, 칸트의 논쟁적인 인간 자율성(human autonomy) 개념에 의존하고 있는가?

2. 롤스는 공리주의에 설득력 있고 강력한 대안을 제시한다는 자신의 주요 목적을 달성했을까?

4.1 고전으로서 『정의론』

물론 출간된 지 50년이 채 안 되었기 때문에 『정의론』의 최종적인 역사적 중요성을 평가한다는 것은 시기적으로 너무 이르다. 그럼에도 심지어 이렇게 짧은 시간 내에 정치 이론과 철학적 작업으로서 그것이 미친 영향은 믿기 어려울 정도다. 따라서 롤스의 작품이 20세기에 매우 소수의 그렇지만 실제적으로 위대한 철학적 고전들 중의 하나로 간주될 것이라는 점을 예견하는 것은 상당하게 안전한 일이다.

　이 주장은 모든 정치 이론가들과 정치 철학자들이 이제 롤스의 견해에 동의한다거나 또는 공정으로서의 정의 개념이 갖는 장점들에 어떤 합의가 존재한다는 점을 의미하는 것은 아니다. 앞으로 살펴보게 되겠지만 그것과는 전혀 무관하다. 그러나 그런 논쟁들이 어떻게 흘러가는지와 무관하게 그리고 공정으로서의 정의의 특수한 개념이 계속해서 중요한 학술적인 지지를 요구하는지와 무관하게, 롤스의 작품이 정치 철학 분야를 결정적으로 변화시켜서 고전으로서 그것의 최종적인 지위를 실질적으로 보증하게 만드는 최소한 3가지 관점들이 존재한다. 첫째로, 작품은 20세기 중반부터 상대적으로 암흑 속에 있었던 정치 철학(어느 정도까지는 도덕 철학)을 부활시켰다. 롤스가 1950년대에 자신의 작품을 저술하기 시작할 당시, 정치 철학은 빈사상태에 빠진 학문이었다. 『정의론』은 완벽하게 이런 사태를 뒤집어 놓았다. 지금 정치 철학은 수많은 학자들과 더불어 폭넓게 존경받는 학문분야가 되었다. 둘째로, 그 작품은 결정적으로 도덕 철학과 정치 철학에 대한 공리주의의 헤게모니를 종식시켰다. 공리주의는 확실히 (많이 감소했다 할지라도) 중대하고 존경받는 추종자들을 유지하고 있지만, 그것은 더 이상 유일한 이론이 되지 못하게 되었다. 계약 이론도 이제는 실행 가능한 대안으로 간주되고 있을 뿐만 아니라 롤스의 초기 성공에 힘입어 수많은 새로운 이론들도 또한 등장하게 되었다.

『정의론』이 초래한 세 번째 변화는 비록 궁극적으로는 좀 더 중요한 것이지만 처음 두 가지 것들보다 상당하게 좀 더 포착하기 힘든 것이다. 그것은 정치 철학이 작용하고 있는 개념적인 틀(conceptual framework)과 관련되어 있다. 정치 철학이 일찍부터 쇠퇴하게 된 이유들 중의 하나는 철학과 사회 과학의 폭넓은 분야들에서 일어나는 발전들을 따라가지 못했기 때문이다. 이 분야들은 19세기 이래로 세련됨과 엄정함과 관련해서 엄청난 진보를 이뤄냈다. 이와 대조적으로 정치 철학에서 무엇이 훌륭한 논증으로 간주된다고 가정되는가에 관한 물음 또는 무엇이 정치 철학의 대상인가라는 물음에 대해서 정치 철학은 점점 더 불명확하게 되었다. 『정의론』은 이 모든 것을 변화시켜 버렸다. 이 책은 정치 철학에서 다뤄지는 명확하게 중요한 물음들에 대해 논의하고 있는 대형 작품으로 명백하게 세련되고 엄격성을 갖추고 있다. 처음에 사람들은 이 책을 어떻게 이용해야 될지 전혀 모르고 있었다. 사용된 방법들과 기술들이 너무나 기발한 것들이었기 때문에 많은 사람들은 롤스가 실제로 무슨 일을 했는지에 대해서 오해가 많았다(예를 들어, 이 점은 철학자들과 사회 과학자들이 초기에 제시한 몇몇 서평들에서 분명하게 나타나고 있다). 그러나 이 책의 중요성은 점차 충분히 인식되기

시작했다. 『정의론』에서 발견된 수많은 기본 관념들은(반성적 평형상
태, 사회 기본 구조, 기본적 가치, 절차적 정의, 공정한 호혜성 등등의
관념들) 정치 철학자들의 전 범위(repertoire)의 표준적인 부분들이 되
었다(즉 장사 밑천이 되었다). 심지어 현대 정치 이론가들과 철학자들
은 롤스의 특수한 견해들을 공격할 때조차도, 또한 심지어 그들이 기본
적으로 롤스와는 전혀 관련이 없는 것을 논의할 때조차도, 그들은 대개
롤스의 용어들을 통해서 논의하고 있다.[1]

이런 이유들 때문에 그리고 아마도 그 이상으로, 비록 공정으로서의
정의라는 『정의론』의 특정한 개념이 중요한 추종자들을 모으는 일을 단
념했지만, 『정의론』은 철학적 고전이 될 운명을 지녔다. 이 절의 남은
부분은 『정의론』 출간 이후로 이 책을 둘러싸고 있는 좀 더 중요한 실질
적인 몇 가지 논쟁들을 간략하게 개관하게 될 것이다. 이 논쟁들 중에
아마도 가장 중요한 것은 소위 1980년대의 자유주의-공동체주의 논쟁
(liberal-communitarian debate)이 될 것이다.

4.2 자유주의-공동체주의 논쟁

이 논쟁을 위한 장을 마련하기 위해서 롤스의 작품이 1971년에 출간된
후 곧바로 그다음 해부터 영향을 미친 정치 철학의 방향을 이해하는 것
이 우리에게 우선 도움이 될 것이다. 이 안내서에서 살펴본 것처럼, 『정
의론』에 제시된 논증들은 매우 복잡하고 수많은 서로 연관된 측면들을

[1] 비록 그의 영향이 (약간 늦기기는 했지만) 유럽 대륙에서 퍼지기 시작했지만 이것은
물론 대륙의 유럽 정치 이론가들과 철학자들보다는 영미의 정치 이론가들과 철학자들
사이에서 좀 더 일반적으로 참으로 간주된다.

가지고 있다. 그래서 아마도 처음에 그 이론의 몇 가지 측면들이 다른 측면들보다 학술적인 논의들에서 더 강조되고 있다는 점은 그리 놀라운 일이 아닐 것이다.

특별히 우리는 원초적 상황 논증에서 롤스가 무지의 베일이 당사자들로부터 자신들의 특정한 선 개념들에 관한 지식을 감추게 될 것이라고 가정하고 있다는 점을 회상해 볼 수 있다. 따라서 원초적 상황으로부터 발생한 정의의 원칙들은 그것들의 기원(derivation)이 특정하게 어느 한 선 개념의 진리성 혹은 허위성에 달려 있지 않다는 의미에서 '중립적인 것' (neutral)이라고 기술될 수 있다. 이 독립성은 정의 원칙들에 특정한 선 개념들에 대한 일종의 우월성(superiority)을 부여하고 있는 것처럼 보인다. 예를 들어, 단지 모든 시민들이 공유하지 않는 논쟁을 불러일으키는 선 개념에 의해서만 지지를 받는 공공 정책들을 밀어붙이는 것은 잘못된 일처럼 보이지만, 보편적인 정의(right) 개념(사회정의의 중립적이라고 알려진 원칙들)에 의해서 지지를 받는 공공 정책들은 좀 더 수용 가능한 것처럼 보인다. 이 관념은 종종 롤스의 작품의 다양한 구절로부터 도출된 구호로 축약되어 있다. 그것은 "좋음(good)을 넘어서는 옳음(right)의 우선성"이다.

그래서 『정의론』이 출간된 이듬해부터 곧바로 수많은 정치 이론가들과 철학자들이 이 구호 속에 표현된 관념을 강력하게 강조하기 시작했다. 세 가지 매우 다른 사례들이 이런 경향을 예시해 주고 있다. 첫째로 우리는 1974년에 출간된 노직(Robert Nozick)의 『무정부, 국가와 유토피아』 (Anarchy, State, and Utopia)를 먼저 고찰해볼 수 있다. 이 작품은 광범위한 자유주의적 관점에서 직접적으로 롤스의 공정으로서의 정의 이론에 도전하고 있다. 노직은 절대적 표준의 역할을 가로막는 어떤 종류의 원치 않는 간섭에 대항해서 개인의 권리들을 고양하고 있다. 이 절대적 표준에 반해서 모든 다른 도덕적이고 정치적인 고려사항들은 사소한 것으로 간주된다. 그의 견해에 따르면 국가는 어떤 종류의 집단적 사업들(collective projects)에 그 자신을 참여시킬 어떤 명분도 전혀 가질 수 없다. 국가의 유일한 임무는 우리의 개인적인 권리들을 강화하는 것이다. 시민들이 개인적인 선 개념들을 유지하고 있는 한, 사적 영역에서 그들 자신의 활동들을 통해서 그런 개념들을 실현하려고 노력하는 것은 전적으로 그들에게 달려 있다. 물론 그들이 그 과정 속에서 다른 사람들의 권리들을 침해하지 않는다면 말이다.

　법학자들이 저술한 두 가지 다른 책들도 이와 유사하게 이런 경향을 예시해 주고 있다. 그 하나는 1977년에 출간된 드워킨(Ronald Dworkin)의 『법과 권리』(*Taking Rights Seriously*)이며 다른 하나는 1980년에 출간된 애커만(Bruce Ackerman)의 『자유주의 국가에서 사회정의』(*Social Justice in the Liberal State*)이다. 흥미롭게도 이 저자들은 롤스와 같이 자유주의적 평등주의자이다. 따라서 그들은 노직의 작품 속에서 표현된 가혹한 자유주의적 견해들을 거부하고 있다. 그럼에도 둘 모두는 좋음에 대한 옳음의 우선성을 강조하는 동일한 경향을 증명해 주고 있다. 드워킨은 정치적 담론에서 개인적인 권리들의 역할을 고양하고 있다. 왜냐하면 그는 개인적인 권리들이 그 목표들이 논쟁을 불러일으키는 선 개념들로부터 발원하고 있는 공공 정책들에서 절대적인 으뜸 패(trumps)로서 이해되어야만 한다고 주장하기 때문이다.[2] 이와 마찬가지로 애커만은 어떤 식으로든 논쟁을 불러일으키는 선 개념들에 의

---

2 드워킨은 후기 작품(1990, 2000)에서 명백하게 이 입장으로부터 후퇴해서 '윤리적 자유주의'(ethical liberalism)라고 가끔씩 언급되는 것의 독자적인 해석으로 나아가게 된다. 그것은 자유주의적 완전주의(liberal perfectionism)의 비목적론적 해석이다. 자유주의적 완전주의는 나중에 이 절에서 간략하게 논의될 것이다.

존하고 있는 논증들은 반드시 정치적 영역에서 배제되어야만 한다고 주장하고 있다. 왜냐하면 오직 엄격하게 중립적인 논증들만이 공공 정책을 위한 수용가능한 근거들이 되기 때문이다.

당연하게 이런 견해들에 대한 반발이 결국 전개되었다. 그러나 다소 놀라운 것은 그 반발이 이런 후기 관념들을 거부하고 롤스의 작품에 대한 좀 더 균형 잡힌 독해로 되돌아가는 형식을 취하는 것이 아니었다는 점이다. 그 대신 그 반발은 롤스 자신에 대한 직접적인 공격의 형식을 취했다. 아마도 그 이유는 롤스, 노직, 드위킨과 애커만은 그들의 수많은 차이점들 속에서도 모두가 1980년대 초기의 관점에서 바라보면 동일하게 독특한 자유주의적 관념을 공유하고 있는 것처럼 보이기 때문이다. 자유주의적 관념은 옳음(right)의 개념들은 중립적인 것이기 때문에 그 결과로 보편적인 것이고 절대적인 것인 반면, 좋음(good)의 개념들은 논쟁을 불러일으키는 것이기 때문에 그 결과로 편협한 것이며 부차적인 것이라는 점을 의미한다. 이런 자유주의 이론가들의 집단에서 가장 선배이자 존경받는 학자로서 롤스는 자연스럽게 자유주의 교설들을 반박하고 싶어 하는 사람들에 의해서 그가 실제로 자신들의 가장 적합한 목표물인지 아닌지와 상관없이 공격 대상으로 지목되었다. 1980년대 '공동체주의 비판'(communitarian critique)이라고 불리는 것이 대략 영국과 미국의 정치에서 주류 보수 운동들의 발흥에 대응하고 있다는 사실을 지적하는 것은 아마도 가치 있는 일이 될 것이다. 그러나 비록 그것이 완전하게 우연의 일치가 아닐지라도, 공동체주의 비판가들이 모두 정치적으로 보수주의자들이라고 가정하는 일은 오류를 범하는 것이다. 몇몇 비판가들은 보수주의자들이지만, 가장 영향력 있는 비판가들은(다음 논의에서 언급된 모든 사람들을 포함해서) 일반적으로 보수주의자들이 아니다. 그들은 단순히 자유주의 정치 철학이

1970년대 후반에 채택한 특정한 선회(turn)에 동의하지 않을 뿐이다.

가장 중요한 공동체주의자 학자들 중의 또 다른 한 사람은 하버드 대학교의 정치 철학자인 샌델(Michael Sandel)이다. 1982년에 출판된 그의 가장 중요한 작품인 『자유주의와 정의의 한계』(*Liberalism and the Limits of Justice*)는 롤스를 반박하는 일련의 집적된 논증들을 퍼붓고 있다. 첫 번째 비판은 보기와는 달리 공정으로서의 정의라는 자유주의 개념은 다양한 선 개념들에 비추어 볼 때 전혀 중립적인 것이 아니라는 점이다. 반대로 샌델은 『정의론』의 논증 전체가 결정적으로 우리가 원하는 방식으로 자신의 목적들을 형성하는 칸트식의 자율성으로서 인간적인 좋음의 개념에 의존하고 있다고 주장한다. 만일 샌델의 이 주장이 옳다면, 옳음은 앞에서 주장된 것처럼 실제로 좋음에 앞선 것이 될 수 없다. 좋든 싫든 우리는 반드시 특정한 그렇기 때문에 아마도 논쟁을 불러일으키는 좋음의 개념과 더불어 출발하고 그것으로부터 정의의 개념을 도출해야만 한다. 제2단계 공격에서 샌델은 칸트의 자율성과 같은 특정한 자유주의적 선 개념을 검토하고 그것이 결핍된 것임을 발견한다. 샌델은 다른 학자들의 작품들을 인용하면서(헤겔 철학자인 테일러(Charles Taylor)의 작품들을 가장 뚜렷하게 참조하고 있다) 실제적으로 우리가 자신을 위해서 선택하지 않은 가치들과 공약들에 의해서 전혀 영향을 받지 않는 자율적인 존재가 아니라는 점을 보여 주려고 노력하고 있다. 또한 우리는 자율적인 존재가 되고 싶어 하지도 않을 것이다. 공동체주의의 견해에 따르면 어떤 깊은 차원에서, 선 개념은 정확하게 인간으로서 우리가 누구인가 그리고 우리의 삶에서 우리가 무엇을 가장 중요한 것으로 간주하는가를 규정해 주는 친구들, 가족들, 공동체, 기타 등등에 대한 우리의 비자발적인 애착(attachments)으로 구성된다. 세 번째이자 마지막으로 샌델은 만일 우리가 그럼에도 칸트의 자율성과 같은 매

력 없는 자유주의적 선 개념을 포용하려 한다면, 종국에 가서 우리는 그
것이 공정으로서의 정의 개념을 지지하기보다는 침식시킨다는 점을 발
견하게 될 것이라고 주장한다. 특별히 차등의 원칙에 대한 지지는 결정
적으로 공정한 상호 협동 체계에서 타인들과 밀접한 관련이 있는 존재
로 자신을 바라보려는 우리의 자발성(willingness)에 의존하고 있다. 칸
트의 자율성과 같은 자유주의적 선 개념은 불행하게도 이런 상호 애착
감에 곧바로 정반대가 된다. 왜냐하면 그것은 공동체를 희생시키면서
개인주의를 증진하기 때문이다.

　자유주의에 대한 공동체주의 비판은 그 이상의 발전 또는 반응을 위
한 몇 가지 노선들을 제시해 주었다. 아마도 가장 명백한 노선은 그 비
판을 수용하고 그 후에 어떤 대안을, 즉 무엇이 좀 더 공동체주의적인
정의론이 될 수 있을지를 생각해 내려고 노력하는 것이 될 것이다. 이것
이 대략적으로 또 다른 영향력 있는 공동체주의자인 왈저(Michael
Walzer)가 추구했던 노선이다. 개략적으로 말해서 사회정의에 관한 그
의 공동체주의 견해에 따르면 우리는 일반적으로 주어진 인간 공동체
에서 공유된 특정한 선 개념과 더불어 출발하게 된다. 그런 다음 우리는
"사회의 실제적인 삶이 어떤 방식으로 영위된다면(즉 구성원들에 대한
공유된 이해에 충실한 방식으로) 이 사회는 정의롭다"고 계속해서 말할
수 있게 된다.[3] 따라서 각 공동체에 고유한 사회정의의 원칙들은 그 공
동체의 특정한 공유된 가치들로부터 발원된다. 물론 그 자체로 그것들
은 한 장소에서 다른 장소로 옮겨 갈 때 변화하며 또한 한 역사적 시대
에서 다른 역사적 시대로 넘어갈 때도 변화하게 된다. 물론 이런 추론에

3　M. Walzer, *Spheres of Justice : A Defense of Pluralism and Equality*, Basic Books,
1983, p.313.

대한 수많은 다양한 반론들이 존재한다. 한편으로 그것은 정치 철학자들이나 이론가들이 할 수 있는 일을 거의 남겨 두지 않는 것처럼 보인다. 왜냐하면 이런저런 실제적인 인간 공동체의 공유된 가치관들을 연구하는 작업은 아마도 훈련이 잘된 인류학자들이 가장 훌륭하게 처리할 것이기 때문이다. 다른 한편으로 그것은 지나친 보수주의를 함의하고 있는 것처럼 보인다. 그 이유는 주어진 공동체의 공유된 가치들과는 별도로 존재하는 독립적인 사회정의 개념에 의해서 마련된 확실한 토대들이 박탈된다면, 어떻게 그 공동체의 구성원들이 자신들의 부정의한 가치들과 관례들을 비판할 수 있을지를 관찰하는 일은 어렵게 되기 때문이다. 왈저는 예를 들어 위계적인 카스트 제도의 가치들을 수용하고 있는 공동체들에서 카스트 제도는 반드시 정의로운 것으로 간주되어야만 한다는 점을 인식하고 명예스럽게 이 비판을 수용하고 있다.[4]

　라즈(Joseph Raz)는 완전히 다른 노선을 취하고 있다. 1986년에 출간된 『자유의 도덕』(*The Morality of Freedom*)이란 책에서 라즈는 대략적으로 자유주의가 자율성으로서 인간 선이라는 특정한 그리고 논쟁을 불러일으키는 개념에 의존하고 있다는 공동체주의 비판을 승인하고 있다. 그러나 그의 견해에 따르면 우리가 무엇을 해야만 하는가는 전적으로 이 개념을 수용하고, 그것의 의미를 발전시키고, 또한 (공동체주의 비판가들과 반대로) 그것은 실제적으로 매력적인 정치적 관념을 표현하고 있다고 주장하는 일이다. 물론 모든 사람들이 실제적으로 역사적으로 또는 현재에 자율성이라는 관념을 수용하고 있는 것은 아니다. 그러나 오직 그 선 개념만이 자율성은 우리가 좀 더 증진하려고 노력해야

4　그러나 몇몇 후기 작품들에서 그는 어떻게 사회적 비판이 공동체주의 사유틀 안에서 가능한지를 보여 주려고 노력하고 있다. 특별히 M. Walzer, *Interpretation and Social Criticism*, Harvard University Press, 1993을 보라.

만 하는 관념이라는 점을 계속해서 보여 준다. 이 접근 방식의 결과는 문헌에서 '자유주의적 완전주의'(liberal perfectionism) 또는 때때로 '윤리적 자유주의'(ethical liberalism)로 불린다. 완전주의적 사회정의 개념은 좋음을 인간의 탁월성(excellence)의 어떤 특수한 형식의 실현으로 정의하고 그다음 옳음을 그 좋음의 증진 또는 존중으로 정의하고 있다는 점을 회상해 보자. 롤스가 『정의론』을 저술할 때, 그가 염두에 두고 있는 완전주의의 중요 사례들은 다양한 종교적 견해들 또는 인간의 탁월성이 예술적 성취들과 문화적인 업적들 안에 내재하고 있다는 개념이었다. 당연하게도 그런 견해들은 공정으로서의 정의와 함께 검토될 때 개연적인 것처럼 보이지 않는다. 그러나 우리가 인간의 선을 자율성 그 자체라는 자유주의적 이상으로 정의하게 될 때, 우리는 심각하게 고려할 가치가 있는 훨씬 더 흥미롭고 매력적인 완전주의 개념을 갖게 된다.

그러나 롤스는 이런 노선들 중에 그 어느 것도 취하지 않았다. 사실상 우리는 어떻게 안정성이란 문제에 관한 그의 견해가 『정의론』 출간 이후에 변화하게 되었는지에 관한 간략한 논의 속에서(제3장 3.12절을 보라) 이미 그가 취한 노선들을 살펴보았다. 공동체주의 비판을 통해서 이런 변화들의 함의들을 고찰하는 것은 흥미로운 일이다. 공교롭게도 샌델은 롤스에게 공격을 퍼붓는 과정 중에서 『정의론』의 앞쪽 부분들에 매우 많이 의존하고 있다. 특별히 그는 원초적 상황 모델에 의존하고 있다. 이 모델은 사람들이 자신들을 위해서 선택하지 않은 어떤 앞선(prior) 애착들 또는 공약들을 갖지 않은 채로 자율적이며 방해를 받지 않는 존재로서 인간에 관한 특정한 개념을 표현하고 있다고 주장한다. 그러나 수많은 주석가들(롤스 그 자신을 포함해서)이 지적하고 있는 것처럼, 이런 노선의 논증은 심각한 오류를 포함하고 있다. 그것은 원초적 상황이 공정으로서의 정의라는 전체 이론 안에서 수행한다고 가정되는 역할에 대한 근본적인 오해에서 비롯된다. 그 모델은 단지 인간 조건에 관한 형이상학적 설명이 아니라 단순한 대의권(representation)을 나타내는 장치에 불과하다.[5]

역설적으로 센델은 『정의론』의 제3부에 의존함으로써 훨씬 더 효과적으로 자신의 논증을 제시할 수 있었을 것이다. 그 이유는 제3부의 합치성(congruence) 문제를 해결하려는 시도에서 롤스는 실제로 다양한 관점에서 인간 자율성이라는 칸트의 이상에 의존하고 있기 때문이다. 그는 나중에 『정의론』에 나타난 안정성에 관한 설명의 '본질적인 특성'은 질서 정연한 사회에서 모든 시민들이 공정으로서의 정의를 '포괄적인 철학적 교설'(comprehensive philosophical doctrine)의 한 부분으로 승인한다는 가정이라고 주장할 때 이 입장을 실제적으로 수용하고 있다.[6] 그래서 센델은 문제의 자유주의의 포괄적 교설이 사실상 논쟁을 불러일으키는 선 개념이라고 주장할 수 있게 되었다.

그렇다 하더라도 안정성에 관한 롤스의 수정된 설명은 공동체주의 비판이 갖는 이런 좀 더 개연적인 해석에 맞선 답변을 제시하고 있다.[7] 이제 우리는 공정으로서의 정의가 다양한 합리적인 포괄적 교설들의 중첩적 합의의 초점으로서 기능하고 있는 사회를 상상하고 있다고 가정된다. 어떤 관점에서 보면 롤스가 이제 공정으로서의 정의가 지원을 받기 위해서 포괄적인 교설들에 의존하고 있다는 점을 인정하고 있다

---

5   J. Rawls, *Political Liberalism*, Columbia University Press, 1993, pp.22–28.
6   J. Rawls, *Political Liberalism*, Columbia University Press, 1993, p.xvi.
7   여기서 우리는 롤스 자신의 견해의 변화가 공정으로서의 정의 그 자체의 개념에 내적으로 포함된 역설들의 산물이지 공동체주의 비판에 의해서 촉발된 것은 결코 아니라고 그 자신이 주장했다는 점을 지적해야만 한다. 이 주장은 롤스가 센델의 책이 출간되기 수년 전에 자신의 견해들을 수정하기 시작했다는 사실에 비추어 보면 납득할 만한 것이다.

는 측면에서 이것은 롤스 입장에서 전략적 후퇴처럼 보일 수 있다. 그러나 다른 관점에서 보면 공정으로서의 정의는 공동체의 모든 구성원들이 공유하고 있는 단일한 포괄적 교설에 의존하고 있지 않다(그리고 확실히 그들은 구체적으로 말하면 특정한 자유주의-칸트의 교설을 공유하고 있지 않다)는 점에서 그것은 측면이동(a flanking move)을 나타낸다. 공정으로서의 정의의 새로운 해석은 공동체주의적인 양식의 비판에 직면해서 좀 더 강력한 것으로 증명되었다. 따라서 자유주의-공동체주의 논쟁은 대략적으로 1993년 『정치적 자유주의』(*Political Liberalism*)의 출간에 의해서 잠잠해졌다.

4.3 또 다른 논쟁들과 현재 상황

확실히 자유주의-공동체주의 논쟁은 롤스의 작품을 둘러싸고 벌어지는 유일한 논의가 아니다. 이 마지막 절은 이 작품의 현재 상황에 대한 반성에 앞서 간략하게 다른 유명한 논쟁들 중에 몇 가지를 검토하게 될 것이다.

논쟁들의 한 부분은 롤스에 관한 여성주의 논의들로부터 발원하고 있다. 여기에는 수많은 다양한 논쟁점들이 존재한다. 예를 들어 원초적 상황 모델이 정서적 추론을 생략할 수 있거나 생략해야만 하는가라는 문제, 상호 무관심한 합리성이라는 가정이 부적절하게 낭만이나 다른 애착들(attachments)을 배제하고 있는가라는 문제 등등이 존재한다. 그러나 지면이 부족한 관계로 우리들은 아마도 이 여성주의 논의들로부터 일어날 수 있는 가장 중요한 논쟁에 초점을 맞추게 될 것이다. 그것은 사회 제도로서 가족의 문제이다. 가족은 사회 기본 구조의 부분이며[8] 우리는 아마도 가족 없이 살고 싶어 하지 않을 것이라는[9] 사실에 대한 지적과 무관하게 『정의론』에서 롤스는 비교적 어떻게 공정으로서의 정의의 원칙의 완전한 구현이 가족의 구성에 영향을 미칠 수 있는지를 거의 언급하지 않았다. 이 점은 수많은 숙고와 논쟁을 불러일으켰다. 때때로 그는 전통적인 가족관을 유지하고 있을 것이라는 점 때문에 그의 견해들은 공격을 받았다. 어떤 때는 그가 정의의 두 원칙들을 곧바로 가족의 내적 구성에 적용할 의향을 가지고 있다고 간주되었다. 예를 들어, 그는 부모들이 자녀들에게 재화를 분배할 때 차등의 원칙을 적용할 것이라고 주장한다고 간주되었다. 이 점은 다양한 형태의 불만 사항들을 야기했다.

롤스는 마침내 이런 관심들을 "되돌아온 공적 이성 개념"(The Idea of Public Reason Revisited, 1997, pp.595-601)이라는 제목의 논문의 한 절에서 설명하려고 노력하고 있다. 거기서 그는 가족이 사회 기본 구조의 부분이라는 것과 우리는 그것 없이 살 수 없는 존재라는 점을 모두 다 긍정하고 있다. 그러나 그는 공정으로서의 정의 원칙들은 곧바로 가족들의 내적 구성에 적용되어서는 안 된다는 점을 명확히 밝히고 있다. 그는 그것을 교회들의 내적 구성과 비교하고 있다. 제도들과 정책들이 공정으로서의 정의를 반영하고 있는 자유주의 사회에서 교회들은 자발적으로 구성된다고 가정해 보자. 롤스에 따르면 자발적인 조직의 내적 구성은 그 자체로 두 가지 원칙들을 반영할 필요가 없다. 예를 들어, 특정한 교회는 내적으로 민주적인 것이 될 필요가 없다. 그럼에도 자발적인 조직들은 반드시 그들이 채택하기로 선택한 내적 구성의 형태가 어

---

8 J. 롤스, 『정의론』, p.7; 개정판 p.6.
9 J. 롤스, 『정의론』, p.74; 개정판 p.64.

떤 것이든 그것에 대한 부수적 제약으로서 정의의 두 원칙들은 존재해야만 한다. 예를 들어, 그들은 구성원들에게 교회를 떠나는 일을 금지해서는 안 된다. 왜냐하면 이것은 정의의 제1원칙에 의해서 보장된 자유로운 결사의 권리를 위배하게 될 것이기 때문이다. 이와 유사하게 가족들은 공정으로서의 정의의 두 원칙들을 존중해야만 한다. 각 개인들은 자신들이 선택한 대로 가족을 형성할 자유와 두고 떠날 자유를 가져야만 하며 그 누구도 자신의 자유가 가족 안에서 부정되어서는 안 된다. 그러나 이런 제한사항들이 존중된다면 가족의 내적 구성은 공적 관심의 적절한 범위를 넘어서게 된다.

불행하게도 롤스가 선택한 비교는 적합한 것이 아니다. 그 이유는 다른 자발적인 조직들과 마찬가지로 교회는 그 자체로 사회 기본 구조의 부분이 아니기 때문이다. 그러나 롤스가 주장하듯이 가족은 그러하다. 가족은 사회 기본 구조의 부분이다. 왜냐하면 우리는 실질적으로 가족에게 사회적 생식이라는 중요한 작업을 위임하고 있기 때문이며 또한 명확하게 아이들을 낳고 양육하는 체계가 아이들의 개인적인 통제 또는 책임을 넘어서 여러 방식으로 상당하게 그 아이들의 최종적인 삶의 전망에 영향을 미치기 때문이다. 아이들의 관점에서 보면, 가족은 자발적인 결사체가 아니다. 더 훌륭한 비교는 형사 재판소의 내적 구성과 같은 것이 될 수 있다. 명백하게 형사 정의 체계는 기본 구조의 부분이다. 그러나 사회 기본 구조의 모든 부분이 내적으로 반드시 공정으로서의 정의의 두 가지 원칙을 반영해야만 한다고 말할 수 없다. 형사 재판소는 민주적으로 조직화되어 있지 않으며 또한 그것은 판결을 내리기 위해서 차등의 원칙을 사용하는 것도 아니다. 오히려 우리는 형사 정의 체계를 완벽한 제도 체계의 한 부분으로 간주해야만 한다. 그 체계 전체는 정의의 두 원칙들을 가장 잘 실현할 수 있도록 설계되었다. 이런 점에서 가족이라는 사회적 제도는 그것과 유사하다. 복잡한 제도 체계의 한 부분으로서 각 가족의 내적 구성은 공정으로서의 정의의 두 원칙들을 반영할 필요가 없는 반면, 전체로서 가족이라는 제도는 정의의 두 원칙들을 효과적으로 실현하기 위한 방식으로 그 체계 안에서 그것의 특수한 역할을 실행해야만 한다. 따라서 만일 교육에 대한 완전한 책임을 부모들에게 위임하는 것이 자녀들의 궁극적인 전망에서 심각한 불평등을 유발한다는 사실이 드러난다면(차등의 원칙을 위반하게 될 불평등) 공정으로서의 정의는 그 위임을 철회하거나 또는 통제를 요구하게 될 것이다.[10] 이것은 어쨌든 롤스의 이론과 가장 부합되는 것처럼 보이는 입장이다.

여성주의 논의들 말고도 롤스의 『정의론』에 의해서 처음으로 도입된 주제들을 둘러싸고 벌어지는 수많은 다른 논쟁들이 존재한다. 예를 들어, 차등의 원칙과 함께 기본적 가치 개념은 분배적 정의와 관련해서 광범위하고 매우 전문적인 저작들을 대량생산했다. 무엇보다 기본적 가치가 행복이나 복지보다도 우리가 관심을 가져야 할 것을 훨씬 더 잘 포착하고 있다는 롤스의 주장이 옳은가에 관해서 논쟁이 이어지고 있다. 또는 몇 가지 다른 측정 규준(metric, 예를 들어 기본적인 인간 기능들의 수준들)이 여전히 훌륭한 것인가에 대해서도 논쟁이 벌어졌다. 또한 우리의 초점이 롤스가 주장하듯이 최소 수혜자에게 우선권을 주는 것에 모아져야 하는지 아니면 평등을 성취하는 것이나 혹은 모든 사람들을 위한 복지의 충분한 수준을 달성하는 일에 주어져야 하는 것인지에 대해서도 논쟁이 일어났다. 여전히 다른 논쟁들이 공정으로서의 정의

---

10 물론 개인들의 결사의 자유를 보호하는 제1원칙에 의해서 제시된 제약들 안에서 그러하다.

가 다문화적인 권리들을 인정해야만 하는지 또는 공정으로서의 정의는 민주적 참여를 충분하게 두드러지도록 강조해야 하는지 또는 우리가 사회 기본 구조를 정의의 진정한 주체로 간주해야만 하는지 등등과 관련된 물음들에 대해서 진행되고 있다. 그러나 이 논쟁들의 각론을 고찰하는 것보다 세계 정의(global justice)라는 주제와 관련된 최근 논쟁들 중에서 특별하게 큰 반향을 불러일으킨 일련의 한 주제에 집중하여 보자. 롤스는 단지 그런 논쟁점들을 『정의론』에서 간략하게 고찰하고 있을 뿐이다. 거기서 그는 원초적 상황이라는 절차가 사회정의의 두 원칙들을 수립하는 데 사용된 것처럼 그것은 세계 정의의 원칙들을 수립하는 데 효과적으로 사용될 수 있다고 제안하고 있다. 그러나 그는 이 생각을 양심적 거부(conscientious refusal)에 대한 몇 가지 있음직한 비종교적인 근거들을 제시하는 방식으로 간략하게만 고찰하고 있을 뿐이다. 또한 그는 그런 절차가 확실히 정의로운 전쟁(just war)이라는 몇 가지 좀 더 친숙한 원칙들을 포함하게 될 것이라는 점을 지적하는 것 말고 그 절차가 어떠한 원칙들을 수립할 수 있는지에 대해서는 아무런 언급도 하지 않고 있다.[11]

그러므로 논의의 개시는 다른 학자들의 몫으로 남겨졌다. 공정으로서의 정의의 이면에 있는 추론을 세계 정의의 문제에 적용해 보려는 특별히 영향력을 가진 두 가지 시도는 베이츠(Charles Beitz)의 『정치이론과 국제 관계』(*Political Theory and International Relations*, 1979)와 포거(Thomas Pogge)의 『롤스의 실현』(*Realizing Rawls*, 1989)이다. 이 두 학자들은 대략적으로 유사한 결론들에 도달하게 된다. 당신의 개인적인 통제를 벗어나는 방식으로 당신의 삶의 전망들에 영향을 미치는 것

---

11 J. 롤스, 『정의론』, p.377-379; 개정판 p.331-333.

들 중에 단지 당신 자신의 사회 기본 구조를 구성하는 제도들과 관행들만 있는 것이 아니라 다른 사람들과 관련된 당신의 사회의 특정한 환경들(예를 들어 그 사회가 큰지 작은지, 군사적으로 강력한지 약한지, 천연자원이 풍부한지 빈약한지 등등)이 존재한다는 관찰사실로부터 출발해 보자. 명백한 해결책은 원초적 상황에 모든 사회들을 대표하는 사람들을 포함시키는 것처럼 보일 수 있다. 무지의 베일이 참여자들에게서 자신들의 특정한 사회에 관한 지식을 숨겨 주기 때문에, 그들은 세계 도처에 있는 모든 사람들에게 공정한 세계 정의의 원칙들을 선택하게 될 것이다. 특별히 베이츠와 포거는 한 사회에 대한 차등의 원칙을 지지하는 논증은 사회들을 관통하는 세계적인 차등의 원칙을 지지하는 점에서도 똑같이 강력한 것이 되어야만 한다고 생각한다. 그 결과는 세계의 정의가 부유하고 수혜를 받은 사회들로부터 가난하고 수혜를 받지 못한 사회들로 넘어가는 상당히 광범위한 재분배를 요구하고 있는 것처럼 보인다. 우리는 이 재분배가 현재 실행되고 있는 외국 원조의 보잘것없는 수준을 훨씬 넘어가게 될 것이라고 가정해 볼 수 있다.

 몇 년 후에 롤스는 그 자신이 세계의 정의 문제를 다룰 것을 결심하고서 1999년에 드디어 『만민법』(*The Law of Peoples*)을 출간하게 된다. 놀랍게도 그는 베이츠, 포거 또는 다른 학자들이 도달한 결론들에 찬성하지 않았다. 그는 원초적 상황에 모든 사회들을 대표하는 사람들을 포함시킨다는 관념을 거부했다. 그 대신 그는 두 가지 서로 다른 원초적 상황들을 마음속에 그리고 있다. 첫 번째 원초적 상황은 『정의론』에서 펼쳐진 원초적 상황에 대응하고 있으며 각 사회에서 독립적으로 발생하게 된다. 오직 이 원초적 상황이 있고 난 후에 질서 정연한 사회들은 (대략적으로 그 사회들의 제도들이 적절하게 그 구성원들의 권리들과 이익들을 존중하고 있다) 대표자들을 또 다른 원초적 상황인 세계의 원초적 상황에 보내게 된다. 이 두 번째 원초적 상황에서 대표자들은 유사하게 무지의 베일에 놓이게 되겠지만 그들은 물론 자신들이 오직 모든 사회들의 이익들이 아니라 질서 정연한 사회들의 이익들만을 대표하고 있다는 사실을 알게 될 것이다. 따라서 그들은 지구상의 모든 개인들의 이익들을 대표하지 않을 것이다. 롤스에 따르면 그 결과는 훨씬 더 강력하게 자신의 방식대로 자신의 문제들에 대처하려는 각 사회의 자율성에 경도된 세계 정의의 원칙들이 될 것이다. 따라서 그 원칙들은 세계적 차원의 재분배에는 관심을 갖지 않을 것이다. 이 결과들은 확실히 현행 국제 관계 상태에 비추어 보면 훨씬 현실적인 것으로 간주될 수 있다. 그럼에도 수많은 롤스의 지지자들은 심각하게 실망감을 나타냈다. 그들은 롤스가 부정의한 현실에 불필요하게 양보함으로써 자신의 생각들이 제시한 논리를 밟아 나가는 일에 실패했다고 생각했다. 물론 이것들은 여러 저작들에서 뜨거운 논쟁 주제들이 되고 있다.

이 마지막 논쟁은 롤스의 작품의 현재 상태를 잘 예시해 주고 있다. 많은 정치 철학자들은 『정의론』에서 도입된 원칙들에 계속해서 강력하게 헌신하고 있다. 그리고 심지어 그들이 롤스의 견해에 동의하지 않을 때도 보통 논쟁들은 그의 견해들에 중점을 두고 있다. 물론 지금까지 우리는 학술적인 범위 내에서 『정의론』의 심오한 영향력만을 살펴보았다. 그렇다면 그것이 사회 전체에 미친 광범위한 영향력은 어떨까? 여기서 우리는 다소 다른 상황을 발견하게 된다. 롤스에게는 불행하게도 그의 작품은 미국 또는 다른 사회들의 방향설정에 거의 아무런 영향을 끼치지 못했다. 정반대로 『정의론』이 처음으로 등장한 이래로 광대한 역사적 경향은 일반적으로 롤스의 견해로부터 멀어지고 있다. 롤스의 책이 수십만 권 팔려 나가고 30여 언어로 번역되었지만 이 경향은 바뀌지 않고 있다. 그러나 이 점에서 『정의론』은 수많은 다른 위대한 철학 작품들과 유사한 운명을 맞게 될 것이다. 로크(John Locke)의 『통치론』(*Second Treatise of Government*), 스미스(Adam Smith)의 『국부론』(*Wealth of Nations*) 또는 마르크스(Karl Marx)의 『자본론』(*Capital*)과 같은 작품들에 관해 출판 후 50년을 기준으로 역사적 영향력을 판단하는 것은 엄청난 과오를 범하는 것이다. 종종 철학 작품들이 인류의 역사를 진지하게 변화시키려면 백 년 또는 그 이상이 걸린다. 이 관점에서 보면 롤스의 『정의론』은 아직 좀 더 주목할 만한 미래를 기다리고 있다고 할 수 있다.

더 읽어야 할 책들

롤스의 주요 문헌

Rawls, John, "Outline of a Decision Procedure for Ethics", 1951, reprinted in *Collected Papers*, ed., Samuel Freeman, Harvard University Press: Cambridge, MA, 1999.

———, "Two Concepts of Rules", 1955, reprinted in *Collected Papers*, ed., Samuel Freeman, Harvard University Press: Cambridge, MA, 1999.

———, "Justice as Fairness", 1958, reprinted in *Collected Papers*, ed., Samuel Freeman, Harvard University Press: Cambridge, MA, 1999.

———, *A Theory of Justice*, Belknap Press: Cambridge, MA, 1971.

———, "Kantian Constructivism in Moral Theory", 1980, reprinted in *Collected Papers*, ed., Samuel Freeman, Harvard University Press: Cambridge, MA, 1999.

———, "Social Unity and Primary Goods", 1982, reprinted in *Collected Papers*, ed., Samuel Freeman, Harvard University Press: Cambridge, MA, 1999.

———, "Justice as Fairness: Political Not Metaphysical", 1985, reprinted in *Collected Papers*, ed., Samuel Freeman, Harvard University Press: Cambridge, MA, 1999.

———, *Political Liberalism*, Columbia University Press: New York, 1993.

———, "The Idea of Public Reason Revisited", 1997, reprinted in *Collected Papers*, ed., Samuel Freeman, Harvard University Press: Cambridge, MA, 1999.

———, *A Theory of Justice: Revised Edition*, Belknap Press: Cambridge, MA, 1999a.

———, *The Law of Peoples*, Harvard University Press: Cambridge, MA, 1999b.

———, *Justice as Fairness: A Restatement*, Belknap Press: Cambridge, MA, 2001.

롤스에 관한 문헌

Barry, Brian, *The Liberal Theory of Justice*, Oxford University Press: Oxford, 1973.

———, "John Rawls and the Search for Stability", *Ethics* 105, 1995, pp.874–915.

Cohen, G. A., *Rescuing Justice and Equality*, Harvard University Press: Cambridge, MA, 2008.

Daniels, Norman, ed., *Reading Rawls: Critical Studies on Rawls's "A Theory of Justice"*, Stanford University Press: Stanford, CA, 1975.

Dworkin, Ronald, "The Original Position", 1973, reprinted in *Reading Rawls: Critical Studies on Rawls's "A Theory of Justice"*, Stanford University Press: Stanford, CA, 1975.

Freeman, Samuel, ed., *The Cambridge Companion to Rawls*, Cambridge University Press: Cambridge, 2003.

———, *Rawls*, Routledge: London, 2007.

Hart, H. L. A., "Rawls on Liberty and Its Priority", 1973, reprinted in *Reading Rawls: Critical Studies on Rawls's "A Theory of Justice"*, Stanford University Press: Stanford, CA, 1975.

Kukathas, Chandran & Philip Pettit, *Rawls: A Theory of Justice and its Critics*, Stanford University Press: Stanford, CA, 1990.

Pogge, Thomas, *Realizing Rawls*, Cornell University Press: Ithica, NY, 1989.

———, *John Rawls: His Life and Theory of Justice*, Oxford University Press: Oxford, 2007.

Sandel, Michael, J., *Liberalism and the Limits of Justice*, Cambridge University Press: Cambridge, 1982.

Wolff, Robert Paul, *Understanding Rawls*, Princeton University Press: Princeton, NJ, 1977.

다른 인용된 문헌

Ackerman, Bruce A., *Social Justice and the Liberal State*, Yale University Press: New Haven, CT, 1980.

Barry, Brian, "Justice between Generations", 1977, reprinted in *Democracy, Power, and Justice: Essays in Political Theory*, Clarendon Press: Oxford, 1989.

Beitz, Charles R., *Political Theory and International Relations*, Princeton University Press: Princeton, NJ, 1979.

Dworkin, Ronald, *Taking Rights Seriously*, Harvard University Press: Cambridge, MA, 1977.

_____. "Foundations of Liberal Equality", *The Tanner Lectures on Human Values* 11, 1990, pp.3-119.

_____. *Sovereign Virtue: The Theory and Practice of Equality*, Harvard University Press: Cambridge, MA, 2000.

Kant, Immanuel, *Groundwork of the Metaphysics of Morals*, 1785, ed., Mary Gregor, Cambridge University Press: Cambridge, 1997.

Meade, J. E., *Efficiency, Equality, and the Ownership of Property*, Allen and Unwin, London, 1964.

Mill, John Stuart, *Principles of Political Economy*, 1848, ed., Jonathan Riley, Oxford University Press: Oxford, 1994.

Nozick, Robert, *Anarchy, State, and Utopia*, Basic Books: New York, 1974.

Raz, Joseph, *Morality of Freedom*, Clarendon Press: Oxford, 1986.

Roemer, John E., *Theories of Distributive Justice*, Harvard University Press: Cambridge, MA, 1996.

Rousseau, Jean-Jacques, "On the Social Contract", in *The Basic Political Writings*, 1762, trans., Donald A. Cress, Hackett Publishing, Indianapolis, IN, 1987.

Sen, Amartya, "Equality of What?", *The Tanner Lectures on Human Values* 1, 1980, pp.197-220.

Walzer, Michael, *Spheres of Justice: A Defense of Pluralism and Equality*, Basic
Books: New York, 1983.

_____, *Interpretation and Social Criticism*, Harvard University Press: Cam-
bridge, MA, 1993.

찾아보기